Volker Middeldorf
Komm doch aus dem Schweigen

Volker Middeldorf

Komm doch aus dem Schweigen

Sprachliche Handicaps und
ihre erfolgreiche Behandlung

Die Deutsche Bibliothek – CIP-Einheitsaufnahme

Middeldorf, Volker:
Komm doch aus dem Schweigen : sprachliche Handicaps und ihre
erfolgreiche Behandlung / Volker Middeldorf. – Berlin : Verl.
Gesundheit, 1999
ISBN 3-333-01036-4

Umschlaggestaltung: Tabea Dietrich, Klaus Meyer
Umschlagfoto: Premium
Satz: Utesch GmbH, Hamburg
Druck und Verarbeitung: Clausen & Bosse, Leck

Printed in Germany 1999

ISBN 3-333-01036-4

Gedruckt auf alterungsbeständigem Papier
mit chlorfrei gebleichtem Zellstoff

Inhaltsverzeichnis

Zu diesem Buch 15

Die Bedeutung von Sprache für unser Leben 18

Das Gehirn 20

    Das Großhirn 21
    Der Hirnstamm 25
    Das Kleinhirn 25
    Das Limbische System 25

Sprechen, Lesen, Schreiben und ihre Störungen 28

    Was geschieht beim Sprechen, und was kann
    dabei gestört sein? 28
    Was geschieht beim Lesen, und was kann
    dabei gestört sein? 33
    Was geschieht beim Schreiben, und was kann
    dabei gestört sein? 35

Das (post-)apallische Syndrom 39

    Wolfgang Stolz

Die Folgen von Sprachstörungen 43

    Veränderungen für den Partner 49

Aphasie – Verstoßen in intellektuelle Einzelhaft 53

Monika Rankers
»Meine Kommunikation. Aphasiebedingt?«
Aphasie nach Unfall 53

Ruth und Günter Rasche
»Günter, weiter so, du schaffst es!« – Die Kranken-
geschichte eines Jahres
Aphasie nach Schlaganfall im Alter von 67 Jahren 57

Margarethe und Hans Ertl
»Die Reisen bereiten meiner Frau sehr viel Lebensfreude.«
Aphasie nach Schlaganfall im Alter von 61 Jahren 64

Helmut Falk
Ein Schlag, und dann? »Ich will ›guten Morgen‹ sagen,
und heraus kommt ›da-da-da‹.«
Aphasie nach Schlaganfall im Alter von 40 Jahren 67

Manfred Jankowski
»Ich werde weiterhin immer Widerspruch einlegen und
gegen die Bürokratie der Kassen kämpfen, um für den
Betroffenen eine optimale Betreuung zu finden.« –
Geschrieben von der Lebensgefährtin
Aphasie nach Schlaganfall im Alter von 52 Jahren 74

Hans-Theo Mertmann
»Die ersten Stunden nach einem Schlaganfall sind sehr
wichtig.«
Aphasie nach Schlaganfall im Alter von 49 Jahren 76

Werner Hamacher
Mein zweites Leben nach einem schweren Gehirninfarkt –
Die Ehefrau schreibt aus der Sicht ihres Mannes
Aphasie nach Schlaganfall im Alter von 47 Jahren 78

J. I.
»Auch nach mehreren Jahren ist das Rehabilitations-
potential noch nicht erschöpft.«
Aphasie nach Schlaganfall im Alter von 64 Jahren 82

Aurel Parkanyi
»Niemand hat mir gesagt, was auf uns beide zukommt.« –
Geschrieben von der Ehefrau
Aphasie nach Schlaganfall im Alter von 56 Jahren 85

Eva und Udo Busse
»Wir tragen beide Schaden davon. Er körperlich und
seelisch, meine Nerven gehen zum Teufel.« – Es schreibt
Karina Busse.
Aphasie nach Schlaganfall im Alter von 54 Jahren 88

Hilde und Johannes Klabers
»Das Leben hat uns eine neue Aufgabe gestellt.«
Aphasie nach Schlaganfall im Alter von
43 Jahren 94

Hilde und Arnold Hesselmans
»Die Aufklärung der Betroffenen läßt zu wünschen
übrig.«
Aphasie nach Schlaganfall im Alter von 74 Jahren 101

Dr. Nobel
»Für mich war die Unkenntnis der Ärzte und des
Pflegepersonals ein Schock, und langsam dachte ich:
›Jetzt reicht es!‹«
Aphasie nach Hirnblutung im Alter von 65 Jahren 104

Dr. Cordt Hinrich Heidsieck
Sprach-Probleme
Aphasie nach Schlaganfall im Alter von 49 Jahren 106

G. W.
»Müßt ihr denn noch immer weiterlernen?«
Aphasie nach Schlaganfall im Alter von 69 Jahren 109

Christine Mewawala
»Manchmal richtig schlecht und verzweifelt, aber dann:
Es wird.« – Diktat, wörtliche Mitschrift
Aphasie nach Schlaganfall im Alter von 50 Jahren 113

Elfriede Gerstlauer
»Man sollte so früh und so intensiv wie möglich mit der
Rehabilitation beginnen.«
Aphasie nach Schlaganfall im Alter von 65 Jahren 115

*Dipl.-Ing. Ingrid und Prof. Georg Küttinger, Architektin
und Architekt*
»Trotz Rollstuhl und Sprechschwierigkeiten machen
wir fast alles, was wir wollen – und was wirklich
nicht geht, müssen wir ja nicht unbedingt wollen.«
Aphasie nach Schlaganfall im Alter von 60 Jahren 117

Mechthild und Kunibert Pieper
»Der Aphasiker wird in eine intellektuelle
Einzelhaft verstoßen, weil er seine Sprache verloren hat.«
Aphasie nach Schlaganfall im Alter von 53 Jahren 122

Federico Scholl
»Ich arbeitete in den nächsten Jahren weiter energisch an
mir, ich wollte noch mehr erreichen!«
Aphasie nach Schlaganfall im Alter von 59 Jahren 133

Barbara und Klaus Schäfer
»Ein Antrag auf Pflegegeld wurde mit dem
Hinweis abgelehnt, meine Frau sei nicht schwerst-
pflegebedürftig.«
Aphasie nach Hirnblutung im Alter von 32 Jahren 135

Angela Holland
»Jetzt weiß ich, daß ich auf jeden Fall in meinem
erlernten Beruf wieder arbeiten kann.« – Aufgeschrieben
von ihrem Vater
Aphasie nach Schädel-Hirn-Trauma im Alter
von 23 Jahren 145

Beate Uttikal, Auszubildende
»Wir ließen uns nicht entmutigen. Ich habe deutliche
Fortschritte gemacht.«
Aphasie nach Kopfverletzung durch Schießunfall im
Alter von 17 Jahren 145

Aphasie und ihre Therapie 153

*Globale Aphasie 154 Motorische Aphasie oder Broca-
Aphasie 155 Sensorische Aphasie oder Wernicke-Apha-
sie 156 Amnestische Aphasie 157*

Dysarthrie – mein Mund kann mir nicht folgen 159

Gerhard Amos
»Die meisten Erfolge sind nur durch Eigeninitiative
zu erreichen.« – Geschrieben von der Ehefrau,
Lore Amos
Postapallisches Durchgangssyndrom mit Anarthrie nach
Herzstillstand durch Vorderwandinfarkt im Alter von
61 Jahren 159

Familie Nerlich
»Sie ist voller Lebensmut und arbeitet sich zuversichtlich
voran.« – Bericht des Ehemannes und der Tochter
Postapallisches Syndrom nach Kleinhirnblutung im Alter
von 51 Jahren 163

Klaus Lunow, Chemiker
»Im komatösen Zustand hatte ich schreckliche
Träume.«
Dysarthrie und Dysarthrophonie als Folge einer
Nierenkolik mit anschließender Blutvergiftung mit
hypoxischem Hirnschaden im Alter von
63 Jahren 175

Axel Binder
»Obwohl oft nur kleine Erfolge sichtbar waren, spornten
sie uns doch immer wieder an, mit unseren Übungen
weiterzumachen.«
Dysarthrie und Dysarthrophonie nach Schädel-
Hirn-Trauma im Alter von 17 Jahren 177

Hardy Lenz
»und das alles, weil mein freund zu schnell
gefahren war.«
Dysarthrie und Dysarthrophonie nach Schädel-Hirn-
Trauma im Alter von 30 Jahren 182

Familie Raffetseder
»Es lohnt sich, um jede Therapiemöglichkeit zu
kämpfen. Man muß sich allerdings sehr bemühen, die
kleinen Fortschritte zu sehen.«
Dysarthrie und Dysarthrophonie nach Schädel-
Hirn-Trauma bei Mopedunfall im Alter
von 12 Jahren 186

Frank Holtmann
»In den Häusern, in denen ich lag, bekam man keine Art
von Aufklärung oder Information.«
Dysarthrie nach Schädel-Hirn-Trauma bei Autounfall im
Alter von 28 Jahren 192

Dietmar Riegler
»Denn nach Diagnose der Ärzte dürfte Dietmar nämlich
nur im Bett liegen und an die Decke starren.« –
Es schreibt die Mutter
Dysarthrie nach Schädel-Hirn-Trauma und zweimaligem
Herzstillstand im Alter von 22 Jahren 195

Hilde Stöcklmeyer, Fremdsprachensekretärin
»Für die Schädel-Hirn-Patienten muß noch sehr viel getan
werden.« – Es schreiben die Eltern
Sprach- und Kommunikationsstörung nach hirnorganischem Psychosyndrom als postapallisches
Durchgangssyndrom, Herz-Kreislauf-Versagen infolge
von Magersucht 199

Dysarthrie und ihre Therapie 205

Stottern – ein einziger Hürdenlauf? 207

Mathias Barth
»Die Sprache ist wie eine Treppe. Es gibt viele
Stufen, die es zu erklimmen gilt. Manchmal
wird man müde und muß verschnaufen, aber man
sollte nie mehr zurückgehen, sondern immer weiter
nach vorn.«
Meningitis im Alter von 3 Jahren, Koma, Stottern 207

Yvonne Herbert
»Man darf niemals aufgeben!« 213

Fritz Remaclus (Name geändert)
»Es ist nie zu spät, etwas gegen das Stottern zu unter-
nehmen.«
Stottertherapie im Alter von 45 Jahren 215

Marcus Hennen, Systementwickler
»Es ist sehr viel Arbeit, sein gesetztes Ziel zu
erreichen, aber man findet auch wieder sehr viel
Selbstvertrauen.«
Stottern seit der Kindheit 219

Thomas Schulz
»Man darf nie den Kopf in den Sand stecken und darauf
warten, bis andere aktiv werden, das gilt leider auch für
viele Ärzte und Therapeuten.«
Stottern nach Hirnblutung im Alter von 35 Jahren 222

Andreas Reindl
»Ich rede seither so viel und manchmal so laut, daß
ich immer wieder mal gebremst werden muß. Aber
schließlich muß ich 30 Jahre Reden nachholen!«
Stottern seit der Kindheit 226

Marco Keiser
»Meine Sprachprobleme sind bis auf einen kleinen Rest
beseitigt. Und mit dem kleinen Rest kann ich dank der
Arbeit der Therapeuten sehr gut umgehen.«
Stottern seit der Kindheit 231

Stottern und seine Therapie 234

Andere Sprech- oder Stimmstörungen 240

Familie Kramer und Cordula
»Bessere Koordination von Ärzten, Logopäden,
Pädagogen und Krankenkassen könnte vielen Betroffenen
hilfreich sein.«
Sprachentwicklungsstörungen durch Schwerhörigkeit 240

Familie Querner
»Die meisten Informationen über Rehabilitationsmöglichkeiten mußten wir uns selbst beschaffen. Wir
wurden nur unzureichend informiert.«
Anarthrie und Initiativlosigkeit als postapallisches Durchgangssyndrom nach Hirninfarkt 243

Hertha Wallasch
»Niemand sollte seine Situation als unveränderbar
akzeptieren.«
Stimmbandlähmung mit Stimmlosigkeit und Atemproblemen nach Beschädigung des Stimmbandnervs
bei Schilddrüsenoperation 247

Norman Galle
»Seine Entwicklung nach überstandener Krankheit
setzt alle Ärzte in Erstaunen. Sie sprechen von einem
kleinen Wunder.« – Es schreiben die Eltern Olivia und
Steffen Galle
Hirnschädigung durch bakterielle Meningitis im Alter von
zwei Jahren 251

Stimmstörungen und ihre Therapie 254

Anmerkungen zur Sprachtherapie 257

Was ist Sprachtherapie? 257
Kriterien einer erfolgversprechenden
Sprachtherapie 258
Kreatives Üben als Grundlage einer erfolgreichen
Rehabilitation 261
Lernerfolg als Garant für therapeutische Motivation 262
Intensiv-Sprachtherapie 264

Was kann ich tun…? 267

Weitere Tips und Hinweise 278

Literaturhinweise und Adressen 281

Glossar 285

Zu diesem Buch

Im Zusammenhang mit meiner Arbeit als Sprachtherapeut führe ich seit 1991 im Logopädischen Behandlungs- und Rehabilitationszentrum Lindlar zusammen mit einem Therapeuten-Team Intensivtherapien durch. In den therapeutischen Einzel- und Gruppensitzungen sowie in Partnergesprächen berichten uns Betroffene und deren Partner oder Familienmitglieder von ihren persönlichen Erfahrungen im Umgang mit dem sprachlichen Handicap. In diesen Gesprächsrunden, in denen auch die Betroffenen ihre Erfahrungen untereinander austauschen, berichten sie über erfolgreiche Prozesse der (Wieder-)Gewinnung sprachlicher Kompetenz nach einem Sprachverlust (Aphasie) durch Schlaganfall, Hirnblutung, Schädel-Hirn-Trauma oder hypoxischen Hirnschaden, bei Stimmstörungen, Sprechlähmungen (Dysarthrie), Stottern und kindlichen Sprachentwicklungsstörungen. Sie sprechen aber auch sehr offen über ihre persönlichen Nöte und ihre negativen Erlebnisse mit Mitmenschen und Institutionen. Dabei wird immer wieder deutlich, daß den Hilfesuchenden in den meisten Fällen sowohl von den behandelnden Ärzten als auch von den Krankenkassen viel zuwenig Aufklärung und Verständnis zuteil wird. Oft werden die neurologisch Betroffenen mit der sogenannten »Zwei-Jahres-These« entmutigt, nach der angeblich zwei Jahre nach der Hirnverletzung eine Weiterentwicklung nicht mehr zu erwarten ist. Dies hat sich jedoch längst als falsch erwiesen, denn selbst nach fünf, sieben oder gar zehn Jahren können sich noch Erfolge einstellen. Mangelnde Informationen erwecken oft den falschen Eindruck, daß es für die Anliegen der Patienten keine wirksamen Besserungschancen gibt, und so finden längst nicht alle die Kraft, nicht zu resignieren und für eine wirksame Therapie sowie deren Finanzierung durch den zuständigen Kostenträger zu kämpfen. Für viele, die sich nicht von den Autoritäten haben ein-

Die Hilfesuchenden werden vom Fachpersonal oft schlecht beraten

schüchtern lassen, war der Widerstand erfolgreich. Die Schilderungen der Erlebnisse sind oft tief beeindruckend.

Eine angemessene therapeutische Versorgung darf jedoch nicht allein denjenigen vorbehalten sein, die den Mut und die Ausdauer zu konsequentem Durchsetzen ihrer Interessen haben, vielmehr müssen wir »*auch anderen Betroffenen Mut machen, sich von uninformierten Sacharbeitern der Kostenträger oder von schlecht informierten Ärzten nicht abschrecken zu lassen, berechtigte Forderungen zu stellen und ihr Recht auf Therapie zu verfolgen,*« so die Partnerin eines 72jährigen Aphasikers. Viele beschweren sich zu Recht über die herrschenden Verhältnisse. So klagt etwa die Freundin eines Patienten mit Schädel-Hirn-Trauma und erheblichen dysarthrischen Störungen: »*Man bekommt nirgendwo klare Auskünfte und muß sich erst wochen- und monatelang in die unterschiedliche Literatur einlesen, um Zusammenhänge zu begreifen. In der Zeit verliert man Nerven, Kraft und Zuversicht. Was ich mir bereits wenige Tage nach dem Unfall dringlichst gewünscht habe, war ein Nachschlagewerk, das aus erster Hand klare Informationen über Therapiemöglichkeiten liefert.*«

Was fehlt, sind klare Informationen

Wir, die Autoren, stellten uns die Frage: Wie können wir diese Informationslücke füllen? Wir kamen zu der Erkenntnis, daß das hilfreichste und überzeugendste bei der Aufklärung über ein recht unbekanntes Gebiet wie die Sprachstörungen autobiographische Schilderungen Betroffener sind. Deshalb werden in diesem Buch persönliche Erfahrungen in Form von Erlebnisberichten sprach-, sprech- und stimmgestörter Menschen gesammelt, die zeigen, daß verschiedenartigste Wege eingeschlagen und ganz individuelle Prozesse in der Therapie erlebt werden können. Sie zeigen auch, daß jede Sprachstörung therapierbar ist. Darüber hinaus werden in kurzen Sachbeiträgen wichtige Aspekte zu den Sprach-, Sprech- und Stimmstörungen und deren Behandlung angesprochen.

Die Erfahrungsberichte zeigen vor allem auch, daß selbst in als hoffnungslos erklärten Fällen Bemühungen um eine Verbesserung der Sprach- und Sprechfähigkeit zu erstaunlichen Erfolgserlebnissen führen können.

Alle 44 Autoren sind der Meinung, daß sie durch ihren Beitrag der Öffentlichkeit zu mehr Aufklärung verhelfen können.

Die Anliegen der Autoren sind:

Die Anliegen der Autoren

- den Hilfesuchenden die wichtigsten Erfahrungen und Informationen mitzuteilen und sie zum Aktivwerden zu ermuntern;
- von der Notwendigkeit und dem Erfolg von Sprachtherapien zu berichten;
- das derzeitige Rehabilitationsangebot kritisch zu reflektieren und Reformüberlegungen des manchmal fragwürdigen Gesundheitssystems aufzuwerfen; und
- klarzustellen, daß eine Sprachstörung keine geistige Behinderung ist.

Viele der Betroffenen haben sich beim Verfassen der Texte von ihren Partnern oder ihrer Familie helfen lassen. Um der Authentizität der Sprache des jeweiligen Autors und seiner Botschaft willen wurden Inhalt, Sprachstruktur und Sprechstil soweit wie möglich im Original belassen.

Im Anhang finden Sie ein Glossar, das Fachbegriffe verständlich erklärt, sowie allgemeine Tips und Kurzinformationen über Wissenswertes zum Thema.

Die Bedeutung von Sprache für unser Leben

Sprache ist in unserem Leben essentiell

Sprachlich nichtbehinderte Menschen sind selten gezwungen, sich über die enorme Wichtigkeit der Sprache in ihrem Leben Gedanken machen zu müssen. Deshalb ist den meisten gar nicht bewußt, was eine Störung oder der Verlust der Sprache oder Stimme für den betroffenen Menschen bedeutet. Wenn wir über die Rolle der Sprache für unsere Existenz nachzudenken beginnen, wird uns sehr schnell klar, daß Sprache alle Prozesse im individuellen und gesellschaftlichen Raum entscheidend beeinflußt.

Sprache gestaltet unser Leben und bestimmt unser Bewußtsein. Sie prägt unser Denken, Fühlen und Handeln, sie ist maßgeblich am Wachsen unserer Persönlichkeit und vor allem an der Kommunikation mit unseren Mitmenschen beteiligt. Das, was der Mensch als Individuum in der Gesellschaft ist und darstellt, ist er zu einem maßgeblichen Teil durch die Sprache, nämlich durch ihre Verwendung und durch das Denken in ihr.

Sprache ist ein Großteil unserer Individualität

Sprache dient dem Menschen zur Wissensaufnahme und -verarbeitung, zum Gedankenaustausch, zum Ausdruck von Phantasie und Gefühl, zum Denken und bewußten Handeln.

Der Mensch erfährt im sprachlichen und nichtsprachlichen Umgang mit seinen Mitmenschen seine Sozialisation und die Entwicklung seiner individuellen Sprache. Dabei sind, am Rande bemerkt, sowohl die früheren persönlichen sozioökonomischen und -kulturellen Lebensbedingungen im Elternhaus als auch seine heutigen Verhältnisse von entscheidendem Einfluß. Welche Bedeutung Sprache für das Ansehen eines Menschen oder einer Gruppe hat, zeigt das Sprichwort: »Laß mich hören, wie und was du sprichst, und ich sage dir, wer du bist.« Sprachverhalten kann unter anderem auf einen bestimmten Bildungsstand, Rollenstatus und Beruf hinweisen. »Gewaltige Sprache kann Berge versetzen.« Auch dieses Sprichwort betont die Wirkung einer überzeugenden Sprache auf die Menschen.

Sprache kann viel bewirken; in ihr ruht erstaunliche Kraft. Beispielsweise zeigen diplomatische, offene, auf Konsens ausgerichtete Worte oft mehr Wirkung als gerichtliche Streitereien.

Wir wissen, daß eine »funktionierende« Sprache für das erfolgreiche Ausfüllen unserer Rollen im Privat- und Berufsleben von größter Bedeutung ist. So erklärt sich, daß in manchen Berufszweigen, in denen die Überzeugungskraft der Sprache im Vordergrund steht, etwa im politischen Bereich oder im Management, großer Wert auf sprachliches Training gelegt wird. Auch in ganz alltäglichen Auseinandersetzungen ist Sprache ein wichtiges Instrument zur direkten und indirekten Einflußnahme auf andere. Wer eindrucksvoll reden kann, »führt Regie«; dann hören ihm die anderen interessiert zu, und er kann seine Botschaft vermitteln und damit seinen Einfluß auf andere ausüben. Der überzeugende Sprachgebrauch ist somit ein Schlüssel zu Macht und damit auch zu Ansehen.

Überzeugende Sprache ist im Privat- und Berufsleben von größter Bedeutung

Doch welche Konsequenzen ergeben sich für denjenigen, der nicht (mehr) über seine Sprache verfügt, der sich nicht (mehr) so mitteilen kann, wie er es gerne möchte oder der nicht (mehr) alles versteht?

Sprachstörungen haben enorme Konsequenzen im Leben

Er »führt nicht (mehr) Regie«, er verliert an Ansehen und Macht, und seine Aussagen gehen in der sprachlichen Überlegenheit der anderen unter: keine An-Sprache, keine Aus-Sprache, keine Mit-Sprache, keine Rück-Sprache.

Wir spüren, welch bedrückende und lebensverändernde Auswirkungen ein eingeschränktes Sprachvermögen haben kann. (Lesen Sie mehr darüber im Kapitel »Die Folgen von Sprachstörungen«.)

Das Gehirn

Das Gehirn ermöglicht dem Menschen das Denken und Sprechen. Es besteht aus vielen Milliarden von Zellen und kann Millionen von Nervenimpulsen in einer Sekunde verarbeiten. Man schätzt, daß unser Gehirn bis zu 50 Milliarden Hirnnervenzellen besitzt, von denen wir jedoch nur rund 15–20 Milliarden aktiv nutzen. Der Rest stellt Reservepotential dar.

Wenn ein Kind geboren wird, dann haben sich alle Nervenzellen in seinem Gehirn bereits entwickelt. Nach der Geburt teilen sich die Gehirnzellen im Gegensatz zu den anderen Körperzellen nie wieder. Das Kind kommt aber trotzdem nur mit etwa einem Drittel des endgültigen Hirngewichts zur Welt. Zwei Drittel des Gewichts des beim Erwachsenen etwa eineinhalb Kilogramm schweren Gehirns kommen erst durch die Verknüpfungen der Hirnnervenzellen durch Verbindungsfasern der Nerven untereinander hinzu. Dies geschieht durch Lernen.

Das Großhirn steuert bewußte Wahrnehmungen und Denken

Das Gehirn besteht aus unterschiedlichen Teilen, die alle eigene Aufgabenbereiche haben. Wir unterscheiden das Großhirn vom Kleinhirn und vom Hirnstamm. Im Großhirn werden unser Wahrnehmen, bewußte Bewegungen und vor allem unser Denken gesteuert. Dort befinden sich auch die weiße und die graue Substanz. In der grauen Substanz, dem Reservepotential, sitzen dicht an dicht die Nervenzellkörper, die Neuronen, während die weiße Substanz vor allem Verbindungsstränge zwischen den Nervenzellkörpern der Hirnzellen, die sogenannten Axone, enthält.

Die Nervenzellkörper selbst sind noch keine Nerven. Nerven entwickeln sich erst durch Bündelung vieler Fortsätze an den Zellkörpern zu Verbindungssträngen. Diese verdicken sich zu Nervenverbindungsfasern (Axonen). Sie stellen die gewachsene Verbindung von einer Zelle zur Nachbarzelle dar. Dies verstehen wir als Nerv. Durch diese Nervenverbindungsfasern, die weiße Substanz, leitet die Nervenzelle ihre Informationen weiter zur nächsten Nervenzelle. Die Verbindungsstelle zwischen beiden Zellen wird Synapse genannt.

Es gibt Zellen, die andere Zellen erregen. Reize erzeugen Erregungen, und diese wiederum bewirken über weitere Kettenreaktionen Erregungen von Zelle zu Zelle. Es werden also Informationen weitergeleitet. Damit diese quasi ungesteuerte Ausbreitung von Erregungen und Informationen nicht zu einem chaotischen Durcheinander gewollter und nichtgewollter Aktionen führt, müssen die nichtgewollten Aktionen gehemmt werden. Dazu gibt es besondere Hemmzellen. Sie »bremsen« überflüssige Erregungen und verhindern somit deren chaotische Ausbreitung. Dies ist die Grundlage für zielgerichtetes Handeln.

Die Hemmung, die mit bestimmten chemischen Stoffen realisiert wird, dient also dazu, daß sich genau die *richtigen* Nervenzellen für *bestimmte* Aufgaben selbst organisieren. Wie das genau geschieht, ist noch weitgehend unerforscht.

Die Nervenverbindungsfasern oder Axone können wenige Mikrometer bis mehrere Meter lang sein. In dünnen Axonen ist das Informationssignal relativ langsam, in dickeren schneller. Es kann bis zu 120 Meter pro Sekunde zurücklegen.

Eine Erkenntnis ist sicher: Das Gehirn hat die Möglichkeit, immer wieder Neues dazuzulernen. Wenn etwa durch eine Hirnverletzung Teilregionen und damit Teilleistungen beschädigt werden, so können benachbarte Regionen durch Training die Aufgaben der geschädigten Abschnitte übernehmen. Dabei werden neue Hirnnervenzellverbindungsfasern um das zerstörte Gebiet herum aufgebaut, was durch Lernen geschieht.

Das Gehirn kann immer wieder Neues dazulernen

Das Großhirn

Das Großhirn ermöglicht das Denken, die Kreativität und Phantasie sowie Kommunikation und Sprache. Es ist durch seine dünne, vielfach gefaltete Rinde charakterisiert und in zwei Hälften – die rechte und die linke Hemisphäre – geteilt, die über den sogenannten Balken miteinander verbunden sind. Die linke Hirnhälfte (Hemisphäre) steuert die rechte Körperhälfte, die rechte Hirnhälfte die linke Körperhälfte. Beim Rechtshänder ist während des Schreibens die linke Hirnhälfte für die Schreibmotorik zuständig.

Das Großhirn organisiert alle Denkprozesse

Das Großhirn organisiert alle Denkprozesse simultan auf verschiedenen Ebenen, in allen Bereichen und in beiden Hemisphären gleichzeitig. Es sorgt für ein permanentes Ausbalancieren der vielfältigen Einflüsse. Die Neurowissenschaft stellt sich heute das Denken wie auch die Sprachverarbeitung als Netzwerk vor, in dem ständig riesige Informationsmengen über Wahrnehmung, Eigensteuerung und Erinnerung zusammenfließen.

Das Netzwerk läßt sich gut als ein engmaschiges Netz aus Millionen und Abermillionen von Telefondrähten (Nervenverbindungsfasern) denken, die viele Milliarden von Telefonapparaten oder Internet-Computern (Nervenzellen) miteinander verbinden. Jeder Apparat (Zelle) kann mit jedem anderen, gleichzeitig aber auch mit beliebig vielen anderen in Verbindung treten. Die kleinste Erregung in einigen Zellen des gesamten Gehirns kann eine große Auswirkung auf weite Teile des Nervensystems haben. Ein »Anruf« genügt, um wichtige Information im ganzen Gehirn weiterzuleiten und entsprechende Reaktionen hervorzurufen.

Zwischen den »Apparaten« gibt es dickere und dünnere »Kabel«. Die dickeren sind die, die täglich um ein vielfaches mehr benutzt werden als andere. Es sind also jene, die ständig abgerufene oder gesendete Routine-Informationen sicherer und schneller befördern, z. B. beim schnellen Lesen von Texten durch routinierte Leser. Anfänger wie Erstkläßler, die Schrift erst erlernen müssen, benötigen zum Lesen erheblich mehr Zeit und Konzentrationsaufwand.

Denken – ein organisiertes Chaos bei der Informationsverarbeitung

Das Denken läßt sich nach den neusten Erkenntnissen der Hirnforscher als eine Form von »organisiertem« Chaos beschreiben, das in den Zellverbänden, den bestimmten »Schaltzentralen des Telefonnetzes«, oder in »Regionen des Telefonnetzes« abläuft. Wer wen »anruft« und die Anrufweiterleitung durchführt, bestimmen die aktuelle Lage bzw. Aufgabenstellung und die Problemlösungsstrategie. Das Wissen und die Erinnerungen an frühere Ereignisse und Handlungen spielen dabei eine ebenso wichtige und entscheidende Rolle wie das Empfinden, das Gefühl, die zeitlichen und räumlichen Verhältnisse usw. Der Mensch orientiert sich im Denken stets an Bekanntem, das er immer wieder abrufbereit hat und mit dem alle neuen Eindrücke verglichen und in Beziehung gebracht werden. Dazu wird eine immense Menge an Verbindungen unter den Hirnnervenzellen benötigt. In ihnen laufen die Abgleichprozesse zwischen den im Moment wahrgenommenen, verarbeiteten Reizen und den bereits gelernten, abgespeicherten Informationsbeständen ab. Neue Reize werden aufgenommen und dadurch verarbeitet, daß diese immer wieder mit bekannten Informationen, Bildern und Assoziationen verknüpft und durch Neuorganisation in unsere Denkmuster integriert werden. Dies macht uns deutlich, daß das Gehirn nahezu unbegrenzte Möglichkeiten der verschiedensten Lern- und Speicherfähigkeiten besitzt und daß diese Prozesse bis ans Lebensende anhalten können.

Das Gehirn ist enorm lernfähig bis zum Lebensende

Denken ist somit ein sinnvolles Zusammenspiel einer Vielzahl von Informationsströmen und deren zielorientierter Einordnung. Denkleistungen vollziehen sich über das gesamte Gehirn verteilt, wobei je nach Aufgabenstellung die erforderlichen unzähligen Informationen aus all *den* Regionen des Gehirns abgerufen werden, in denen diese irgendwann einmal in Form früheren Lernens »abgelegt« worden sind. Dieses Zusammenspiel beruht auf der Konzentration erforderlicher Hirnleistungen und deren Einordnung nach Wichtigkeit. Bildlich läßt sich das so darstellen, daß man für einen bestimmten Denkvorgang ganz maßgebliche Basisinformationen benötigt, die über das gesamte Gehirn verteilt abgelegt sind. Welche Informationen abgerufen werden, entscheidet die Aufgabenstellung. Diese regelt nun die Aktionen der (»Telefon-«)Schaltzentralen bei der Beschaffung der Auskünfte. Die Schaltzentralen durchsuchen das gesamte Gehirn nach bekannten und hilfreichen Informationen. Dabei bedienen sie sich des neuronalen (»Telefon«-)Netzwerks und nehmen Kontakt mit allen ihnen bekannten »Gesprächsteilnehmern« auf, von denen sie Auskunft zu der speziellen Anfrage erwarten.

Diese Prozesse laufen je nach Schwerpunkt der Denkleistung unter mehr oder weniger hoher Beteiligung der verschiedenen Hirnareale ab. So ist es z. B. der Stirnbereich des Großhirns, in dem beim Planen und Entscheiden größere Aktivitäten feststellbar sind als in anderen Hirnfeldern.

Ähnliches läßt sich auch bei den jeweiligen Sprachleistungen feststellen. Schreiben, Lesen, Vortragen oder Zuhören als Beispiele sprachlicher Teilleistungen laufen schwerpunktartig in unterschiedlichen Hirnfeldern ab. Das Sprachverständnis beruht auf völlig anderen neuronalen Abläufen als beispielsweise das Schreiben.

Sprachleistungen werden im gesamten Gehirn organisiert

Sprachliche Leistungen organisieren sich über sehr weitverzweigte Denkleistungen; wir gehen davon aus, daß die Sprache – wie das Denken – im Großhirn weitverzweigt abgelegt ist und überall ihre Wurzeln hat.

Die Intention zu einer bestimmten Denk- und Sprachhandlung läßt überall im Gehirn blitzschnell spezielle, für diesen Moment notwendige Interaktionsimpulse der Hirnzellen entstehen. Um eine zielgerichtete Handlung zu erreichen, werden diesbezüglich denkbare Rückgriffe auf Erlerntes und Erinnerbares geprüft, irgendwo im Gehirn für diese Handlung gebündelt und dann in die Tat umgesetzt.

Das sogenannte Sprachzentrum gibt es nicht

Aufgrund dieser Überlegungen möchte ich Abschied nehmen von der Idee, wir hätten ein »Sprachzentrum« im Kopf, in dem wie in einem großen Bücherregal fein sortiert die sprachlichen Elemente abgelegt und archiviert seien.

Der Hirnstamm

Der Hirnstamm befindet sich über dem Rückenmark am unteren Ende des Gehirns. Er ist das Steuerungsorgan für alle lebenswichtigen Körperfunktionen wie z.B. Atmung, Pulsfrequenz oder Verdauung. Auch der natürliche Schlaf-Wach-Rhythmus wird vom Hirnstamm geregelt. Der Hirnstamm ist in gewisser Hinsicht unabhängig vom übrigen Gehirn. Solange er funktionstüchtig bleibt, lebt der Mensch weiter, auch wenn andere Hirnfunktionen ausgefallen sind. Das ist auch der Grund, warum Menschen jahrelang im Koma überleben können.

Das Kleinhirn

Das Kleinhirn liegt an der Rückseite des Hirnstamms und unterhalb des Großhirns in der Nackenregion und ist zuständig für die unbewußten, automatisierten Bewegungen und die Koordination der Muskeln. Regelmäßige Bewegungsabläufe, etwa das Gehen oder das Schalten beim Autofahren, werden vom Kleinhirn gespeichert und gesteuert, und wir müssen nicht mehr bewußt darüber nachdenken. Das Kleinhirn steuert auch unser Gleichgewicht. Es befähigt den Menschen, sich im Raum zu orientieren und zu bewegen. Das Kleinhirn speichert alle automatisierten Abläufe, z. B. alle viele hundert Male durchgeführten Bewegungen beim Schreiben und auch beim Sprechen.

Automatisierte Bewegungsabläufe werden vom Kleinhirn gesteuert

Das Limbische System

Das Limbische System ist den meisten eher unbekannt, jedoch für unser Gefühlsleben, aber auch für die Sprache, das Denken und das Gedächtnis von größter Bedeutung.

Es besteht aus speziellen Nervenstrukturen im Mittelpunkt des Gehirns, oberhalb des Hirnstamms, und wird vom Großhirn mit seiner gefalteten Rinde fast vollständig bedeckt. Vom Auge, von der Haut oder vom Ohr aufgenommene Sinnesreize werden an das Limbische System übermittelt. Dort angekommen, werden sie von der Hirnanhangdrüse, der wichtigsten Brücke zwischen dem Nervensystem und den Hormonen, registriert.

Das Limbische System – Steuerzentrale für den Gefühlshaushalt

Das Limbische System ist die Steuerzentrale für den Gefühlshaushalt. Es beeinflußt emotional so wichtige Körperfunktionen wie die Pulsfrequenz und den Blutzuckerspiegel, aber auch den Sexualtrieb. Dem Limbischen System fällt ferner eine Schlüsselfunktion bei der Speicherung ganz grundlegender Lebensfunktionen zu. Mit seiner Hilfe erinnert man sich an Menschen, Situationen, Begebenheiten und Erlebnisse, die als positiv oder negativ empfunden werden. Das nüchterne und sachliche Denken »mit kühlem Kopf« hingegen findet weitestgehend im Großhirn statt.

Das Limbische System als einer der entwicklungsgeschichtlich ältesten Teile unseres Gehirns ist verantwortlich für alle Funktionen, die entscheidend für das Überleben der Gattung sind: Fortpflanzung, Fluchtverhalten und Kampf. Alle unsere Emotionen werden über das Limbische System geregelt: Liebe, Zuneigung, Zärtlichkeit. Es steuert aber natürlich auch Zorn, Wut, Haß und Traurigkeit.

Jede Wortbedeutung hat eine emotionale Komponente

Darüber hinaus ist anzunehmen, daß jedes bedeutungstragende Wort aufgrund der dichten Verknüpfung von Wortbedeutung und gefühlsbegleiteter Lernerfahrung einen erheblichen Gefühlsanteil hat. Wir lernen und gebrauchen Sprache in Kontexten, in situativen, emotionalen Zusammenhängen. Wenn wir beispielsweise fünf verschiedene Personen nach der Bedeutung des Wortes »Urlaub« und ihren mit diesem Wort assoziierten Erinnerungen befragen, werden einige von ihnen sich an Freizeit am Meer, andere an Freiheit in den Bergen, an Frühling mit viel Sonne oder an Paella erinnern, andere mit Begeisterung an einen Sonnenurlaub in der Karibik denken. Andere wiederum verbinden das Wort »Urlaub« mit Frustration oder Ärger aufgrund von Auseinandersetzungen oder technischen

Pannen. Die persönliche Wortbedeutung hängt also hier eng mit dem emotionalen Erlebnishintergrund zusammen. Man nimmt an, daß kein logischer Gedanke und keine Verarbeitung einer noch so sachlichen Information ohne Beteiligung von Emotionen, also ohne Beteiligung des Limbischen Systems, vonstatten geht.

Das Limbische System wirkt fast unbemerkt tagtäglich auf unser Verhalten ein. Unsere gesamte Motivation, etwas zu tun und Ziele zu erreichen, beruht auf unseren Bedürfnissen und unserem Gefühlsleben.

In diesem Zusammenhang sei auf eine nicht unbedeutende Forderung an die Sprachtherapie hingewiesen: Die Erkenntnis, daß Sprache im Zusammenhang mit Gefühl sowie Lebens- und Alltagserfahrung gelernt und verankert wird, hat Konsequenzen für Sprachtherapiemethoden und therapiedidaktische Entscheidungen.

Forderung an die Sprachtherapie: persönliche Bedürfnisse des Sprachgestörten berücksichtigen

Sprechen, Lesen, Schreiben und ihre Störungen

Was geschieht beim Sprechen, und was kann dabei gestört sein?

Das Sprechen unterliegt Regeln der Grammatik, des Satzbaus, der Bedeutung, der Lautbildung und der Stimmverwendung

Das Sprechen ist die mündliche Mitteilung unserer Gedanken. Es stellt eine der komplexesten und kompliziertesten Leistungen des Gehirns dar und bedarf unzähliger seiner Teilleistungen, damit der Sprechprozeß vom ersten Gedanken bis zum letzten Wort der Aussage erfolgreich ausgeführt werden kann. Das Sprechen unterliegt bestimmten Regeln der Grammatik, des Satzbaus, der Wortbedeutungen wie auch den Regeln der exakten Aussprache sowie der Verwendung der Stimme (Sprechmelodie, Lautstärke). Dabei hängt die Ausführung des Sprechens von der Aktivität der Muskeln in den Sprechfunktionsbereichen Atmung (Zwerchfell, Bauchmuskeln, Flankenmuskeln), Stimme (Kehlkopfmuskeln, Stimmbandmuskeln) und Artikulation (Lippen-, Zungen-, Gaumensegel-, Kiefermuskeln) ab.

Sprechen gliedert sich in zwei Bereiche: das Erstellen einer Sprechplanung und deren Umsetzung in gesprochene Sprache

Bevor Sprechen hörbar wird, vollziehen sich zuerst vorbereitende geistige Prozesse vom ersten »Sortieren« der Gedanken über das Erstellen eines Sprechkonzepts bis hin zur Sprechplanung. Diese hintereinandergeschalteten Prozesse laufen blitzschnell – fast gleichzeitig – nacheinander ab. Der Vorentwurf des zu Sprechenden wird nun im kommenden Schritt in gesprochene Sprache umgesetzt, wozu wir uns der Sprechmotorik bedienen, die die Lautbildung und die tragfähige Stimme beim Sprechen ermöglicht.

Zum verständlichen Sprechen benötigen wir einen festen Bestand sogenannter Laut-, Wort-, Satz- und auch Sprech-

Stimm-Klangbilder. Dieser Bestand an Klangbildern ist im Gehirn abgespeichert. Auf diese greifen wir beim Sprechen je nach Bedarf zurück. Bereits Kleinkinder üben in der vorsprachlichen Phase Geräuschproduktionen, die sich später in Lautbildungen wandeln. Die Lautbildung des Kindes nähert sich immer mehr den Sprech-Klang-Bildern aus seiner Umgebung an, wie es andererseits die Klangbilder der Sprache zu verinnerlichen, zu speichern lernt. Die Laut- bzw. Sprachklänge, die das Kind beim Spracherwerb aufnimmt, verankern sich im Laufe der Zeit sowohl als Höreindruck als auch als Richtschnur für sichere, artikulatorische Bewegungen. Höreindrücke komplexerer Klanggestalten des Wort- und Satzsystems unserer Sprache werden vom Kind im Laufe der Zeit auch als ganze Klangstrukturen gespeichert; diese sind dann wegweisend für das Sprechenlernen und helfen bei den sich artikulatorisch immer weiter ausdifferenzierenden Sprechbewegungen. Auf diese Weise etablieren sich »Klangleitlinien« (auch Sprach-Klang-Gedächtnis genannt) für die Produktion und Kontrolle des Gesprochenen, auf die wir beim Sprechen permanent zurückgreifen. In der kindlichen Sprachentwicklung vollzieht sich also eine kontinuierliche Feinabstimmung der artikulationsmotorischen Systeme, die schließlich in einer normgerechten Lautbildung ihren Abschluß findet. Dabei prägen sich die Sprechbewegungen etwa der Zunge, der Lippen oder des Kiefers im sprechmotorischen Gedächtnis ein. Sprechen läuft nun fast »wie von selbst organisiert« ab, und es wird die eigene Sprechkontrolle möglich, bei der ein Vergleich der aktuellen Sprachproduktion mit den gespeicherten Sprech-Klang-Mustern vorgenommen wird. Sollte der Zugriff auf das Klanggedächtnis gestört sein, so treten Sprechstörungen auf. Der Betroffene weiß dann nicht genau, wie das, was er sagen will, klingen muß, weil er sich daran nicht erinnern kann. Somit kann er seine Sprechwerkzeuge auch nicht gezielt einsetzen. Er spricht entstellt oder bekommt kein Wort heraus.

Bei ungestörtem Sprechen greifen wir ungehindert auch auf einen anderen Gedächtnisbereich, auf das Wortgedächtnis, zu-

Sprachklänge werden gespeichert und sind wegweisend beim Erlernen des Sprechens

Sprach-Klang-Gedächtnis ist Basis für das Sprechen

Bei gestörtem Zugriff auf das Klanggedächtnis weiß der Betroffene nicht mehr, wie das Wort klingt

Der Zugriff auf das Wortgedächtnis läßt uns die Wörter einfallen

rück. Je nach Bedarf, Situation oder sprachlicher Aufgabe sind wir in der Lage, gewünschte Wörter oder Sätze im Wortgedächtnis aufzurufen und jeweils eine spezielle Auswahl zu treffen. Hirnverletzungen können den Zugriff auf das Wortgedächtnis erschweren oder ganz verhindern, was dazu führt, daß der Betroffene nach Wörtern ringt, die ihm nicht einfallen wollen.

Der Zugriff auf das Grammatikgedächtnis läßt uns Wörter und Sätze richtig formen

Ein weiterer Gedächtnisbereich, der es uns erst ermöglicht, Sätze grammatikalisch korrekt zu sprechen, ist das Grammatikgedächtnis. Dort ist die Grammatik verankert, das Regelwerk, nach dessen Vorschriften wir die Gestaltung unserer individuellen Sprache steuern. Alle Mitglieder einer Sprachgemeinschaft müssen sich an diese Regeln halten, soll die Verständigung ohne Schwierigkeiten klappen. Sollte infolge einer neuronalen Verletzung die Erinnerung an die Grammatik erschwert oder ganz unmöglich sein, dann sind Probleme bei der Satzbildung eindeutige Anzeichen dafür, z. B. Sprechen im Telegrammstil oder nur unter Verwendung von Hauptwörtern oder mit einer Satzgestaltung, vergleichbar mit der eines schlecht Deutsch sprechenden Ausländers – etwa: »Ich nach Hause gehen.«

Der Zugriff auf das Sprechbewegungsgedächtnis läßt uns die Sprechorgane richtig bewegen

Verständliches Sprechen setzt weitere Fähigkeiten voraus, beispielsweise den Zugriff auf das Sprechbewegungsgedächtnis, aus dem heraus wir alle Lautbildungen steuern und genau wissen, wie wir unsere Artikulationsbewegungen auszuführen haben. Dabei finden hochkomplexe Prozesse des ständigen Zusammenspiels von Gestaltungs- und Kontrollvorgängen statt, wobei die Bewegungen der Artikulationsmuskeln nach Ausmaß, Genauigkeit, Koordination, Schnelligkeit und Kraft der Lippen-, Kiefer-, Gaumen- und Zungenbewegungen gesteuert und kontrolliert werden.

Hirnverletzungen können diese Prozesse erheblich stören, wodurch der Betroffene Sprechprobleme in Form leichterer Ausspracheungenauigkeiten bis hin zu völliger Sprechunfähigkeit zeigt.

Beim Sprechen sind neben den artikulationsmotorischen

Sprechleistungen alle psychischen Funktionen wie Konzentrations-, Orientierungs-, Wahrnehmungs-, Differenzierungs- und Speicherfähigkeit von erheblicher Bedeutung. Auch diese können bei neuronaler Verletzung erhebliche Defizite zeigen, was sich auf die Sprachgestaltungs- und Sprechfähigkeit meist erschwerend auswirkt.

Sprechen basiert auf psychischen Fähigkeiten der Konzentration, Orientierung, Wahrnehmung, Differenzierung und Speicherfähigkeit

Als wichtige Funktion des Sprechens ist auch das Stimmbildungsgedächtnis zu nennen, in dem das Wissen um die Art und Weise des Stimmeinsatzes und des Stimmgebrauchs sowie die Erfahrung im Umgang damit verankert ist. Der Zugriff darauf kann aufgrund neuronaler Schäden gestört sein. Das hat zur Folge, daß der Sprecher nicht mehr weiß, wie er die Stimme erklingen lassen kann. Entweder ist seine Äußerung dann stimmlos bzw. stimmschwach, oder die Stimmverwendung klingt merkwürdig monoton.

Der Zugriff auf das Stimmbildungsgedächtnis läßt uns die Stimme beim Sprechen richtig bilden

Das Nachsprechen ist eine wichtige Teilleistung des Sprechens. Es erlaubt, sich beispielsweise sprachliche Eigenarten schnell anzueignen oder über das hörende Verarbeiten eine Fremdsprache zu erlernen. Das Nachsprechen ist ein Sprechvorgang, bei dem der Nachsprecher keinen eigenständigen Sprechbeitrag liefert, sondern bei dem er ausschließlich auf das Gehörte konzentriert ist, um dieses wiederzugeben.

Die Hirnleistungen, die dabei eine große Rolle spielen, sind das Entschlüsseln von Hörreizen, das Speichern von Klängen und das Erinnern von Laut- und Wortbildungsmustern. Wenn eine dieser Teilleistungen gestört ist, dann ist das Nachsprechen ebenfalls beeinträchtigt, was in den meisten Fällen nichts mit Schwerhörigkeit zu tun hat. Das Nachsprechen ist eine beliebte Art, einem sprachbehinderten Menschen den Zugang zur Sprechhandlung zu erleichtern. Man möchte den Sprechgestörten durch modellhaftes Vormachen deblockieren und ihm dadurch das Sprechen erleichtern.

Nachsprechen ist eine Teilleistung des Sprechens. Es basiert auf dem Entschlüsseln von Hörreizen, Speichern von Klängen, Erinnern der Sprechbewegungsmuster

Im folgenden werden die wesentlichen Hirnleistungsprozesse, die beim Nachsprechen ablaufen, dargestellt. Dabei wird deutlich, daß Nachsprechen im Gegensatz zum freien Sprechen keinen aktiven Zugriff auf das Wort- und Grammatik-

Wer nachsprechen kann, muß noch lange nicht spontan und frei sprechen können

gedächtnis erfordert und daß jemand, der in der Lage ist nachzusprechen, noch lange nicht imstande sein muß, spontan zu sprechen.

Über das Ohr nehmen wir akustische Reize wie auch Gesprochenes wahr. Die Lautsignale oder Hörreize werden an das Großhirn weitergeleitet, dort entschlüsselt und auf ihren Bekanntheitsgrad hin untersucht. Dazu werden sie für einen kurzen Moment in Erinnerung gehalten und dabei auf ihre Ähnlichkeit mit bekannten Klangbildern, die sich im Klanggedächtnis befinden, verglichen. Das eigene Klangbild, das dem Hörreiz entspricht, wird nun bei der Vorbereitung zum Nachsprechen

Vergleich der Hörreize mit bekannten Klangbildern; das Klang-Gedächtnis wird aktiviert

aktiviert und abgerufen (Zugriff auf das Klanggedächtnis) und als Klangleitlinie (Vorlage) zum Nachsprechen gebraucht. Der Klang allein reicht für das Nachsprechen aber noch nicht aus. Dazu benötigt der Sprecher die Fähigkeit, das Gehörte korrekt zu lautieren, wozu er sich auf sein Inventar an Lautbildungsmustern verläßt. Er greift also auf das Sprechbewegungsgedächtnis zurück.

Das Nachklingenlassen des Gehörten ist Voraussetzung dafür, daß das Nachgesprochene dem vorgegebenen Modell entspricht

Um einen ganzen Satz nachsprechen zu können, bedarf es auch einer länger andauernden Speicherfähigkeit für den Hörreiz, die wir uns als inneres Nachklingenlassen des Gehörten vorstellen können. Bei einem vorgesprochenen Satz wie z. B. »In diesem Jahr hält der Winter früh Einzug« benötigt der Nachsprecher für die Zeit vom Hören des Satzanfangs bis zum Satzende die ungestörte Fähigkeit, den kompletten Satz klanglich zu speichern, um ihn vorgaben- und klanggetreu wiedergeben zu können.

Beim Hören und Verarbeiten des Gehörten denkt der Nachsprecher sicherlich gleichzeitig auch über den Sinn des Satzes nach, wozu er die Bedeutung der Wörter reflektiert. Dabei entsteht ein roter Sinnfaden, an dem sich das Nachsprechen ebenfalls orientieren kann.

Bei Sprachstörungen aufgrund von Hirnschädigungen können die oben beschriebenen Teilleistungen einzeln oder in Kombination eingeschränkt sein, was dann dazu führt, daß das Nachsprechen leicht bis schwer gestört ist. Das wiederum be-

deutet aber nicht zwingend, daß das spontane Sprechen ebenso gestört sein muß.

Was geschieht beim Lesen, und was kann dabei gestört sein?

Der Buchstabe oder die Buchstabengruppe (z. B. »sch«, »ch«)
ist das Schriftzeichen eines Lautes. Um lesen zu können, müssen wir uns zunächst jeden Buchstaben einprägen, das heißt,
wir bauen einen Schriftzeichen- bzw. Buchstabenspeicher auf.
Dabei wird stets der Klang des entsprechenden Lautes dem
Buchstaben zugeordnet (Zugriff auf Lautklangspeicher). Im
Erstleseunterricht werden dazu beispielsweise die Buchstaben
auf der Tafel gezeigt und deutlich vorgesprochen. Durch Üben
prägt sich die Verbindung zwischen dem Schriftzeichen und
dessen Lautklang ein. Allmählich werden dann ganze Buchsta-
bengruppen als Wörter gelesen, wobei das Mitsprechen immer
eine tragende Rolle spielt. Der Anfänger muß sich zwar das zu
lesende Wort erst noch recht mühsam aus den einzelnen Buchstaben zusammensetzen, später erfaßt er aber bekannte Wörter
mit einem Blick. Dabei entschlüsselt er diese wesentlich
schneller, sozusagen automatisch, weil das Gehirn gelernt hat,
auch ganze Wörter als Bild zu speichern und zu erinnern
(Wort-Bild-Speicher). Im Laufe der Zeit entwickeln wir einen
Blick für immer längere Buchstabenkombinationen und ganze
Buchstabenkomplexe, für Wörter, ganze Sätze und größere
Textabschnitte. Wir erfassen mit einem Blick nicht nur die
Schrift, sondern auch die Bedeutung immer größerer Textein-
heiten. Das Gehirn ist also fähig, Buchstabenbilder bzw. Wörter in größter Geschwindigkeit wahrzunehmen, zu entschlüsseln und ihrer Bedeutung nach zuzuordnen. Dem liegt eine
ganz wichtige Voraussetzung zugrunde, und zwar das visuelle
Gedächtnis, das Informationen speichert, die über das Auge
wahrgenommen werden. Das visuelle Erinnern der Buchstaben

Üben prägt die Verbindung zwischen Schriftzeichen und Lautklang

Das visuelle Gedächtnis ist die wichtigste Voraussetzung für das Lesen-können

und Schriftbilder ist die Grundlage für alle komplizierteren Leseleistungen, vom Entschlüsseln unbekannter Wörter bis zum schnellen und sinnerfassenden Lesen längerer Texte.

Lesestörungen können auftreten bei Problemen des Zugriffs auf den Lautklang- oder den Schriftbildspeicher. Gerade beim Erinnern von Schriftzeichen können erhebliche Unsicherheiten entstehen, was das Erkennen der Buchstabenform oder die Differenzierung von Ähnlichkeiten anbelangt.

Gezielte Übungen zur Förderung der visuellen Wahrnehmung, des Sichmerkens bestimmter Formen und des Verknüpfens von Schriftbild, Wortklängen und Bedeutung können bestimmte Lesestörungen und beim (kindlichen) Lesenlernen die Leseleistung steigern.

Störungen des lauten Lesens Verletzungen im Gehirn können das Sprechen erheblich beeinträchtigen, was sich auch auf das laute Lesen auswirken kann. Das »innere«, leise Lesen ist möglich, die Umsetzung vom geschriebenen ins gesprochene Wort ist dagegen erschwert bis unmöglich. Darunter leiden vor allem Patienten mit einer Sprechapraxie, bei der der Betroffene nicht mehr weiß, wie er die Buchstaben aussprechen soll (Probleme beim Zugriff auf das Sprechbewegungsgedächtnis).

Es gibt viele verletzungsbedingte Defizite, die das Vorlesen erschweren können. Je nach Krankheitsbild kann es zu sehr unterschiedlichen Problemen kommen, z. B. beim Erkennen einzelner Zeichen und/oder ganzer Wörter. Manchmal lassen sich diese Vorlesestörungen auch darauf zurückführen, daß das Klangbild des Wortes nicht mehr erinnert wird.

Was bedeutet das für die Sprachtherapie? Bei Lesestörungen muß zuerst festgestellt werden, welche Schwierigkeiten der Betroffene bei der Wahrnehmung, Verarbeitung und Umsetzung hat. Dann läßt sich gezielt an dem Problem arbeiten.

Wichtig: Das Erkennen von Buchstaben ist die Voraussetzung zum Erkennen von Wörtern. Dies wiederum ist Voraussetzung für das Lesen von Sätzen, was wiederum die Voraussetzung für das Lesen von Texten ist. So wird deutlich, daß der Prozeß des Lesens aus einer Vielzahl von Teilleistungen besteht und daß man bei genauer Analyse der gestörten Teilprozesse therapeutisch darauf eingehen kann.

Was geschieht beim Schreiben, und was kann gestört sein?

Wenn wir uns erinnern, wie wir Schreiben gelernt haben, so fällt uns ein, daß wir zuerst die Form des zu schreibenden Buchstabens regelrecht kopiert haben. Dazu malten wir den Buchstaben ab, immer und immer wieder, und prägten uns dabei nicht nur das Bild des Buchstabens, sondern vor allem die Schreibbewegungen ein. Jeder Buchstabe, jede Buchstabenverbindung und viele Wörter wurden Hunderte Male geschrieben und aufgenommen. Das Schreiben verlief immer leichter, schneller und sicherer. Das Schreibbewegungsgedächtnis wurde aufgebaut. Weil beim Buchstabenschreiben in der ersten Schreiblernphase auch immer lautiert wurde, wurden neuronale Verbindungen zwischen dem Lautklang-, dem Lautbildungs-, dem Buchstaben- und dem schreibmotorischen Gedächtnis aufgebaut.

Viele »Vernetzungen« beim Schreiben

Dabei flossen selbstverständlich auch die Schreibregeln mit in die Schreibbewegungen ein. Im Laufe der Zeit wurden die Bewegungen der Schreibhand immer sicherer, die Schreibgeschwindigkeit nahm zu, weil es uns immer schneller gelang, die einzelnen Schreibbewegungen der Buchstaben in fließende Bewegungen beim Hintereinandersetzen der Buchstaben umzusetzen.

Das zeigt uns, daß die Schrift nun fest im Schreibbewegungsgedächtnis verankert ist. Wir können uns dies rasch vergegenwärtigen, wenn wir mit geschlossenen Augen einen diktierten Text schreiben. Wir hören ihn, behalten ihn klanglich in Erinnerung und wandeln ihn in Schriftsprache um, indem wir uns die Buchstabenfolgen bzw. Wortbilder im Geiste vorstellen und diese nun sozusagen in Bewegung umsetzen und niederschreiben. Dies geschieht ohne Augen- bzw. Lesekontrolle. Wir haben das sichere Gefühl, bei den Schreibbewegungen keine Fehler zu machen. Und das rührt aus dem perfekten Zusammenspiel von Motorik und Bildgedächtnis her.

Perfektes Zusammenspiel

Beim Diktat schreiben wir nach sprachlichen Höreindrükken. Das sind sprachliche Hörreize, die gespeichert und als Buchstaben und Buchstabenfolgen in Schrift umgesetzt werden. Dieser Vorgang setzt blitzschnell Schreibbewegungen in Gang. In diesem Moment greifen wir auf mehrere Gedächtnisse zurück:

- auf das Laut- oder Wortbildungsgedächtnis, das bei manchen Schreibenden die Zunge dezente Mitbewegungen ausführen läßt,
- auf den Lautklang- oder Wortklangspeicher, der uns überhaupt erst sagt, um welchen Buchstaben es sich handeln soll, sowie natürlich
- auf das Schreibbewegungsgedächtnis, das unsere Schreibhand »führt« und uns »blind« schreiben läßt, wobei die bildliche Vorstellung vom Buchstaben, der Klang des Lautes und das motorische Schreibgefühl für diesen Buchstaben ineinanderfließen.

Beim Schreiben eines »eigenen« Textes, etwa eines Briefes, hören wir nicht den Text eines anderen, sondern unseren eigenen Text. Wir konzipieren den Gedanken, planen den Satz und sprechen ihn innerlich. Das innerliche Vorsprechen wird nun sozusagen zur akustischen Schreibvorlage. Jetzt stehen wir an der Stelle, wo wir eben beim Diktat waren. Beim Diktat war es der Satz des Lehrers, der uns so lange im Ohr blieb, bis wir ihn niedergeschrieben hatten. Beim freien Schreiben haben wir unseren vorgestellten Satz, der nun als akustische Leitlinie unsere Schreibabsicht steuert.

Schreiben bedeutet Sprechen auf schriftliche Weise

Schreiben bedeutet Sprechen auf schriftliche Weise. Alles, was sprachstrukurell für das Sprechen gilt (Sprechkonzept, Zugriff auf das Wortgedächtnis, auf die Grammatik usw.; s. a. Kap. »Was geschieht beim Sprechen, und was kann dabei gestört sein?«), gilt auch für das Schreiben. Nur setzen wir die Sprache beim Schreiben nicht mit Hilfe der Mundwerkzeuge in Lautsprache um, sondern wir setzen sie mit Hilfe der Schreibhand und ihrer Bewegungen sowie mittels eines Schreibstiftes in Schrift um.

Störungen des Schreibens können auftreten, wenn
- die Verbindung vom Sprachklanggedächtnis zum Schriftbildgedächtnis fehlt,
- der Zugriff vom Schreibbewegungsgedächtnis auf das Schriftbildgedächtnis und umgekehrt und/oder
- die Verbindung von der Schreibbewegung zum Sprachklang gestört ist. Dann kann es passieren, daß der Betroffene nicht mehr weiß, wie er das zu schreiben hat, was er zu schreiben gedenkt, weil er sich nicht an das Klang- oder Schriftbild des zu Schreibenden erinnern kann.

Wir diktieren zum Beispiel: »Die Sonne steht am Himmel.« Der Betroffene hat eine sehr kurze Hör-Merk-Spanne. Dadurch verliert er den Satzklang und somit auch die Klangleitlinie für den Schreibvorgang. Der Zugriff auf das Sprachklanggedächtnis ist in diesem Moment verhindert. Interessant ist, daß der Betroffene diesen Satz möglicherweise dann schreiben kann, wenn er einen kurzen Blick auf den geschriebenen Satz wirft und sich das Satzbild merkt. Dabei greift er auf das Schriftbildgedächtnis zurück (s. a. Kap. »Was geschieht beim Lesen, und was kann dabei gestört sein?«), auf das nun das Schreibbewegungsgedächtnis zurückgreift.

Das Satzbild ersetzt das Klangbild

Wenn wir Schreibübungen machen, dann sollten unbedingt die Kenntnisse über die neuronalen Verbindungen zwischen den am Schreibvorgang beteiligten Gedächtnissen genutzt werden. Dazu empfehle ich, bei jeder Schreibübung grundsätzlich den Sprechvorgang bewußt mit aufzurufen. Das bedeutet konkret, daß jeder Schreibvorgang – so gut es eben geht – von Sprechen begleitet sein sollte.

Bei einer Lähmung der Schreibarm- und Schreibhandmuskeln geht man oft vorschnell davon aus, daß auch eine Schreibstörung vorliegt. Die Schreibfähigkeit ist oft vorhanden, sie wäre auch zu sehen, wenn der Betroffene ohne Lähmung die Schreibbewegungen umsetzen könnte. Wir müssen also, um dem Betroffenen nicht Unrecht zu tun, vom Sprachtherapeuten unbedingt prüfen lassen, ob es sich um einen rein motorischen Ausfall oder um eine Störung des Schreibsystems handelt. Je nach Ergebnis werden dann entsprechende Therapiemaßnahmen ergriffen.

Ein wichtiger Tip Ein Tip für das Üben des Schreibens auch bei schreibseitiger Lähmung: Es hat grundsätzlich positive Auswirkung auf das Sprechen der zu schreibenden Wörter und damit auch auf das Lesen der geschriebenen Wörter, wenn der Betroffene mit beiden Händen einen Stift umfaßt und großformatige Buchstaben, kurze Wörter und auch Ziffern schreibt. Der positive Effekt liegt darin, daß wir durch den Einsatz der aktiven Hand die Lähmung kompensieren und über die gelähmte Schreibhand einen Zugriff aufbauen zum Schreibbewegungsgedächtnis und über diesen Schritt wiederum Verbindungen zum Wortklang- und zum Lautbildungsgedächtnis abrufen.

Ein zweiter positiver Effekt liegt darin, daß wir durch diese synchronen, beidseitigen Handbewegungen einen Transfer der Schreibleistungen von der einen Hirnhälfte zur anderen vollziehen. Wiederholte Synchronschreibübungen sind wichtige Vorbereitungen zur neuronalen Umstellung von der gelähmten Schreibhand auf die jetzt aktive Hand.

Das (post-)apallische Syndrom

Anders als bei der Aphasie und der Dysarthrie ist das Erscheinungsbild beim (post-)apallischen Syndrom nicht auf die Zerstörung von Großhirnzellen zurückzuführen, sondern auf eine Schädigung im Bereich des Klein- und/oder Stammhirns. Ursache dafür ist meist eine schwere Schädelverletzung, beispielsweise durch einen Autounfall. Aber auch Sauerstoffmangel, Gehirnentzündungen oder Vergiftungen können Ursachen sein. Aphasie und Dysarthrie erschweren das Erscheinungsbild des (post-)apallischen Syndroms oft noch zusätzlich.

Das (post-)apallische Syndrom ist durch eine mehr oder weniger ausgeprägte Störung der Funktion des Großhirns gekennzeichnet. Die Funktionsfähigkeit des Großhirns ist abhängig von den unspezifischen Erregungsimpulsen, die ständig vom darunterliegenden Stammhirn erfolgen. Fehlen aufgrund der dortigen Schädigung diese Impulse teilweise oder vollständig, so können die von den Sinnesorganen gesendeten Informationen im Großhirn nicht vollständig verarbeitet werden. Durch die so hervorgerufene funktionelle Trennung sind stärkste Einschränkungen in der Initiativbildung die kennzeichnenden Symptome des (post-)apallischen Syndroms.

Eine unterschiedlich ausgeprägte Funktionsstörung des Großhirns

Das Großhirn gilt als Zentrum unseres Bewußtseins. Sinneseindrücke, Empfindungen und Gefühle hingegen wirken größtenteils unabhängig von der Großhirnfunktion auf den Betroffenen ein. Beim apallisch Betroffenen sind je nach individueller Ausprägung vor allem seine nichtbewußten, automatisch ablaufenden Funktionen aktiv. Bei diesen handelt es sich um lebenswichtige Grundfunktionen, die vor allem von anderen Bereichen des Gehirns gesteuert werden. Zu diesen Grundfunktionen gehören beispielsweise die Atmung, das Herz-Kreislauf-System und die Hormonsteuerung.

Nichtbewußte, automatische Funktionen sind aktiv

Das apallische Syndrom beginnt mit dem Aufwachen aus dem Koma. Man nennt es aus diesem Grund auch Wachkoma. Mit offenen Augen, jedoch vollkommen gelähmt und unfähig, für andere sichtbar sinnvoll zu reagieren oder sich zu bewegen, liegt der apallische Mensch da und starrt ins Leere.

In diesem Stadium beginnt er langsam, seinen Kontakt zur Umwelt aktiv wiederaufzubauen; erste Restfunktionen beginnen sich wieder einzustellen. Dabei verlangt jede willentliche Aktivität wie Wahrnehmung, Steuerung der Aufmerksamkeit, Konzentration, Verarbeitung von Wahrnehmung und Erleben, jede Bewegung, das Sprechen etc. ungeheure Anstrengung. Der Betroffene beginnt, auf Außenreize zu reagieren, und zeigt erste bewußt gesteuerte, sichtbare Handlungen. Dies kann das Zucken eines Augenlides, eine Hand- oder Augenbewegung, das Spitzen der Lippen oder Schreien sein. Er versucht, mit diesen begrenzten Mitteln auf sich aufmerksam zu machen, sich mitzuteilen.

Mit dem Eintreten solcher ersten bewußten Handlungen geht man vom Begriff des apallischen zu dem des (post-)apallischen Syndroms über. Die mit dem Aktivwerden verbundenen Anstrengungen verstärken oft die vorhandenen Streck- und Beugespastiken der Extremitäten und des Rumpfes.

Die Sinnesorgane senden ständig Impulse an das Gehirn. Das für unsere Gefühlsregungen sehr wichtige limbische System kann bewirken, daß das Großhirn plötzlich einen besonders intensiven Aktivierungsimpuls erhält. Dies kann starke Gefühlsreaktionen des Betroffenen auslösen und sichtbar machen.

Der apallische Mensch empfindet Der apallische Mensch empfindet; darüber herrscht mittlerweile Übereinstimmung. Inwieweit jedoch Sinneseindrücke und Empfindungen verarbeitet werden können, ist vor allem abhängig vom Wachheitszustand des Bewußtseins. Reichen die aktivierenden Impulse des Stammhirns aus, so organisiert sich im Großhirn und in anderen Gehirnarealen eine adäquate Antwort. Da jedoch oft durch eine Mitschädigung des Kleinhirnbereiches die notwendigen Informationen zur Bewegungskoordination eingeschränkt sind oder gar nicht mehr zur Verfügung stehen, ist der Betroffene trotz seines enormen Wissens- und Erfahrungshintergrundes nicht oder nur stark eingeschränkt in der Lage, auf die wahrgenommene Umwelt zu reagieren.

Die Initiierung, Steuerung und Kontrolle seiner Aktionen und Reaktionen wieder zu erlernen ist ein mühsamer, meist langer und nie abgeschlossener Prozeß. Der intensivtherapeutischen Förderung der Aufmerksamkeit und Konzentrationsfähigkeit durch konsequente Stimulation möglichst aller Sinne kommt bei diesem Prozeß eine besondere Bedeutung zu.

Der apallische Mensch lernt, seine Aktionen wieder zu steuern und zu kontrollieren

Durch die Erfahrung und Verarbeitung von Sinneseindrücken bildet sich mit der Neuverknüpfung von Nervenzellen ein Netzwerk, in dem Informationen ausgetauscht werden. Diese Verknüpfungen sind nichts anderes als das, was wir unter »Lernen« verstehen. Zur Optimierung der Informationsweitergabe müssen sich aus zunächst feinsten Verbindungen wieder dicke Nervenbündel bilden. Erst auf diese Weise fließen die Informationen wieder sichere Wege und führen so zu sicher ausgeführten Handlungen. Bei der Schulung und Erarbeitung der Handlungsinitiative werden solche Neuverknüpfungen angeregt. Besonders zu Beginn der Rückbildungsphase verlangen dabei bereits kurze Aufmerksamkeitsleistungen von dem Betroffenen Höchstleistungen und führen schnell zur Erschöpfung. Viele kleine, spürbare Fortschritte, wie sie durch intensiv-sprachtherapeutische Maßnahmen meist erreicht werden, sind in der Regel jedoch Ansporn genug, diese Anstrengungen in Kauf zu nehmen und weiter zu üben.

Schon kurze Aufmerksamkeit verlangt Höchstleistungen

Der Verlauf des apallischen Syndroms kann sehr unterschiedlich sein. Diesbezüglich beschreibt die Neurowissenschaft für das Abklingen des apallischen Syndroms verschiedene Phasen der Rückbildung, die durchlaufen werden können. Bedingungen wie Schwere und genauer Ort der Schädigung, Alter und Konstitution des Betroffenen sowie Dauer des Komas entschei-

den darüber, ob und wieweit diese Rückbildungsprozesse statt-
finden können.

Die Rückbildung des apallischen Syndroms kann jederzeit
zum Stillstand kommen oder aber alle Phasen bis zum völligen
Abklingen aller Symptome durchlaufen. Daß auch die Motivation des Betroffenen sowie Art und Intensität den Verlauf entscheidend mitbestimmen können, darauf verweisen Erfahrungen aus der Intensiv-Sprachtherapie.

Die Folgen von Sprachstörungen

Jede Form sprachlicher Auffälligkeit hat Folgen. Bei einem Kind, welches das Leben noch vor sich hat und Verzögerungen bei der Sprachentwicklung oder Probleme mit Stottern zeigt, sehen die Folgen sicherlich anders aus als beim Erwachsenen, der mitten im Leben steht und plötzlich in sprachliche Schwierigkeiten gerät.

Die Folgen einer Sprachstörung im Kindesalter haben eine andere Qualität als beim Sprachverlust im Erwachsenenalter

Versuchen wir einmal, uns die Folgen als Auswirkungen der Sprachstörung vor Augen zu führen. Wir beginnen mit einem vierjährigen Kind, das immer noch in Ein-Wort-Äußerungen spricht. Erschwerend wirkt sich dabei aus, daß die Konsequenzen nicht sofort und auch nicht mit dem Auge deutlich erkennbar sind, wie das etwa bei einer körperlichen Behinderung der Fall ist. Da sich die Folgen während aller folgenden Phasen der Ausreifung und Entwicklung psychischer, geistiger und kommunikativer Fähigkeiten zuerst innerlich manifestieren, ist es besonders wichtig, so früh wie möglich und so früh, wie es sich als sinnvoll darstellt, mit der therapeutischen Sprachförderung zu beginnen.

Bei Störungen entwickeln sich die Folgeprobleme im Zuge des Älterwerdens mit der sprachlichen Auffälligkeit. Bei Ausbleiben therapeutischer Unterstützung könnten ein langsameres, verzögertes Ausdifferenzieren aller sprachlichen Leistungen und ggf. ein verlangsamtes Entwickeln von Aktivität und Selbstbewußtsein gegenüber anderen Menschen im Kindergarten oder in der Schule die Folgen sein. Das zieht dann vermutlich einen Rückstand bzw. Verzögerungen in der Entwicklung der kommunikativen Kompetenz mit langsamerem Lernen kommunikativer wie sprachlicher Verhaltensregeln nach sich. Dies wiederum kann dazu führen, daß das Kind beim »Kampf« um einen guten Platz in der sozialen Gemeinschaft schlecht abschließt.

Im Laufe der Entwicklung des Kindes mit fünf, sieben bzw. neun Jahren kann sich ein sprachlicher Entwicklungsrückstand negativ auf das Lernverhalten und -vermögen, auf das Sozialverhalten, die Entwicklung bestimmter Interessen und sicherlich auch auf die geistige Entwicklung auswirken.

Das Kind spürt den Rückstand seiner Sprachentwicklung

Den Rückstand in der Sprachentwicklung gegenüber der »Normalentwicklung« bei anderen spürt das Kind und reagiert.

Um die Tragweite der Folgen einer unbehandelten Sprachentwicklungsstörung ermessen zu können, sollten wir uns vorab bewußtmachen, daß die Sprachentwicklung als spiralförmiger neuronaler Strukturierungsprozeß im Gehirn vorstellbar ist, bei dem das Gehirn durch Aufnahme und Verarbeitung von Informationen (Lernen) und durch Umsetzen und Anwenden des Gelernten (Gedächtnis) Grundlagen für die Bewältigung neuer, komplexerer Aufgaben schafft. Dabei greift jeder neue Lernschritt auf das bereits Gelernte und Gekonnte zurück, jede neue Wahrnehmung stützt sich auf die im Gedächtnis bereits abgelegten Informationen. Dieser Vorstellung zufolge kann ein Kind, das mit vier Jahren noch nicht spricht oder nur Ein-Wort-Äußerungen von sich gibt, auf viel weniger verarbeitete und gespeicherte Informationen zurückgreifen als ein ebenfalls vierjähriges Kind, das bereits in Satzgefügen mit verschiedenen Arten von Nebensätzen spricht.

Sprachliche Entwicklungsstörungen stellen eine schlechtere Ausgangsbasis für das Leben dar

Praktisch bedeutet das: Das sprachlich entwicklungsgestörte vierjährige Kind hat eine erheblich schlechtere Ausgangsbasis für das aktuelle Lernen als ein sprachlich »normal« entwickeltes, gleichaltriges Kind. Da die Entwicklungs- und Reifungsprozesse ohne Unterbrechung fortschreiten, können wir uns bei unveränderter Situation einen stetig zunehmenden Lernleistungsabstand zwischen den beiden Kindern ausmalen, mit Konsequenzen in der Schullaufbahn, der Berufsausbildung und im Berufsleben ebenso wie im Privatleben.

Diese Schreckensbilder führen uns nicht weiter, helfen aber, sich der Bedeutung einer guten Spracherziehung bewußt zu werden.

Das vorbild- und modellhafte Sprechen mit den Kleinen und der intensive, zugewandte und liebevolle Umgang mit ihnen ist die beste Spracherziehung. Diese Aussage mutet gewissermaßen als antiquiert an, muß aber klar und deutlich formuliert werden, da sie nach wie vor Gültigkeit hat. Besonders im Zusammenhang mit den sich gerade in den 90er Jahren radikal verändernden Medienkonsumwelten der Kinder und der sich daraus konsequent ergebenden häufigen Interaktionen zwischen Kind und Computer bzw. Fernseher ist eine Verringerung menschlicher Kommunikationskontakte zu erkennen. Und damit – so ist zu befürchten – nimmt auch die kommunikationsgetragene Sprachanregung über Gespräche zwischen Eltern und Kind oder unter Kindern ab.

Vorbildhaftes Sprechen und liebevoller Umgang sind die beste Spracherziehung

Zu den Folgeschäden nicht behandelter Sprachentwicklungsstörungen könnten im Grundschulalter gehören:
- Wortschatzarmut (einfache bis sehr einfache Sprache),
- Desinteresse an sprachbedingten Aktivitäten (z. B. Lesen),
- nur mäßiges Interesse am Umgang mit Sprache, ggf. auch Lustlosigkeit am Schreiben,
- Schwierigkeiten bei der Entscheidungsfindung zum Besuch einer weiterführenden Schule,
- wenig Interesse am Lesen, somit keine Leseroutine, dadurch Kraftaufwand beim Lesen, so daß gute Bücher nur einen äußerst geringen Reiz ausüben und durch seltenes Lesen wenig Interessenshintergrund entstehen kann,
- Orientierung hin auf einfach strukturierte, gegenständliche und plausibel erscheinende Erfahrungswelten,
- Erfahrung, daß die eigene Sprache und dadurch der soziale Einfluß nicht so stark ist wie die der anderen, dadurch erste Minderwertigkeitsgefühle,
- Hänseleien, die zu Abwehrstrategien, u. a. auch zum Rückzug, führen,
- geringe Wendigkeit im kommunikativen Umgang und wenig Interesse an Problemlösungen im Zusammenhang mit kommunikativen Konflikten.

Stotternde Kinder durchlaufen in der Persönlichkeitsentwicklung Lernprozesse, die vom Hin und Her des Wollens und Vermeidens von Sprechhandlungen geprägt sind (s. a. Kap. »Stottern und seine Therapie«). Bleibt das Stottern im Grundschulalter unbehandelt oder zeigt die Therapie keine Wirkung, dann muß das Kind mit einem Sprechmerkmal leben, das sehr auffällig ist und entsprechende Reaktionen bei seinen Mitmenschen hervorruft: Häme, Abwendung, Verachtung, betretene Betroffenheit und/oder Verhaltensunsicherheit dem Stotternden gegenüber. Mit diesem Verhalten der anderen umzugehen ist für das stotternde Kind nicht einfach.

Die Reaktion der Umgebung auf ein Stottern wirkt oft verletzend

Das öffentliche Zur-Schau-Stellen des etwas »blöden« Stotterers in Filmen der 60er und 70er Jahre stigmatisiert den stotternden Menschen als dümmlich und festigt in der Öffentlichkeit das Vorurteil, daß das Nicht-Sprechen-Können mit Denkschwäche, ja vielleicht sogar mit Intelligenzmangel zusammenhinge. Gegen dieses Stigma kommt der Stotternde nur an, wenn er sich auf Gebieten profiliert, auf denen nicht die Sprache, sondern andere Aktivitäten als Beurteilungskriterien für das Ansehen entscheidend sind.

Viele arrangieren sich irgendwie mit ihrem Status als Stotternde, ohne jedoch zu ihrer Sprachstörung zu stehen. Sie suchen jede Gelegenheit, um die Normabweichung ihres Sprechens zu verbergen, und finden Wege, um nicht sprechen zu müssen. Viele schaffen das, bezahlen dafür aber einen hohen Preis, denn sie entziehen sich der kommunikativen Auseinandersetzung mit ihren Mitmenschen. Damit lassen sie die wichtigsten Formen des Trainings auf dem Gebiet der Persönlichkeitsentwicklung ungenutzt: die kommunikative und sprachliche Kompetenz.

Unbehandeltes Stottern fordert meist einen hohen Preis

Privat werden Betroffene dabei vielleicht zum Kauz, zum Egoisten oder zum willfährigen »Softi«, zum Perfektionisten, zum Spezialisten in Themenbereichen mit »stillen« Aufgaben, zum permanent Frustrierten oder zum schweigenden Zuhörer ohne Ausstrahlung.

Beruflich führt dies früher oder später dazu, daß auf der

Karriereleiter schon sehr bald die Obergrenze erreicht ist, und zwar spätestens dann, wenn Sprechen vor Mitarbeitern, Gespräche vor Ort mit Kunden oder das Repräsentieren des Betriebes in der Öffentlichkeit angesagt sind. *Kurze Karriereleiter*

Die schwerste Folge des Stotterns ist, daß der bzw. die Stotternde subjektiv viele Chancen zur Entfaltung vermißt und deshalb ungenutzt läßt, die objektiv in einem normalen Sprachentwicklungsprozeß schlummern.

Die Folgen einer Stimmstörung lassen sich in zwei Gruppen einteilen. *Folgen der Stimmstörung*

Während in der ersten gesundheitliche Risiken im Vordergrund stehen (z. B. trotz Stimmbeschwerden weiteres Überstrapazieren des Stimmapparates), so sind es in der zweiten Gruppe eher die kommunikativ-psychischen Folgen, wie der Verlust der Durchsetzungs- und Überzeugungskraft oder der Einflußmöglichkeiten. Es sind aber auch die Peinlichkeiten zu nennen, die durch freundliches, aber manchmal überneugieriges Anfragen nach der Erkältung heraufbeschworen werden.

Stimmstörungen lassen je nach persönlicher Einstellung des Stimmträgers und aufgrund der individuellen Einschätzung der Bedeutung der Stimme für seine Existenz sehr unterschiedliche Empfindungen von Unzufriedenheit entstehen. Die Erklärungsmuster stammen aus der individuellen Erfahrung im Gebrauch und Einsatz der Stimme in seinem Leben, das heißt, der Grad der Bedeutsamkeit der Stimme ist bei einem Stimmverlust auch ein Gradmesser für die Unzufriedenheit und den Leidensdruck.

Der totale Stimmverlust kann einen Menschen, der zeit seines Lebens mit und durch Sprechen im Beruf Erfolg hatte, extrem belasten. Gleiches gilt beispielsweise für eine Mutter, die Haupterzieherin von drei kleinen Kindern ist.

Die Folgen einer bleibenden Stimmstörung sind in den meisten Fällen Ängste bezogen auf den Verlust der gewohnten Kommunikationsfähigkeit zusammen mit dem damit verbundenen persönlichkeitsspezifischen Profil.

Der Verlust des Sprach- und Sprechvermögens (Aphasie

und Dysarthrie) läßt die frühere Persönlichkeitsausstrahlung des plötzlich Sprachgestörten und seinen profilierten Ausdruck verblassen. Frühere Ausdrucksmöglichenkeiten und Handlungskompetenzen werden überlagert vom Ausdruck der Hilflosigkeit, der Ohnmacht und sprachlicher Fehlversuche. Der Betroffene erlebt seine Unfähigkeiten und Unzulänglichkeiten bei vollem Bewußtsein. Es ist ein völlig neues Erleben einer Situation, die er nicht bewußt mitgestalten kann, erstmalig im Leben und ohne vorherige Erfahrung. Das muß dramatisch sein. Es kommt zu einer Art Identitätsverlust und oft zu einer Identitätskrise. Das Ich, das Bild vom eigenen Selbst und die Sicherheit im Umgang mit den Mitmenschen in Familie, Beruf und Öffentlichkeit (s. a. Kap. »Die Bedeutung von Sprache für unser Leben«) verlieren sich in Unsicherheit, Ängsten und depressiven Verstimmungen. Das Ich zerfällt, die sozialen Rollen, die der plötzlich Sprachgestörte in seinem Umfeld bisher innehatte, kann er nicht mehr ausfüllen. Die Erinnerung daran verblaßt durch die nicht mehr enden wollenden schmerzlichen Erfahrungen in der neuen Situation und in der Rolle des Hilfsbedürftigen, Hilfesuchenden, des Abhängigen, des Inaktiven, des vermeintlichen »Nichtsnutzes« usw.

Sprachverlust kann zum Suizid führen

Viele Betroffene erleben den Sprach- und damit auch Persönlichkeitsverlust als so einschneidend und lebensberaubend, daß sie Suizidwünsche äußern.

Wie muß es einem apallischen Patienten ergehen, der beispielsweise im Wachkoma liegt und alles um ihn herum Gesprochene versteht, sich aber nicht rühren kann, weil die Hirnbeschädigung keine Handlung, keine Körperbewegung, ja nicht einmal ein gesprochenes »Ja« oder »Nein« zuläßt? Die Folge dieser extremen Form des kommunikativen Abgeschnittenseins können wir Nichtbetroffenen wohl auch mit größter Phantasie nicht oder kaum ermessen. Ist es wirklich so, daß in diesem leblos scheinenden Körper tatsächlich ein Verstand arbeitet, der fühlt, leidet, weint, schreit, verzweifelt nach Auswegen sucht, der vielleicht auch einmal lachen kann und auf bessere Zeiten hofft? Welche Qualen muß er leiden, wenn er bei

Eingeschlossen in eine Taucherglocke

vollem Bewußtsein zur Kenntnis nehmen muß, daß der Arzt seinen Familienmitgliedern am Krankenbett eröffnet, daß sein Hirnschaden so erheblich sei, daß er sein ganzes weiteres Leben in diesem Status verbringen werde und keine Aussicht auf Besserung bestehe. Es läßt erschaudern, wenn dieser Apalliker dann elf Jahre nach dem Unfall und nach fünf, sechs Jahren intensiver Therapiemaßnahmen vor dem Therapeuten sitzt, der mit ihm Definitionsübungen durchführt und seine Initiative schult.

Aus dem Gesagten läßt sich folgender Schluß ziehen: Jede Sprachstörung hat ihre krankmachenden Folgen, deshalb sollten wir in jedem Falle nicht panisch reagieren, sondern versuchen, besonnen nach Abhilfe zu suchen und einen Schritt nach dem anderen zu tun. Dabei hilft die Sprachtherapie. *Keine Panik, sondern besonnen handeln!*

Die Reifungsprozesse im Gehirn eines Kindes lassen durch ihre zeitliche Determiniertheit grundsätzlich nur eine kurze Frist, um lebensentscheidende Entwicklungsprozesse in Gang zu bringen. Deshalb sollten dort so früh wie möglich therapeutische Fördermaßnahmen eingeleitet werden. *Jede Sprachstörung ist therapierbar*

Bei älteren Betroffenen sprechen völlig andere Faktoren wie Lebensalter, Ungeduld oder Zielstrebigkeit des Betroffenen für die Notwendigkeit, möglichst sofort nach dem Ereignis mit der Therapie zu beginnen, um die oben beschriebenen Folgen nicht voll oder, besser noch, gar nicht zur Entfaltung kommen zu lassen. *Sprachtherapie kann die psychischen Folgen der Sprachtherapie abbauen*

Veränderungen für den Partner

Durch den plötzlichen Verlust der sprachlichen Fähigkeiten tritt bei all denjenigen, die ihre betroffenen Partner nicht verlassen, eine Rollenveränderung ein. Sie müssen plötzlich über ihre bisherigen Verpflichtungen hinaus Dinge erledigen und Aufgaben übernehmen, die früher vom Betroffenen selbst ausgeführt bzw. wahrgenommen wurden. Die Partner werden *Die neue Situation bringt neue Rollen* durch die neue Situation gezwungen, Führung zu übernehmen, für den Betroffenen zu entscheiden und ihm eine starke Stütze zu sein.

Das wird vom Betroffenen anfangs schnell als »Entmachtung« und soziale Demontage mißverstanden, weil natürlich auch er mit seiner neuen Situation erst einmal zurechtkommen muß, zumal er mit dem Verlust der sprachlichen und kommunikativen Kompetenz zum großen Teil auch einen großen Teil seiner Identität verloren hat. Ihm, wie auch dem Partner oder der Partnerin, wird bewußt, daß das, was man noch vorhatte, zumindest in der nächsten Zeit nicht mehr realisiert werden kann, z. B. endlich mit dem Ehepartner ohne Streß auf Reisen zu gehen und die Rente so richtig genießen zu können.

Auch der Partner muß sich neu orientieren

Es ist eine große Aufgabe, sich einigermaßen schadenfrei von dieser ernüchternden und niederschmetternden Erkenntnis zu befreien. Größte Anerkennung dem, der versucht, mit neuen Gedanken und veränderter Einstellung einen neuen Lebensabschnitt zu beginnen. Das ist nicht selbstverständlich.

Im Falle eines plötzlichen Sprachverlustes weiß man als Partner im Umgang mit dem Betroffenen selbst nach vielen Wochen oft noch nicht, wie man dem Sprachgestörten gegenübertreten und mit ihm reden soll. Das permanente Suchen nach neuen Verständigungsmöglichkeiten zehrt auf beiden Seiten an den Nerven und ist schnell von Frustration überschattet. Niemand versteht so recht die neue Situation.

Der Identitätsverlust des Betroffenen ist eine große Herausforderung für den Partner

Der Identitätsverlust des Betroffenen löst auch beim Partner Verzweiflung aus. Dies läßt sich unschwer vorstellen, wenn wir uns bewußtmachen, daß er diesen Menschen ja gerade wegen seiner früheren Identität und persönlichen Ausstrahlung besonders geschätzt, gebraucht und geliebt hat. Nicht selten kommt es daher zu Trennungen. Deshalb ist es bewundernswert, wenn der Partner auch weiterhin zum Betroffenen hält.

Der Partner hat eine keinesfalls leichte Aufgabe zu bewältigen, und zwar die Umstellung des Alltags auf die neuen Rahmenbedingungen mit täglichen Behandlungsterminen, Pflegedienst, Ruhezeiten, Mahlzeiten usw. Der Tagesablauf erhält auch dadurch eine neue Gestaltung, daß der Betroffene – nun »krank« – nur noch zu Hause ist und die Lebenspartner die Nutzung der gemeinsam zu verbringenden Zeit und die Organisation neuer Kommunikationswege und -instrumentarien planen und über wichtige Dinge wie die Einkommensverwaltung und finanzielle Geschäfte und Verpflichtungen Einigung erzielen müssen.

Die Suche nach einer neuen Identität hängt mit dem Arrangieren der neuen Lebenssituation zusammen

Die Suche des Betroffenen nach einer neuen Identität hängt eng mit der Aufgabe des Partners zusammen, das Leben in Gang zu halten und sich mit der neuen Situation zu arrangieren. Der Partner spielt jetzt viele neue Rollen gleichzeitig, die er unvorbereitet übernehmen mußte, darunter die Rolle des Starken, desjenigen, der alles im Griff hat, des Stützenden, Beratenden, des fröhlichen Unterhalters, des Dolmetschers, Vermittlers, Schlichters, aber auch noch des Liebhabers, Ehepartners usw.

Die Rolle des Partners ist eine völlig andere geworden. Die Aufgaben haben sich vervielfacht. Der Partner weiß manchmal nicht, wo ihm der Kopf steht oder wie er die Zukunft rein von der Kraft her durchstehen soll. Wenn der Betroffene sich nicht mitteilen kann, bekommt der betreuende Partner kaum Anerkennung, dabei benötigen wir alle dringend die Bestätigung des eigenen Tuns!

Der betreuende Partner sollte sich an Mitbetroffene wenden, um sich von ihnen beraten und in der eigenen Arbeit bestätigen zu lassen. Kontaktadressen erhalten Sie beispielsweise über das »Informationsaustausch-Netz« des Logopädischen Behandlungs- und Rehabilitationszentrums Lindlar. Sie können sich auch professionellen Rat von Sprach- und Ergotherapeuten oder Krankengymnasten einholen; diese können Ihnen oft gute Tips zur Vereinfachung vieler alltäglicher Dinge geben. Gegebenenfalls können Sie sich auch an die Reha-Berater der Krankenkassen wenden. Natürlich sind vor allem Gespräche innerhalb der Familie wichtig und hilfreich, und nicht zuletzt sollten Sie viel mit dem Betroffenen reden.

Kontaktadressen von »Leidensgenossen« über Adressenzentralen, Therapeuten, Selbsthilfegruppen

Der betreuende Partner muß sich unbedingt eigene kleine Freiräume schaffen, um darin Erholung und Ablenkung und wieder Energie für die Bewältigung des Alltags zu finden. Das können Besuche von Freunden, Sauna, Skat- oder Rommé-Abende usw. sein. Soweit es sich einrichten läßt, sollte der Partner unbedingt auch an sich denken, seinen Interessen nachgehen und vielleicht sogar einmal allein verreisen.

Aphasie – Verstoßen in intellektuelle Einzelhaft

Monika Rankers
»Meine Kommunikation. Aphasiebedingt?«
Aphasie nach Unfall

Im folgenden möchte ich Ihnen von meinem eigenen Kommunikationsverhalten erzählen. Ich arbeite auf der Aphasiestation im Klinikum. In der Maltherapie wird mir manches bewußt oder wieder bewußt, was ich als Patientin einmal erlebt habe.

Alles wie im Nebel. Vielleicht weil es so lange her ist, vielleicht weil ich es verdrängt habe, vielleicht weil ich damals noch nicht ... »klar« im Kopf war. Jedenfalls hängt ein dichter grauer Schleier vor einigen Dingen, und mir wird deutlich, wie vielschichtig mein sprachliches Verhalten ist. Es ist genausowenig eindeutig zu packen wie die Unfallsituation vor 15 Jahren, die eine Aphasie und Halbseitenlähmung nach sich zog.

Ein dichter, grauer Schleier hängt vor den Dingen

Jetzt, da ich wieder vermehrt mit anderen in Kontakt trete, stellt sich mir immer wieder die Frage, ob ich ... »verständlich« bin. Fragende Blicke, zweifelnde Gesichtsausdrücke lassen mich skeptisch werden. Das beinhaltet, mein derzeitiges Kommunikationsverhalten zu überprüfen, ... verstehen zu wollen, warum Schwierigkeiten und Mißverständnisse auftauchen. Auch heißt es, mehr Verständnis für mich zu entwickeln, denn wieder mal gerate ich in Erstaunen, ja, Entsetzen über mich, was z. B. oft die Radikalität meiner Sprache betrifft. Aber gleichgültig, ob radikal oder nicht, ob gesprochene oder geschriebene Sprache, ob Bild oder Gestik, es geht alles in dieselbe Richtung – in den Bereich der Emotionen.

Die Unfähigkeit zu sprechen, habe ich durch das Malen

kompensiert. Als ... »Kopfmensch« – bedingt durch zahlreiche Studien – fand und finde ich noch immer schwer Zugang zu meinen Gefühlen. Die Therapieausbildung und der ständige Umgang mit Bildern fördern aber diesen Weg.

Die Schwierigkeit, mich anderen verständlich mitzuteilen, ist geblieben. Ich rede inzwischen wieder wie ein Wasserfall – für Aphasiker zu schnell – für einige andere Menschen zu widersprüchlich, zu sprunghaft. Der Gesprächsfaden reißt. ... Hat das auch mit Aphasie zu tun? Ich weiß es nicht. ... Vielleicht kommt da die andere Seite meines Seins zum Tragen, mein Künstlersein.

Ich kann wieder die unterschiedlichsten Sprachebenen anschlagen, mich sprachlich »bewegen« – etwas, das ich während meines Sprachenstudiums gelernt habe. Aber ... Während des Sprechens fallen mir schon wieder andere Gesichtspunkte zu ein- und derselben Sache ein, die ich auch ausdrükken will und ... da haben wir den Salat! Keine eindeutige Äußerung! Keine klare Stellungnahme!

Kann es aber nicht *auch* ein Zeichen von Flexibilität sein?

Oder »vergesse« ich einfach, Dinge zu erwähnen?

Aus Angst? ... Oder Bequemlichkeit? ...

Mundfaul bin ich nämlich, bzw. genauer gesagt: erklärungsfaul. Ich kann zwar viel ... »reden«, aber ich habe vielfach keine Lust mehr, zu erklären.

Viele Dinge kann ich nicht ... »geschickt« genug ausdrükken, habe viele ... »passendere« Wendungen vergessen, bin einfach nur froh, das auszudrücken, was ich im Sinn habe.

Sich auf das Wesentliche beschränken, nur das Bedeutungsträchtigste äußern

Aber so einfach ist das nicht! In der Akutphase habe ich gelernt, zu raffen, mich auf das Wesentlichste zu beschränken, nur das Bedeutungsträchtigste zu äußern. ... Das ist zuwenig, zu abrupt, zu heftig in ... »normaler« Kommunikation. Mißverständnisse sind die Folge, ja sogar totales Unverständnis.

Zu dieser Zeit habe ich auch gelernt, daß mein Gegenüber ständig versucht, mitzudenken, immer bereit ist, einzuspringen. Im Alltag *funktioniert das* einfach nicht. Aber man kann sich an Hilfe gewöhnen.

Lautmalerei? Undenkbar! Einerseits eine Überforderung des Nächsten, andererseits eine Art Bevormundung durch meine Erwartungshaltung. Wenn ich heute rede, wie mir der Schnabel gewachsen ist, wird mir deutlich, daß ich mich noch immer nicht vom erlernten Aphasieverhalten gelöst habe.

Das wichtigste ist und bleibt die Emotionalität, die meine Sprache prägt und mich in unserer ... »verkopften« Gesellschaft auf ein sprachliches Kinderniveau zurückführt. Und das hat einen Hauptgrund in der Aphasie, die es mir unmöglich machte, meine Gefühle sprachlich auszudrücken. Deshalb meine Bilder, meine Bildsprache.

Hinzu kommt, daß ich in dieser hektischen, leistungsorientierten Welt kein geduldiges Gegenüber finde, das Zeit genug hat, sich mit dieser emotionalen Sprachebene auseinanderzusetzen. Alle waren doch bemüht, mir wieder eine ... »vernünftige« Sprache beizubringen.

Ein geduldiges Gegenüber ist schwer zu finden

Des weiteren habe ich im Laufe meines Lebens gelernt, meine Emotionen zu unterdrücken. So hatte ich von vornherein recht schwer Zugang dazu. Die ... »Sprachlosigkeit« des aphasischen Lebensabschnittes hat mir die Chance eingeräumt, mich meinen Emotionen in Form von Bildern zu nähern.

Das Ringen um Worte in der Aphasie lehrt recht schnell, mit dem bescheidenen Vokabular zu haushalten. Es ist ermüdend, ständig Worte zu suchen, immer wieder zu umschreiben, nach neuen Ausdrucksmöglichkeiten quasi zu fahnden. Und das dauernde Nachfragen von anderer Seite – ganz gleich aus welchen wohlgemeinten Motiven – nervt. Versteht der noch immer nicht? – Das muß er doch kapieren! – Ich sag' es doch zum x-ten Mal! – Und zwar so deutlich, wie ich es kann. – Ich strenge mich doch so an! – Zwecklos. – Sinnlos. – Unverständnis. – Mißverständnis. – Was bleibt? Resignation. – Vermeiden. – Ausweichen. Der menschlichen Gemeinschaft aus dem Weg gehen, sich freiwillig in die Isolation begeben.

Angst steigt auf. ... Bei konkreten Dingen mag es noch die Möglichkeit geben, fündig zu werden und benennen zu können. Ganz schwierig wird es bei abstrakten Begriffen oder

Gefühlen. Das Malen wurde zur Lösung für mich. Damit kann ich mich verständlich machen, wieder in Kontakt mit anderen treten, natürlich nur, soweit es mein Selbstwertgefühl, das nach einem solchen Einbruch Schaden genommen hat, zuläßt.

Aber in dieser Situation habe ich auch etwas anderes gelernt. Ich habe gelernt, auf welche Leute ich mich verlassen kann und auf welche nicht. ... »Locker« daherreden ist in dieser Situation nicht mehr angezeigt. ... Spekulieren, wie etwas gemeint sein könnte, das kann ich mir nicht mehr leisten.

Ich muß darauf vertrauen, daß das, was mein Gegenüber sagt, »wahr« und verläßlich ist. Darauf, daß keine Wortspielereien betrieben werden, darauf, daß keine doppelsinnigen

Botschaften ausgesendet werden. *Eindeutigkeit*. Denn Worte bekommen Bedeutung, Volumen, geradezu Körper, wie die Menschen, die dahinterstehen. Und was zählt, sind Taten bzw. das Unterlassen von Taten.

Heute stecke ich in einer Zwickmühle. Ich habe noch eine »Restaphasie«. Aber ich kann wieder mit Worten umgehen, spielen und ... erfahre wieder allzuoft, wie tückisch Sprache ist, wie das alltägliche Leben aussieht. ... Rücksichtnahme? – Helfen? – Dir? Du bist behindert? – Ja, wenn ich an Krücken ginge, im Rollstuhl führe oder wenigstens einen Arm in der Schlinge hätte, irgendein sichtbares Zeichen von Behinderung trüge! – Ist nicht! – Erschwerend ist, daß ich ganz deutlich die Diskrepanz zwischen verbalen und nonverbalen Äußerungen *spüre*. Mich macht ... »diplomatisches« Verhalten mißtrauisch, genauso wie Nichtoffenheit, Unehrlichkeit. ... Aphasiebedingt? ... Ich weiß es nicht. Zumindest bin ich für diesen Aspekt sensibilisiert.

Mit meiner gewohnten Radikalität komme ich nicht weiter. Ich verteile ungewollt Ohrfeigen. Ich muß mich zügeln, wenn ich mit dieser Gesellschaft in Kontakt treten will.

Meine Restaphasie werde ich wohl behalten, wenn ich mich verbal mit dieser Gesellschaft auseinandersetzen will. Ist auch deutlich zu merken, wenn ich viel erklärt habe, dann kriege ich einfach die Zähne nicht mehr auseinander, ganz gleich, wie lieb mir der Mensch ist, dem ich gegenübersitze. ... Und wen wundert es, daß ich schnarche, wie mir berichtet wurde. Das Reden ist für mich immer noch so anstrengend, daß ich mich wenigstens im Schlaf entspannen muß.

Da setzt meine Aufgabe als Therapeutin ein. Ich möchte andere Ausdrucksmittel ermöglichen, die außerhalb der verbalen Sprache liegen, ... die über die Sprache hinausgehen, ... den Bereich der Emotionen berühren.

Meine Aufgabe als Therapeutin

Denn welche Perspektiven hat ein Aphasiker, der kaum oder überhaupt nicht mehr wird sprechen können? Welche Möglichkeiten hat er, der Isolation zu entkommen? ...

Wenn mir die Aphasie eine Chance eingeräumt hat, meine individuelle Sprachlichkeit und meinen Ideenreichtum als Künstlerin gezielt einzusetzen, dann sehe ich auch die Möglichkeit, bei anderen Patienten einen emotionalen Ausdruck zu bewirken.

Ruth und Günter Rasche
»Günter, weiter so, du schaffst es!« – Die Krankengeschichte eines Jahres
Aphasie nach Schlaganfall im Alter von 67 Jahren

Kurz vor den Weihnachtsfeiertagen, an einem ganz normalen Tag, verändert sich plötzlich von einer Minute auf die andere unser Leben.

Um 15 Uhr steht Günter ganz verrenkt am Schuhschrank im Wintergarten. »Günter, was ist?« Da schwinden seine Kräfte. Hilflos versuche ich ihn hochzuziehen. Es gelingt mir nicht. Mir laufen die Tränen die Wangen runter. Günter will aufstehen, versucht zu reden, nichts gelingt. Die Uhr zeigt 15.15 Uhr.

Symptome eines Schlaganfalls

Weißgrau ist er jetzt im Gesicht und schweißbedeckt. Ich fasse ein Kissen und schiebe es unter seinen Kopf. Dann Sturmschellen bei Sieglinde. Sie kommt runter, kümmert sich um Günter. Ich wähle die 112. Um 15.30 Uhr ist der Wagen mit dem Notarzt da. Meine Angst und Vermutung, es sei ein Schlaganfall, bestätigen sich. Günter wird ins Krankenhaus gebracht. Es hat eine Neurologie und moderne Geräte.

Nach eingehender Untersuchung wurde eine verstopfte Halsschlagader entdeckt. Da er intensive Betreuung brauchte, hier aber kein Bett frei war, wurde er ins Uni-Klinikum gebracht. Das ganze Ausmaß seiner Erkrankung war mir zu diesem Zeitpunkt nicht bewußt. Noch in dieser Nacht gab ich die Einwilligung zur Behandlung mit einem in Erprobung befindlichen Medikament. Sein Zustand konnte nur verbessert werden. Er konnte sich rechts nicht bewegen, gesprochen hat er auch nicht. Am nächsten Tag sprach mich eine Logopädin an: »Bringen Sie Fotos und Musik mit.« Mein Mann erkannte mich, sprach aber nicht! Alle möglichen Untersuchungen wurden gemacht. Nach sieben Tagen kam er ins Krankenhaus zurück. Von der Uni-Klinik aus hatte man meinen Mann schon in einer Reha-Klinik angemeldet. Anfang Januar sollte er zur Früh-Reha dorthin. Prima – dann würde er sicher ganz schnell wiederhergestellt werden. So naiv und unwissend war ich. Was sich hinter dem Wort Schlaganfall verbarg, welche Belastungen auf uns zukommen würden, hat mir niemand gesagt. Ich ging weiter zur Arbeit und hoffte auf Besserung!

Im Krankenhaus verbrachte er dann Weihnachten und den Jahreswechsel. Die Kostenzusage der AOK für die angemeldete Reha-Maßnahme ließ auf sich warten. Mein Mann wurde immer ungeduldiger. Er lag in einem kleinen Drei-Bett-Zimmer. Rechts und links wechselten die Patienten. Alle konnten reden. Ich versuchte alles, um meinen Mann zum Reden zu bringen. Radio hören, Bilderquartett, Buchstaben sortieren. Außer Weinen, »sssss« und Schreien war nichts zu hören. Eine eigene Logopädin hatte das Krankenhaus nicht. Einmal die Woche kam jemand für zirka eine halbe Stunde.

Sprachliche Stimulation in der Frühphase

Zweimal ist mein Mann aus dem Bett gefallen, die Mitpatienten haben mir davon berichtet. Mittags ließ er sich nicht anziehen. Hüfte und Beine waren voller blauer Flecken. »Dr. R., was ist mit meinem Mann? Er läßt sich nicht anziehen, sondern weint und jammert.« – »Ja – wissen Sie, er ist aus dem Bett gefallen! Aber er hat mir gesagt, es sei nichts passiert!« – »Herr Dr. R., wie hat mein Mann Ihnen das gesagt? Sein ›ne-ne‹ ist wie seitenverkehrt und bedeutet ›ja‹.« – »Ach so – na, dann werden wir ihn mal röntgen.«

Auch die Krankengymnastin fragte mich, warum er so ängstlich sei und nicht aus dem Bett wolle. Von den Stürzen war ihr nichts bekannt. Die Krankengymnastik beschränkte sich darauf, etwa eine Stunde, von Kissen gestützt, auf einem Sessel zu sitzen. Frau Dr. E. von der Uni-Klinik kam, um über den Fortschritt im Hinblick auf die Medikamentenstudie zu schreiben. Aufgeklärt über seinen Hirninfarkt und die globale Aphasie hatte uns bis dahin noch niemand. Jeden Mittag weinte mein Mann und wurde immer wütender! Wie sollte ich ihn trösten – so hilflos und traurig, wie ich war? Das schlimmste für jemanden ohne Sprache ist die Einsamkeit. Wir beide haben mit der Sprachlosigkeit nicht fertigwerden können. Sein Bettnachbar hat versucht, wenn ich nicht da war, ihm zu helfen. Die Schwestern meinten ein paarmal, wenn er was wolle, sollte er klingeln! Versetzen Sie sich mal in die Lage meines Mannes. Er klingelt – die Schwester kommt. Er sagt auf jede Frage: »Ne-ne-ne.« Na gut, dann nicht. Sie dreht sich um und geht.

Seine traurigen und verzweifelten Augen verfolgen mich Tag und Nacht. Wie oft habe ich gedacht, es sei alles nur ein Traum. Zwei für ihn ganz schlimme Situationen möchte ich schildern: Mein Mann hat Durchfall. Das erste Mal wird das Dilemma unter Gemecker weggemacht. Beim zweiten Mal sagt ein ganz junger Pfleger im Beisein der Patienten: »Jetzt lassen wir den mal in der Scheiße liegen, dann lernt er endlich wieder Sprechen.«

Jeden Mittag schaut mich mein Mann wütend und verzweifelt an. »Günter, was hast du?« Ich setze mich zu ihm und folge

Mißverständnisse durch Fehlinterpretation

Das Schlimmste ist die Einsamkeit

Flegelhaftes, menschenverachtendes Verhalten macht aggressiv

seinem Blick. Mich stört nur der tropfende Wasserhahn – versuche, ihn festzudrehen. Aber es muß etwas anderes sein. So ging es mehrere Tage. Wenn ich da war, ging sein Blick zum Waschbecken. Am Donnerstag gibt es Spinat. Der Bettnachbar steht nach dem Essen auf und geht zum Waschbecken. Mein Mann schaut zornig hinterher und zieht an meinem Arm. Endlich haben wir das Problem gelöst: Die frisch aufgehängten Handtücher werden als Taschentuch und Serviette benutzt.

* * *

»...Sie müssen bei Gericht die die Betreuung beantragen«

Da mein Mann nicht schreiben konnte, mußte ich für das Finanzamt eine Bescheinigung des Arztes haben. »Gut, wir bestätigen Ihnen diesmal die Krankheit. Sie müssen aber beim Gericht die Betreuung beantragen. Ihr Mann ist jetzt Aphasiker.« So ein endgültiges Aus! Von keiner Seite sind wir über unsere Chancen und Möglichkeiten aufgeklärt worden!! Von einer Sprachheilung war nie die Rede. Die Reha-Möglichkeit sollte vielmehr zur Wiedererlangung der Körperfunktionen genutzt werden.

Beim Singen kommt Text heraus

Im Krankenhaus fand auf der Station eine Weihnachtsfeier statt. Mein Mann versuchte die bekannten Weihnachtslieder mitzusingen. Wir weinten beide vor Rührung, als etwas Text rauskam! Auch »Mensch ärgere Dich nicht« spielten wir beide. Mit den gewürfelten Zahlen konnte er etwas anfangen. Da mein Mann im Akut-Krankenhaus kaum Fortschritte machte, gab mir eine tüchtige Krankenschwester den Rat, einen Heimplatz zu suchen. Er verstehe wieder sehr viel, wolle aber nicht reden, lesen oder schreiben. Damit müsse man leben – andere hätten es auch nicht geschafft. Davon konnte mich aber niemand überzeugen. »Günter, hab Geduld, wir beide schaffen es – ganz bestimmt.« Endlich hatten wir den Reha-Termin. Am 22.2.96 wurde mein Mann in die Klinik gefahren. Die Krankenkasse hatte für zunächst 14 Tage eine Kostenzusage erteilt. Jeden Tag hatte er zweimal eine halbe Stunde Krankengymnastik, dreimal Gruppentherapie, einmal Ergotherapie – von Logopädie hörten wir 14 Tage nichts. Der Stationsarzt erklärte mir, so wichtig sei das nicht. Ob er je wieder reden könne, wisse man ohnehin nicht. Dann wurden Aachener Aphasie-Tests gemacht. Da wurde mir erst richtig bewußt, welche Defizite vorhanden waren. Viele Begriffe, Bilder und Dinge erkannte er nicht.

Er bekam dann doch eine liebe Logopädin als Therapeutin. »Frau Rasche, die Sprache ist verloren, wir versuchen es mit Singen.« Mein Mann bekam auch starke Beruhigungsmittel. »Warum?« – »Ja, er ist so unruhig bei den Therapien.« Auch von Mitpatienten wurde bekannt, daß Valium usw. zum täglichen Programm gehörte. Ich habe die Beruhigungsmittel vernichtet. Nach zehn Wochen konnte mein Mann noch nicht stehen. Es war zu teuer, noch weiter zu behandeln. Wir bekamen ein Kommunikationsheftchen mit. »Üben Sie zu Hause, suchen Sie eine Logopädin auf, und machen Sie Krankengymnastik!«

Beruhigungsmittel »benebeln«; da kann Sprachtherapie nicht greifen

Der Stationsarzt sprach mit meinem Mann. »Herr Rasche, Sie wollen sicher mal wieder nach Hause?« Mein Mann nickte. »Sehn Sie, Frau Rasche, Ihr Mann will nicht mehr üben.« Dabei hatte der gar nicht richtig mitbekommen, was die Frage sollte.

Ich habe die ganze Nacht geweint. Wie sollten wir es in diesem Zustand schaffen? Inzwischen waren wir Mitglieder in der Schlaganfall-Liga. Von der ersten Logopädin in der Uni-Klinik wußte ich von einer Aphasiker-Selbsthilfegruppe. Diese besuchten wir und trafen Personen mit gleichen Leiden. Hier wurde uns Mut gemacht. Viele hatten nach Jahren der Sprachlosigkeit wieder Reden gelernt. Im Aphasiker-Bund sind wir nun auch. In Essen-Borbeck ist das Aphasiker-Zentrum Nordrhein-Westfalen, welches wir besuchen. Aus Literatur und in Gesprächen haben wir nun Informationen erhalten.

NRW-Aphasiker-Zentrum in Essen-Borbeck

Unsere Logopädin sagte, ich müsse viel Geduld aufbringen. Alle Buchstaben müssen wieder gelernt werden, Lesen und Schreiben ebenso. Da mein Mann eine Sprechapraxie hat, ist vieles doppelt so schwierig. Zweimal die Woche haben wir nun Logopädie, zweimal die Woche Krankengymnastik.

Die ersten Rezepte stellte unser Neurologe aus, ein Rezept über sechsmal Logopädie und ein Rezept über sechsmal Krankengymnastik. »Herr Rasche, verzweifeln Sie nicht, das kriegen wir schon wieder hin!« Beim zweiten Rezept streikte er bereits. »Die Kosten sind zu hoch. Ich werde regreßpflichtig. Die Kasse zieht mir das vom Honorar ab. Wenden Sie sich an Ihren Hausarzt.«

Es regt sich der Kampfgeist

Nach langen durchwachten und durchweinten Nächten regte sich mein Kampfgeist wieder. Wir wollten weiterleben, aber nicht so hilf- und sprachlos. So einfach geben wir nicht auf!

* * *

Ich hatte inzwischen meinen Beruf aufgegeben. Nach fünf Monaten Wartezeit wurde Pflegestufe drei anerkannt.

Pflegestufe 3

In unser Auto ist ein Reha-Sitz eingebaut worden, Kosten: 6000 DM. Die wurden von der Kasse nicht als Hilfsmittel ersetzt. Wir können nun aber ein Stück Selbständigkeit nutzen. Jede kleinste positive Veränderung wird wahrgenommen.

Die ersten Buchstaben wurden wieder erlernt. Einzelne Worte zeigen mir, daß auch die Sprache wieder erlernt werden kann. Immer suche ich nach Möglichkeiten, meinem Mann zu helfen. Nachts liege ich wach und grüble. Nur wenn uns Freunde oder Verwandte besuchen, kann ich abschalten.

Mich bewegt nur ein Gedanke: Wann wird unser Leben wieder normal? Jetzt bestimmt der Terminkalender unser Leben – planen nur noch 14 Tage im voraus. Wir sind Mitglieder im Behindertensportbund. Einmal die Woche Schlaganfallgymnastik in der Gruppe, einmal Schlaganfallgymnastik im Wasser.

Erfolge anderer Rehabilitanden machen Mut

Betroffene, die schon wieder vieles selber machen und Reden gelernt haben, machen uns Mut. Peter hat es nach sieben Jahren geschafft. Rudi nach dreieinhalb Jahren. »Günter, auch du wirst es schaffen!«

Ich lese in unserer Aphasiker-Zeitung. Auf der letzten Seite steht eine Anzeige vom Logopädischen Reha-Zentrum in Lindlar. Ich denke mir: ›Es schadet nicht, wenn du dahin schreibst.‹ Erhalte umgehend Material.

Ein Termin zum Kennenlernen in Lindlar wird telefonisch

vereinbart. Uns wird gut verständlich erklärt, wie eine sprachliche Reha-Maßnahme funktioniert. Uns werden keine Wunder versprochen, aber der Leiter des Zentrums überzeugt uns davon, daß auch Sprache wieder erlernbar ist! Nicht nur körperliche Handicaps können überwunden werden. Jetzt muß ich die AOK und den Neurologen überzeugen. Auch dieses Hindernis wird überwunden. Unsere Logopädin war auch davon überzeugt, daß ein intensives Sprachtraining Erfolg hätte. Wir planen einen sechswöchigen Aufenthalt in Lindlar. Endlich sehen wir wieder Licht am Ende des Tunnels!

Günter hat Geburtstag. Sollen wir feiern wie früher? Wird es zu anstrengend für ihn? 16 Freunde und Verwandte feiern mit uns. Radiomusik bleibt aus. Alle singen zusammen schöne Schlager und Volksmusik. Es wird ein tolles Fest.

Wir erzählen von unserem geplanten Reha-Aufenthalt. Besuchspläne werden schon geschmiedet. Aber wieder gibt es einen Zwischenfall. Günter bekommt Freitag abend im Bett einen Krampfanfall. Ich bin fertig – rufe den Notarzt – denke nur, es sei ein zweiter Schlaganfall. Wieder kommt er ins Krankenhaus. Er kennt noch den Arzt Dr. R. und die Schwestern. Panik erfaßt ihn, als ich gehen will. »Günter, denk an die Reha in Lindlar. Diesmal laß ich dich keine drei Monate hier liegen.« Montag kann ich ihn wieder abholen.

Der Tag der Abreise kommt. Zwei Rollstühle müssen mit. In anderthalb Stunden sind wir in Lindlar. Um 17.35 Uhr ist Empfang für uns Neulinge. Acht Patienten sind heute eingetroffen. Jeder stellt sich vor.

Am Donnerstag beginnt die Arbeit. Arbeit, Freizeit, Üben und Gruppenspaß wechseln sich ab. Günter hat zwei Logopädinnen, die mit ihm arbeiten.

Günter spricht Wörter nach, lernt hier die Buchstaben schneller, fängt an, mit links zu schreiben. Jeder Tag bringt uns unserem Ziel, wieder miteinander reden zu können, näher! Fr. R. trägt mit Sensomotorik auch zur Verbesserung der Wahrnehmung bei.

Mir haben Gespräche Kraft gegeben, mit dem veränderten

Wesen und Verhalten meines Mannes besser umzugehen, die Wutausbrüche als Entwicklungsstufe anzusehen.

Der Erfahrungsaustausch in den Partnergruppen zeigt, daß es keinen Stillstand gibt. Auch die Anwendung des Erlernten beim Üben ist sehr wichtig.

Endlich wissen wir, unsere Zukunft ist nicht so dunkel, solange es Menschen gibt, die ihren ganzen Einsatz geben, um den Betroffenen, den Partnern und Familien zu helfen.

Margarethe und Hans Ertl
»Die Reisen bereiten meiner Frau sehr viel Lebensfreude.«
Aphasie nach Schlaganfall im Alter von 61 Jahren

Beginnen wollen wir mit dem 1.10.1991: Als ich nachmittags nach Hause kam, klagte meine Frau über Kopfweh und Schwindelgefühle, was bei ihr sehr selten vorkam. Sie war zum damaligen Zeitpunkt 60 Jahre alt und schon seit zehn Jahren Hochdruckpatientin bei unserem Hausarzt, und ich überwachte seit längerem ihren Blutdruck zu Hause. An diesem Tag stellte ich einen Wert von 220 fest (bis dahin nie erreicht) und fuhr meine Frau deshalb umgehend in die Neurologie des Städtischen Krankenhauses. Ein noch relativ junger Arzt führte einige Tests durch, die angeblich sehr gut ausfielen, schlug uns aber dennoch vor, sie für einige Tage zur Beobachtung und Behandlung aufzunehmen, worin wir einwilligten.

Tags darauf kam unsere Tochter ins Krankenhaus und mußte mit Erschrecken feststellen, daß Marga weder sprechen noch sich bewegen konnte. Eine für mich unfaßbare Mitteilung. Im Krankenhaus wurde mir als ärztliche Diagnose offenbart: Gehirninfarkt mit rechtsseitiger Lähmung und Sprachverlust. Von einer auf die andere Minute brach für uns eine Welt zusammen.

Es stellte sich heraus, daß die linke vordere Halsschlagader fast verschlossen war und so keine Blutversorgung des Gehirns mehr stattfand. Die verabreichten blutdrucksenkenden Mittel in der ersten Nacht waren vermutlich die Auslöser des Infarktes. Einige Tage später teilte mir der leitende Arzt mit, daß der Schaden (Zellenverlust) so groß wäre, daß praktisch keine Heilungschance bestehe. – Innerhalb weniger Tage der zweite Schock für unsere Familie (eine Tochter, zwei Söhne).

Drohender Verschluß der Halsschlagader

Da wir keinen Reha-Platz finden konnten, mußte meine Frau bis zum 2.12. in diesem Klinikum verweilen und kam dann in eine andere Klinik. Dabei handelt es sich aber mehr um eine geriatrische Heilstätte als um ein Reha-Haus für Infarkt-Patienten – rückblickend betrachtet also eine reine Zeitverschwendung.

Das Weihnachtsfest 1991 in der Klinik und die Heimkehr am 29.12. zählen für uns alle zu den schlimmsten Zeiten, die wir erlebt haben.

* * *

Meine Frau benötigte Hilfe in allen Lebenssituationen, und nachdem ich ihr nicht permanent zur Seite stehen konnte, beauftragte ich einen täglichen Pflegedienst. Schwester Hedwig, ein »Geschenk Gottes« und Multitalent, führte mit Marga gymnastische wie logopädische Übungen durch, stellte Kontakte zu Ergotherapeuten, Logopäden (in Niederbayern keineswegs flächendeckend vertreten) und Krankengymnasten her.

Der ambulante Pflegedienst als Kontaktstelle zu therapeutischen Leistungen: Logopädie, Krankengymnastik, Ergotherapie

Auf Anraten unserer Krankengymnastin bewarben wir uns bei Schmieder in Gailingen um eine Reha-Maßnahme, die wir vom 25.5. bis zum 1.9.1992 in Anspruch nahmen. Ich begleitete meine Frau während der 14 Wochen, was letztendlich auch für mich keine leichte Zeit war. Ihr Zustand besserte sich zusehends; Gehen, Sprechen, einfache Verrichtungen im Haushalt etc. waren ab jetzt zumindest in kleinsten Ansätzen wieder möglich.

Nach dem Aufenthalt dort war Marga nunmehr in der Lage, die Betten selbst zu machen, die Waschmaschine zu bedienen oder kleine Arbeiten im Garten zu erledigen. Dies steigerte ihr

Größeres Selbstwertgefühl gibt Hoffnung

Selbstwertgefühl enorm, was ihr auch deutlich anzumerken war und uns allen neue Hoffnung gab.

Im Frühjahr des Jahres 1993 waren wir vom 27. 4. bis 25. 5. in einer Reha-Klinik in Berchtesgaden. Ein Therapieerfolg war aber bei diesem Aufenthalt nicht erkennbar. Es fehlte an entsprechenden Therapeuten (Logopädie), und auch die übrigen Umstände ließen manche Vorstellung unerfüllt.

Größte Schwierigkeiten bereitete nach wie vor die ausgeprägte Aphasie. Über unsere Krankengymnastin hörten wir von einem weiteren Sprachheilzentrum. Intensive Lernmethoden und der Aufenthalt mit gleichgestellten Patienten machten uns zum ersten Mal deutlich, daß auch auf dem Gebiet der Sprache noch deutliche Fortschritte zu erzielen waren. Nach der ersten Reha-Phase dort entschlossen wir uns aufgrund dieser positiven Erfahrungen zu einem erneuten Aufenthalt.

Ganz anders hingegen war die Situation zu Hause. Nach all den Monaten und Jahren seit Krankheitsbeginn mußten wir feststellen, daß der Bekanntenkreis stetig kleiner wurde.

Im Oktober 1994 entschlossen wir uns zu einer Urlaubsreise. Zusammen mit der Schwester meiner Frau fuhren wir mit *Der Caravan* dem Caravan nach Rügen. Wir waren richtig begeistert, denn *ermöglicht* der Caravan machte uns zum einen ungebunden, und zum *unabhängiges* anderen mußte niemand auf uns warten, wie dies zum Beispiel *Reisen* bei einer Reisegesellschaft der Fall wäre. Daraufhin unternahmen wir weitere Reisen.

Reisen bereitet Grundsätzlich läßt sich festhalten, daß diese Reisen meiner *Lebensfreude* Frau sehr viel Lebensfreude bereiten, erkennbar insbesondere an veränderten Verhaltensweisen, zum Beispiel in bezug auf Sprache, Gestik und Selbständigkeit.

Helmut Falk

Ein Schlag, und dann? »Ich will ›guten Morgen‹ sagen, heraus kommt ›da-da-da‹.«

Aphasie nach Schlaganfall im Alter von 40 Jahren

Der 7. Juni 1991 war ein schwüler Sommertag und zwei Monate vor meinem 41. Geburtstag. Ich hatte beruflich bei einer Großbäckerei in der Nähe von Heidelberg zu tun. Diese Firma hatte eine neue Kistenwaschmaschine bekommen, die ich als Mitarbeiter einer großen Reinigungs- und Desinfektionsfirma »einfahren« mußte. Ich hatte eine Dosierpumpe eingebaut, und diese mußte nun genau eingestellt werden. Ich war froh, als ich damit fertig war und mir auf der Autobahn den kühlen Fahrtwind um die Nase wehen lassen konnte.

Meine Frau half an diesem Abend als Bedienung auf einer Hochzeitsfeier. Ich sollte dort unseren siebenjährigen Sohn abholen und nach Hause mitnehmen. Dort angekommen, setzte ich mich erst einmal hin. Mein Sohn setzte sich neben mich und erzählte, was er den Tag über gemacht hatte. Nachdem ich einen großen Schluck Pils getrunken hatte, wollte ich mir eine Zigarette anstecken. Aber das Feuerzeug fiel mir aus der Hand, und ich war unfähig, mich zu rühren. Mein Sohn schrie: »Papa, was ist mit dir!« Andere Gäste fragten, ob sie mir helfen sollten. Aber ich war auf einmal so müde und teilnahmslos. Der herbeigerufene Arzt diagnostizierte einen Schlaganfall.

Symptome des Schlaganfalls

* * *

Dann ging es mit Blaulicht in die Notaufnahme des Kreiskrankenhauses. Ein Arzt erwartete mich dort schon. Er machte alle möglichen Untersuchungen und nahm mir Blut ab. Dann schob er mich auf den Flur und sagte, ich würde gleich zum Röntgen abgeholt werden. Wie ich so auf der Liege lag, ging es mir wieder etwas besser, und ich versuchte mich aufzurichten. Da merkte ich, daß ich die rechte Seite nicht bewegen konnte.

Der »Tunnel« bei der Computertomographie verursacht Widerwillen

Dann wurde ich zur Computertomographie gefahren. Ich erinnere mich nur daran, daß ich nicht in den Tunnel hinein wollte. Ich wurde festgebunden, aber trotzdem war es nicht möglich zu röntgen, weil ich den Kopf nicht still hielt. Ich bekam eine Spritze, und der Tag war für mich »gelaufen«.

Am nächsten Tag wachte ich in einem Bett mit Gittern auf, und ich sah rundum nur gelbe Vorhänge. Ich war noch so müde, daß ich gleich wieder einschlief.

Als ich zum zweiten Mal die Augen aufschlug, da sah ich meine Frau neben dem Bett stehen. Einen Moment lang dachte ich: »Wieso hat sie so einen blauen Kittel an und eine Haube auf?« Aber als sie zu sprechen begann, hatte ich es schon wieder vergessen.

Sie erzählte mir, mein Mund sei nicht mehr so schief und daß sie gute Hoffnung habe, daß alles wieder gut würde. Im anderen Fall müßte sie arbeiten gehen. Wieso ist mein Mund schief? Wieso will sie arbeiten gehen? Das alles war mir zuviel, denn ich war immer noch matt und müde. Später ist mir klargeworden, was sie meinte.

Symptome der Aphasie

Am dritten Tag holte mich eine Schwester von der Intensivstation und brachte mich auf die normale Station. Langsam fiel die Schlappheit von mir ab. Ich wurde in ein Sechs-Bett-Zimmer geschoben und wollte, wie es meine Art ist, laut und vernehmlich »guten Morgen« sagen. Heraus kam: »Da-da-da.« Ich fühlte Zorn in mir aufsteigen. Wieso konnte ich nicht sprechen? Aber sooft ich es auch versuchte, immer das gleiche Ergebnis: »Da-da-da.«

Ich las, aber ich begriff den Sinn nicht! Ich versuchte es immer und immer wieder. Nach einiger Zeit gab ich es auf. Es waren für mich nur Worte und Buchstaben, die ich zwar lesen, aber nicht verstehen konnte. Nach und nach begriff ich, daß ich wohl die Sprache verloren haben müsse. Ich ließ mir einen Block und einen Schreiber geben und wollte meine Wünsche aufschreiben. Meine rechte Hand war inzwischen soweit wieder beweglich, daß ich hätte schreiben können. Aber, o Schreck, was war das? Ich konnte es nicht mehr!

Auf dem Flur war eine Telefonzelle, und ich wollte im Telefonbuch eine Nummer heraussuchen. Schweißgebadet gab ich auf. Ich konnte kein Alphabet mehr.

Das war auch der Tag, als meine Frau unseren Sohn das erste Mal zu Besuch mitbrachte. Ich hatte mich so darauf gefreut, aber als mein Sohn mich so sah, so hilflos, konnte ich die Tränen nicht mehr zurückhalten.

Ich bekam viel Besuch. Doch nach der anfänglichen Begrüßung unterhielten sich die Leute untereinander, und ich lag oder saß dabei; ich konnte nur zuhören. Ab und zu vergaß ich, daß ich nicht sprechen konnte, und wollte etwas einwerfen. Sofort verstummten alle Gespräche, und jeder wollte mir die Gelegenheit geben, auch etwas zu sagen. Doch es kam nur: »Da-da-da.«

Isolation in der Gruppe

Beim Essen war ich so ungeschickt, daß ich mich meist bekleckerte. Die rechte Körperseite hatte kein Gefühl. Also zog ich mir das Hemd aus, und wenn etwas danebenging, konnte ich mich nach dem Essen wieder waschen.

* * *

Die Stationsärztin erzählte mir, daß ich unmittelbar nach dem Krankenhausaufenthalt in eine Reha-Klinik verlegt würde. Dort würde ich auch Unterricht von einem Logopäden bekommen. Damals wußte ich nicht, was ein Logopäde ist. Fieberhaft sehnte ich den Tag herbei, um den Mann kennenzulernen, der mir meine Sprache wiederbringen sollte.

Groß war meine Enttäuschung, als der erste Tag vorbei und der Mann nicht gekommen war. Die Schwester versprach mir, am nächsten Tag anzurufen. Aber niemand ging ans Telefon. Am Montag bin ich angekommen, und erst am Freitag war der Mann zum ersten Mal bei mir. Es war eine Woche, in der ich den Logopäden erwartete wie ein Kleinkind das Christkind. Er erzählte mir, er sei ein pensionierter Lehrer und würde Patienten mit Sprachproblemen betreuen. Er war nicht fest angestellt in der Reha-Klinik, sondern besuchte noch zwei andere Krankenhäuser. Er kam drei oder vielleicht auch vier Stunden zu je 45 Minuten in der Woche zu mir. Ich hatte geglaubt, er würde sich mindestens drei Stunden am Tag mit mir beschäftigen. Nach ungefähr zwei Wochen konnte ich immer öfter meinen Namen und den meiner Frau und meines Sohnes sagen. Die Deutlichkeit ließ zu wünschen übrig, aber man konnte verstehen, was ich meinte. Erwähnen will ich nur, daß der Mann eine ganz spezielle Art hatte, mir die Sprache wieder näherzubringen. Er nahm meine Hand und legte sie gegen seinen Hals, während er mir ein Wort vorsagte. Und ich spürte, wie sich die Stimmbänder bewegten.

Das gibt es immer wieder: unsensibles und rücksichtsloses Verhalten!

Die sechs Wochen Reha gingen schnell herum, und ich durfte endlich wieder nach Hause. Jetzt begann die Suche nach einem Sprachtherapeuten. Nach langem Suchen hatte ich eine Frau gefunden, die mich noch aufnahm. Zweimal in der Woche bin ich zu ihr hingefahren, doch sie hat den Unterricht sehr lustlos gestaltet, und als sie mir auch noch ins Gesicht sagte: »Das wird sowieso nicht mehr so wie früher!«, habe ich beschlossen, nicht mehr hinzugehen.

Am 24. 9. 1991 wurde ich zur weiteren Nachbehandlung in der Neurologischen Klinik Bad Homburg aufgenommen. Dort fand ich eines Tages im Wartezimmer Broschüren des Logopädischen Reha-Zentrums in Lindlar.

Meine Frau hat sofort dort angerufen und Unterlagen schicken lassen. Wir waren uns darüber einig – wenn das so ist, wie in den Prospekten beschrieben, ist das genau das richtige für mich.

In Lindlar war ich vom 25. 11. 1991 bis zum 10. 1. 1992. Für meine Sprache konnte ich nichts Besseres tun. Hier hatte ich im Durchschnitt zweimal am Tag eine Einzelsitzung, eine Gruppensitzung und dazu noch zweimal Üben mit einem Praktikanten. Meine Sprache hat dort einen gewaltigen Sprung nach vorn gemacht. Es wurde angefangen mit dem Abc, mit einzelnen Buchstaben bis hin zu kompletten Sätzen. In Lindlar

»Gibt's nicht« – gibt es nicht!

gibt es in puncto Sprache kein »Gibt's nicht«. Fälle, die andere Stellen längst aufgegeben haben, werden hier mit Geduld und

Fachkenntnis behandelt. Wieder zu Hause, bestätigten meine Freunde und Bekannten, daß ich besser spräche. Ich redete immer noch im Telegrammstil und mußte sehr viel nach Worten suchen, aber dennoch konnte ich mich verständlich machen. Wenn ich allein zu Hause war und das Telefon schellte, nahm ich schon mal den Hörer ab. Mein Selbstvertrauen war auch wieder größer geworden. Seit ich aus Lindlar zurück bin, lese ich täglich einen kleinen Artikel aus der Zeitung laut vor. Außerdem besuche ich jede Woche für eine Stunde einen Lehrer, der nebenberuflich als Sprachheillehrer arbeitet.

* * *

Übung im Alltag

Wenn ich allein mit dem Auto unterwegs bin, führe ich kleine Selbstgespräche und lese die Kennzeichen von allen Autos, die ich sehe, laut vor, auch die Zahlen, denn die sind kriminell.

Einen kleinen Rückschlag gab es im Juli 1992, als ich einen Krampfanfall hatte, der aber keine Auswirkungen auf meine Sprache hatte.

Ich war auch weiterhin Vorsitzender einer Stadtteilfeuerwehr. Mein Stellvertreter hat die Sitzungen geleitet, und wenn ich etwas sagen wollte, hat es ein bißchen länger gedauert, aber es ging.

Leider gab es auch unschöne Vorfälle. Ich erinnere mich an einen Fall, der mich beinahe hätte ausrasten lassen. Wir hatten Besuch aus Belgien, waren auswärts zum Essen und wollten mit dem Taxi wieder nach Hause fahren. Mit meiner langsamen, etwas undeutlichen Sprache habe ich dem Fahrer das Ziel genannt. Der hat jedoch geglaubt, ich sei besoffen und hat mich nachgeäfft. Da ist mir echt die Sprache weggeblieben, aber mein belgischer Freund hat die Sache klargestellt.

Neben guten gibt es auch negative Erfahrungen im Alltag

Oft passiert es mir auch, wenn ich irgendwo anfange zu sprechen, wo mich die Leute nicht kennen, daß ich gefragt werde: »Du Türke?!«

Ich muß sagen, daß alle meine Freunde, Bekannten und Verwandten sich mir gegenüber fair verhalten haben. Meistens hat man sich die Zeit genommen, mich ausreden zu lassen. Anders jedoch mein Sohn. Wenn ich etwas sagen wollte und »Anlauf nahm« und nach Worten suchte, dauerte es ihm zu lange, und er verschwand. Ich stand allein da, und wenn ich versuchte zu schimpfen, blieb mir erst recht die Sprache weg.

* * *

Im Oktober/November 1992 war ich dann in G. am Bodensee. Dort sollte es eine gute logopädische Abteilung geben. Ich sollte fünf Stunden Therapie in der Woche haben. Gleich zu Anfang wurde jedoch der Therapeut krank. Also hatte ich nur zwei Stunden Therapie in zwei Wochen, denn die anderen Logopäden hatten auch ein volles Programm.

Wie steht es mit der Kosten- und Ausgaben- kontrolle durch die BfA?

Anschließend hatte der für mich zuständige Logopäde Urlaub. Auf das Beschwerdeschreiben, welches ich an die Bundesanstalt für Arbeit – die alles bezahlte – gerichtet habe, wurde mir bis heute nicht geantwortet.

Die Massagen, die Bäder und auch die sportlichen Übungen waren schön und haben mir gutgetan, aber notwendig waren sie nicht. Mein Gedanke war immer noch, wieder arbeiten zu gehen. Die Ärzte in G. haben mich jedoch gedrängt, endlich die Rente einzureichen.

* * *

Fünfeinhalb Jahre nach meinem Schlaganfall war ich noch einmal in Lindlar. Ich habe bei der Krankenkasse den Aufenthalt beantragt und erlebte wieder das gleiche Spiel. Unterkunft und Verpflegung mußte ich selbst bezahlen, obwohl das Logopädische Reha-Zentrum Lindlar erheblich billiger ist als jede vergleichbare Einrichtung. Ich will nur meine Sprache verbessern, ich will keine Kur.

Zwar hat mir der erneute Besuch weitere Erfolge gebracht, aber einen so großen Sprung nach vorn wie beim ersten Mal habe ich leider nicht empfunden.

Ich kann mich heute gut verständlich machen, kann telefonieren, kann einkaufen und kann schreiben. Leider alles etwas langsam, aber ich hoffe, daß es durch stetes Üben immer noch besser wird! Daheim fahre ich weiterhin jede Woche für eine Stunde zu dem Sprachheillehrer und lese immer noch einen Artikel aus der Zeitung laut vor. Die Zeitungsstücke sind länger geworden.

Ich lebe in Oberhessen, und zu Hause habe ich früher nur Dialekt gesprochen. Das kann ich nicht mehr. Auch die englische Sprache habe ich noch im Kopf, aber über meine Lippen kommt nur selten was Richtiges, leider.

Ich habe immer noch kein richtiges Gefühl auf der rechten Seite und kann heiß oder kalt nicht unterscheiden. Doch bei der Arbeit vergesse ich das fast immer. Leider hat sich die Befürchtung meiner Frau, als ich zum ersten Mal im Krankenhaus lag, bewahrheitet. Um unsere Lebenskosten zu decken, mußte meine Frau eine Arbeitsstelle annehmen, und ich führe, im Rahmen der gesetzlichen Möglichkeiten, Aushilfsarbeiten durch. Darum mein Rat an alle Leidensgenossen: **Aktiv sein, die Krankheit vergessen und leben! Wer nur in der Ecke sitzt und sich selbst bedauert, wird nie wieder ein lebensfroher Mensch sein!**

Manfred Jankowski

»Ich werde weiterhin immer Widerspruch einlegen und gegen die Bürokratie der Kassen kämpfen, um für den Betroffenen eine optimale Betreuung zu finden.«

Geschrieben von der Lebensgefährtin
Aphasie nach Schlaganfall im Alter von 52 Jahren

Aus der Sicht des Betroffenen

Mit dem März 1994 veränderte sich von heute auf morgen mein Leben. Durch einen schweren Schlaganfall wurde ich halbseitig gelähmt, und ich hatte meine Sprache verloren. Für mich brach eine Welt zusammen. Ich wußte nicht, wie ich alles bewältigen sollte.

Eine Welt brach zusammen!

Zuerst lag ich zwei Monate in einem Akut-Krankenhaus, wo ich erst nach etwa vier Wochen die erste Sprachtherapie bekam. Mit der Krankengymnastik wurde schon früher begonnen, so daß ich bei meiner Entlassung aus dem Krankenhaus wieder gehen konnte. Ich war trotz aller Bemühungen der Schwestern nicht in der Lage, alles zu begreifen und hatte mittlerweile den Mut verloren.

Durch meine Lebensgefährtin, die dem ganzen sehr positiv entgegensah, konnte ich Kraft schöpfen. Mir wurde nach den zwei Monaten Aufenthalt in dem vorher erwähnten Krankenhaus ein Reha-Zentrum bei Bonn zugesichert, wo ich auch etwa drei Monate betreut wurde.

Wenn man nicht sprechen kann, wird man wie ein Kind behandelt

Hier stellte ich bzw. meine Lebensgefährtin fest, daß man nicht wie ein normaler Mensch, sondern manchmal wie ein kleines Kind behandelt wurde. Ich empfand dies als sehr erniedrigend für einen Menschen, der vom Geist her ja ganz normal ist. Auch war es nicht möglich, an den Wochenenden ohne Einverständnis der Ärzte nach Hause zu fahren. Da man sich nicht so klar äußern konnte, wurden einem sehr oft die Heimfahrten verboten mit der Begründung, man sei nicht versichert etc.

Aus der Sicht der Lebensgefährtin

Wenn ich ihn einfach mitnahm, konnte man sonntagabends etwas von den Ärzten zu hören bekommen. Sie führten sich auf wie Erzieher.

Dies war für mich das erste negative Erscheinungsbild eines Reha-Zentrums bzw. einiger Ärzte, die sich als Götter in Weiß vorkamen. Hier zählte nach meiner Meinung nicht der Mensch, sondern das, was man an ihm verdient. Sonst nichts!!

Aus der Sicht des Betroffenen

Nach dem vorher beschriebenen Aufenthalt kam ich dann nach Hause. Dort mußte sich das bis dahin Erlernte erst einmal setzen. Durch Nachfragen bei Logopäden bzw. Krankentherapeuten wurde ich mit einer Selbsthilfegruppe in Köln bekannt gemacht.

Nachdem ich beschlossen hatte, eine Intensiv-Sprachtherapie in Lindlar zu machen, wurde nur eine teilweise Übernahme der Kosten dort von der Kasse in Aussicht gestellt, da die von mir ausgesuchte Klinik in Lindlar nicht ein Vertragshaus der Kasse war. Ich wußte bis dahin nicht, daß einem wirklich kranken Menschen ein solcher Aufenthalt verwehrt wird, wenn er nicht selber bezahlen kann.

Meist wird die therapeutische Notwendigkeit nach Aktenlage entschieden

Nach langen Gesprächen mit den Sachbearbeitern der Krankenkasse und natürlich unserer lieben Ärztin, die uns in jeder Beziehung unterstützte, bekam ich dann den positiven Bescheid eines Aufenthaltes in Lindlar. Dies sollte aber nicht die Regel werden, sondern wurde direkt als Einzelfall-Entscheidung deklariert. Damit gab ich mich aber nicht zufrieden und bekam nach vielen Schriftwechseln und Telefonaten mit der Kasse insgesamt fünf Aufenthalte genehmigt und bezahlt. Was dies an Schweiß und Nerven kostet für den Mitbetroffenen, können nur die Leute mitfühlen, die in der gleichen Situation sind.

Aus der Sicht der Lebensgefährtin
Nun schreiben wir Februar 1997, und der Medizinische Dienst der Kasse, den ich als unfähig hinstelle, betreibt schlicht und einfach in meinen Augen Schindluder mit den wirklich kranken Patienten. Dies sage ich unverhüllt aus folgenden Gründen: In den ganzen drei Jahren der Krankheit hat sich der Medizinische Dienst nicht ein Mal *persönlich* ein Krankheitsbild des Patienten gemacht. Daher ist die Ablehnung eines weiteren Aufenthaltes nicht objektiv zu sehen. Ich werde weiterhin immer Widerspruch einlegen und gegen die Bürokratie der Kassen kämpfen, um für den Kranken eine optimale Betreuung zu erreichen.

Gegen die Entscheidung einer Behörde kann innerhalb von vier Wochen Widerspruch einge-legt werden

An diesem Punkt stelle ich ganz einfach fest, daß unser Rechtsstaat für Kranke nicht viele Mittel zur Verfügung stellt. Das Budget wird in diesem Bereich sehr knapp gehalten.

Hans-Theo Mertmann
»Die ersten Stunden nach dem Schlaganfall sind sehr wichtig.«
Aphasie nach Schlaganfall im Alter von 49 Jahren

Meine Behinderung war eine Broca-Aphasie, bedingt durch einen Schlaganfall am 6. 3. 1994, den ich im Krankenhaus erlitten hatte, wo ich mit einem Nierenleiden lag. Ich hatte das Pech, daß der Schlaganfall an einem Sonntag passierte. Dadurch konnte man mich nicht richtig behandeln. Man brachte mich ins nächstliegende Krankenhaus, um ein Computertomogramm zu erstellen. Danach erst konnten, so der zuständige Arzt des Sonntagsdienstes, die geeigneten Medikamente gegeben werden. Dann wurde ich auf die Intensivstation gebracht. Zu dem Zeitpunkt waren etwa zehn Stunden vergangen!

Als die ersten Anzeichen bekannt waren, konnte ich noch sprechen. Nach zehn Stunden konnte ich weder sprechen noch gehen noch den rechten Arm bewegen. Der Mund war schief. Ich war hilflos.

Den Krankheitsverlauf habe ich so ausführlich geschildert, weil die ersten Stunden so wichtig sind. Angehörige und Patienten sollten daran denken.

Die ersten Stunden nach dem Schlaganfall sind wichtig!

Im Krankenhaus habe ich jeden Tag Krankengymnastik und einmal in der Woche Sprachunterricht bekommen. Wenigstens das haben meine Frau und meine Schwiegertochter durchsetzen können. Nach dem Krankenhausaufenthalt (acht Wochen) wurde ich in eine Reha-Klinik im Ruhrgebiet zur Rehabilitation verlegt. Von einer Rehabilitation konnte jedoch keine Rede sein. Ich war nach sechs Wochen in der Klinik körperlich und geistig auf einem Tiefstand angekommen. Laut Plan habe ich Krankengymnastik, Sprachübungen und Ergotherapie bekommen, die Therapeuten jedoch haben das mehr als Job angesehen. Kein aufmunterndes Wort, keine Frage nach meinem Befinden.

Rehabilitative Maßnahmen ohne Engagement sind kontraproduktiv

Glücklicherweise habe ich aber auch andere Erfahrungen gemacht: In einem besonderen Rehabilitationszentrum führte ich eine Intensivtherapie durch, die mir zu großen Fortschritten verholfen hat.

Die Sprache wieder zu erlernen war für mich das wichtigste. Meiner Therapeutin für die Einzelsitzungen habe ich viel zu verdanken. Die Art und Weise, wie sie mich aufgebaut hat, ist lobenswert, ohne Hektik, was für mich sehr wichtig war. Auch meine Vorschläge wurden gehört.

Lachen war auch angesagt. Anstatt »guten Morgen« habe ich zu meiner Therapeutin »Prost« gesagt. Was war passiert? Gegenüber von ihrem Zimmer war der Raum einer weiteren Therapeutin. Sie hatte eine Kanne Kaffee in ihr Zimmer getragen. Ich war mit den Gedanken noch bei dem Kaffee, deshalb »Prost«.

Versprecher und Wortersetzungen haben oft nachvollziehbare Gründe

Werner Hamacher
Mein zweites Leben nach einem schweren Gehirninfarkt –
Die Ehefrau schreibt aus der Sicht ihres Mannes
Aphasie nach Schlaganfall im Alter von 47 Jahren

Werner Hamacher, im Jahre 1981 47 Jahre alt, Diplomingenieur, öffentlich bestellter Vermessungsingenieur, selbständig, verheiratet, vier Kinder im Kindes- und Jugendlichenalter, 17 Mitarbeiter in der Firma, Reha-Maßnahmen: Bad Godesberg (Februar 1982 bis Juni 1982), später Bad Segeberg (vier Wochen), Gailingen (zehn Wochen), Allensbach (sechs Wochen) sowie Lindlar 1992 (sechs Wochen) und 1993 (sechs Wochen).

Was führte zu den Symptomen, eine Gefäßverstopfung oder eine Hirnblutung?

Seit dem 17. 9. 1981 habe ich eine schwerste globale Aphasie und Apraxie, dazu eine Lähmung der ganzen rechten Körperhälfte. Ich war damals 47 Jahre alt. Es geschah in den frühen Morgenstunden. Durch mein Stöhnen wurde meine Frau aufgeweckt. Ich konnte keinen Laut sprechen und meine rechte Seite nicht bewegen. Der herbeigeeilte Hausarzt wies mich ins Evangelische Krankenhaus in Wesel ein, wo ich sofort in der Neurologischen Station versorgt wurde. Nach einer Gehirnwasserpunktion stand fest, daß ich keine Gehirnblutung hatte. Nach leichtem Beklopfen meiner Wangen war ich ansprechbar, das heißt, ich schlug meine Augen auf, sprechen konnte ich ja nicht. Am zweiten Tag kam ich schon früh um 7 Uhr in den Krankenwagen und wurde, um eine Computertomographie zu machen, ins Klinikum Essen gefahren. Nahezu das ganze linke Versorgungsgebiet meines Gehirns war zerstört.

Oft fehlt der Logopäde vor Ort

Zum Glück kam ich aber wieder in meinen Wohnort zurück, dies freute auch meine Frau, die mich begleitet hatte, sehr. Die medizinische Versorgung war gut, es fehlte nur ein Logopäde vor Ort, ich war ja noch nicht transportfähig. Meine Frau versuchte, diesen zu ersetzen, indem sie mit mir an einer Tafel Buchstaben übte und Wörter vorschrieb – zum Beispiel die Namen unserer vier Kinder. Wir fingen an, einfache Spiele wie Domino und Mühle zu spielen, acht Wochen später dann Rommé. Dann kamen auch meine Freunde sonntags zum Doppelkopfspielen.

Anfangs kamen mich viele Freunde und Bekannte besuchen. Alle hofften, sich bald wieder mit mir unterhalten zu können. Da dies aber bis heute noch nicht der Fall ist, zogen sich die »guten Freunde« immer mehr zurück. Am meisten haben mich zwei meiner Freunde enttäuscht, einer hat mit mir Abitur gemacht, ist Priester geworden, hat uns getraut und hat sich ganz zurückgezogen. Aber wir haben durch die Krankheit auch neue Freunde gefunden. Meine Frau leitet mit meiner Logopädin eine Selbsthilfegruppe der Aphasiker, dort finde ich Menschen mit dem gleichen Schicksal, die mich verstehen. Außerdem habe ich eine Doppelkopfrunde. Wir treffen uns einmal in der Woche, schon seit 30 Jahren. Dort bin ich fast der »alte«, ich spiele oft alle an die Wand und gewinne haushoch! Ich kann dort meine Freunde jetzt nach 15 Jahren mit »Guten Tag, Hugo« etc. anreden, darauf bin ich sehr stolz. Meine Familie behandelt mich ganz normal, als wenn ich alles sprechen und verstehen könnte. Sie versteht mich auch am besten.

Durch meine Sprechunfähigkeit haben sich alte Freunde abgewandt, aber ich habe auch neue gewonnen!

* * *

Weihnachten 1981 durfte ich das erste Mal nach Hause. Meine Söhne trugen mich auf einem Stuhl bis zur ersten Etage. Es war wunderschön, endlich aus dem Krankenhaus zu kommen. Dies durfte ich nun jedes Wochenende. Bald kam ich dann auch mit Hilfe die Treppe herauf. Im Januar hatte man endlich einen Logopäden ins Krankenhaus geholt, der mit mir arbeiten konnte. Außerdem hatte ich jeden Tag gymnastische Übungen.

* * *

Ende Februar 1982 kam ich in eine Reha-Klinik. Dort blieb ich bis zu meinem Geburtstag Mitte Juni. Ich wurde damals 48 Jahre alt. In dieser Zeit traten zum ersten Mal Krampfanfälle auf. Das kam durch die Vernarbungen in meinem Gehirn. Heute kann ich diese Krämpfe mit Medikamenten gut unter Kontrolle halten. Nach der Kur konnte ich im Raum kleine Strecken mit dem Stock gehen. Draußen gehe ich am Arm meiner Frau oder nehme den Rollstuhl. Meine Sprache bestand aus den

»Ga-ga-ga«
sagte ich und
meinte »Tasse«,
aber auch
»Stadtplan«

Lauten »ga-ga-ga«. Ich versuchte, Gegenstände zu zeichnen, eine Tasse, wenn ich Durst hatte, einen Stadtplan, wenn ich an einen bestimmten Ort wollte usw. Wir haben trotzdem oft gelacht, bis das Rätselraten verstanden wurde. Zu Hause wurde ich täglich zu ambulanten Therapien gefahren, Logopädie, Gymnastik, Schwimmen etc.

* * *

Fehlinforma-
tionen über
zukünftige
Entwicklungen

Beratung und Aufklärung haben zu wünschen übriggelassen. Man mußte sich zum größten Teil selbst helfen und informieren. Zuerst wurde gesagt, es gibt sich alles wieder, bis auf leichte Lähmungen, dann wurde gesagt, was in zwei Jahren sprachlich nicht kommt, bleibt so. Beides stimmt nicht.

* * *

Heute, nach 15 Jahren, sind meine rechte Hand und mein rechter Arm immer noch gelähmt, so daß ich nichts fassen kann. Mit Hilfe meines Rollstuhls, den ich mit der linken Hand schiebe, kann ich zwar stückweise gehen, aber mit dem Stock bin ich selbst im Raum sehr unsicher. Das liegt wohl mehr am Kopf als an den Beinen. Da spielen wohl Ängste oder Schwindel mit.

Ich habe mir in zehn Jahren mühevoll beigebracht, bis auf zwei Buchstaben das Alphabet wieder nachzusprechen. Als ich das erste Mal 1992 in Lindlar im Logopädischen Reha-Zentrum war, hatten sich meine Leistungen in der Schriftsprache, im Benennen und im Nachsprechen laut Aachener Aphasie-Test (AAT) etwa um das Vierfache gesteigert. Seit dem Zeitpunkt verwandte ich auch im Alltag sinnvolle Wörter, mein »ga-ga-ga« konnte ich in immer mehr Situationen unterdrücken. Heute sage ich »guten Tag«, »auf Wiedersehen« oder »tschüs«, benenne einzelne Gegenstände aus dem Alltagsleben oder mir gut bekannte Namen. Ich lese laut nach Text, wenn er nicht zu schwer ist. Spontan kann ich allerdings weder Sätze bilden noch meine Gedanken oder Gefühle in Worte fassen. Deshalb ist ein spontanes Gespräch für mich leider immer noch nicht möglich.

Die Ehefrau

Man muß schon gesund sein und ein gutes Nervenkostüm besitzen, um so eine Aufgabe ohne eigenen Schaden zu bewältigen. Am schlimmsten ist jedoch, daß man immer nur vermuten kann, was der andere Partner denkt. Was er an Gegenständen möchte, kann er inzwischen sagen oder schreiben oder malen. Aber ein Gedankenaustausch fehlt bei so einer schweren Aphasie. Gefühle, auch zärtliche, waren wohl nicht mehr vorhanden. Es ging hierbei wohl auch um körperliche Veränderungen, nach einer Operation kamen so langsam die Gefühle für Zärtlichkeit und Sexualität wieder. Heute führen wir ein ganz normales Eheleben. Mit den körperlichen Behinderungen lernt man umzugehen. Aber Gefühle kann man auch ohne Sprache zeigen.

Die Partner erleben eine radikale Veränderung des gemeinsamen Lebens

Auf viele Sachen müssen wir leider verzichten, zum Beispiel können wir nicht mehr so richtig wandern oder schwimmen. Wir segeln zwar manchmal, wenn wenig Wind ist und einer unserer Söhne mitkommt. Nur alleine geht es nicht – schade, heute hätte man die Zeit, die früher oft fehlte!

Ohne Sprache wird man schnell als geistig behindert verurteilt. Wenn einer nur »ga-ga-ga« sagt, wirkt das schon seltsam auf andere Menschen.

Die Krankheit meines Mannes hat auch aus mir sicher einen anderen Menschen gemacht. Man wird selbständiger, als man es als »Nur-Hausfrau« ist. Vor der Geburt meiner Kinder habe ich auch 15 Jahre einen Beruf ausgeübt. Aber selbst mit vier Kindern ist man nur die Frau des selbständigen Ehemannes. Heute bin ich bei allen Dingen der Ansprechpartner und durch meine Gruppenarbeit in der Öffentlichkeit bekannt. Das alte

Die neuen Aufgaben haben mich wachsen lassen

Leben kann ich mir manchmal auch nicht mehr vorstellen, obschon ich gerne einen ganz gesunden Mann hätte. Man ist durch die Rundumbetreuung und -verantwortung ja nie mehr frei. Aber es gibt viel schlimmere Krankheiten, mit denen manch einer leben muß. Wir haben auch in unserem zweiten Leben viel Freude!

J. I.
»Auch nach mehreren Jahren ist das Rehabilitationspotential noch nicht erschöpft.«
Aphasie nach Schlaganfall im Alter von 64 Jahren

Am 2. 5. 1992 erlitt mein Mann, Rentner, 64 Jahre alt, wohnhaft in einer Gemeinde am Bodensee, einen Schlaganfall, der ihm eine rechtsseitige Lähmung und schwerste globale Aphasie bescherte. Sein Zustand war äußerst ernst.

Nach etwa drei Wochen – als es sein Zustand erlaubte – wurde im Krankenhaus mit Logopädie und Krankengymnastik begonnen. Nach zirka sechs Wochen konnte er beschwerlich einige Schritte gehen. Für Logopädie war er nicht besonders aufnahmefähig, weil das Sprachverständnis total versagte. Nach elf Wochen Akut-Krankenhaus begann in den Schmieder-Kliniken in Gailingen eine sechswöchige Rehabilitation, wobei er sich körperlich soweit erholte, daß er wieder für kurze Zeit mit Stock gehen konnte. Die Logopädie zeigte kleine Anzeichen der Verbesserung beim Wiedererlangen des Sprachverständnisses. In der Ergotherapie wurde versucht, gegen die Lähmung im Arm anzugehen.

In »medizin heute« fand ich einen Bericht über eine logopädische Intensivbehandlung, die ich gerne für meinen Mann in Anspruch nehmen wollte. Im November 1993 hat er sich dort in meiner Begleitung einer vierwöchigen Therapie unterzogen, die ihm einen größeren Fortschritt bezüglich des Sprachverständnisses brachte. Zu Hause ging es weiter mit unseren bisherigen drei Therapien.

Im Januar 1995 erhielten wir dann vom Medizinischen Dienst in Friedrichshafen ein Schreiben – nachdem mein Mann aufgrund seiner schweren Hirnschädigung eben nur sehr kleine Fortschritte machte – in dem es u. a. heißt:

»Es entspricht dem allgemeinen medizinischen Wissensstand, daß bei einem apoplektischen Insult das Reha-Potential drei Jahre nach dem Ereignis erschöpft ist. Eine Weiterführung der Ergotherapie und Logopädie ist aus diesem Grunde nicht mehr gerechtfertigt, da das apoplektische Ereignis im konkreten Fall mittlerweile nahezu drei Jahre zurückliegt.«

»Nach drei Jahren geht nichts mehr« – eine absurde Behauptung

Das hat uns sehr gedemütigt, und wir fanden diesen Leistungsentzug ungerechtfertigt, da mein Mann nach wie vor Fortschritte machte – wenn auch nur kleine – und das Ereignis noch keine drei, sondern erst gut zweieinhalb Jahre zurücklag.

Ich habe mich an die Krankenkasse unter Beifügung von Berichten des Hausarztes, des Nervenarztes, der Therapeuten, des Logopädischen Zentrums Lindlar und des Aphasie-Verbandes gewandt, um die vorerwähnte Meinung zu entkräften. Ich schrieb u. a.:

»Den Leistungsentzug für Logopädie und Ergotherapie finden wir nicht gerechtfertigt, da jegliche Unterbrechung dieser Therapien nicht zu einem Stillstand, sondern zu einem Rückschritt des bisher Erreichten führt. Es sind nach wie vor kleine Fortschritte – entsprechend seiner großen Schädigung – durch intensive Übung zu erzielen. Auch gilt es, die bisher erworbenen Fähigkeiten zu halten. Mein persönliches, tägliches Training mit meinem Mann kann jedoch nur zum weiteren Erfolg führen, wenn er wieder Ergo- und Logopädietherapie erhält, da wir bei den Übungen auf das Vorgegebene der Therapeuten angewiesen sind.«

Das Rehabilitationspotential ist auch nach drei Jahren nicht ausgeschöpft

* * *

Bei unserem letzten Reha-Aufenthalt 1993 haben wir von Mitpatienten erfahren, daß oft eine verbale Kommunikation erst nach fünf bis sieben Jahren, und dann nur nach intensiver Therapie, möglich ist.

Es geht auch um nonverbale Verständigung

Es geht bei der Logopädie, wenn so schwere Schädigungen (Sprechapraxie) wie bei meinem Mann vorhanden sind und die verbale Kommunikation in Frage gestellt ist, auch darum, dem Patienten nonverbale Wege der Verständigung beizubringen.

Deshalb wurden meinem Mann die Logo- und Ergotherapien vom Medizinischen Dienst für ein weiteres halbes Jahr, allerdings nur noch einmal wöchentlich, gewährt. Danach erklärte sich die Krankenkasse bereit, diese Therapien weiterhin zu übernehmen.

Mittlerweile sind wir soweit, daß mein Mann sein volles Sprachverständnis wiedererlangt hat. Zum Lesen sind Ansätze vorhanden. Er kann etliche Worte sprechen, aber einsetzen kann er sie nicht.

Bei vorhandener Motivation stellen sich immer wieder Fortschritte ein

In der Ergotherapie kann mein Mann inzwischen bei völliger Entspannung die Hand leicht auf- und zumachen.

Viereinhalb Jahre sind vergangen, die kleinen Fortschritte stellen sich jetzt erst ein. Wir geben nicht auf und üben, üben, üben, wozu wir uneingeschränkt auf die Therapeuten angewiesen sind. Selbstverständlich gibt es auch viele depressive Tage, die mich sehr viel Mühe kosten, ihn aufzurichten. So ein Schicksalsschlag – auch wenn er lange zurückliegt – ist nicht leicht zu verkraften, zumal mein Mann nie ernsthaft krank war und zuvor äußerst gesund gelebt hat.

Unsere vielen Freunde ziehen sich langsam zurück. Manche können unseren Schicksalsschlag heute noch nicht ertragen, andere sind selbst krank oder haben sonstige Sorgen. Die paar, die noch bleiben, treffen wir ab und zu, doch spätestens nach anderthalb Stunden muß ich mit meinem Mann nach Hause, da er nicht länger belastbar ist.

Von Urlaub haben wir bisher wegen der geringen Belastbarkeit meines Mannes Abstand genommen, aber wir haben ein schönes Zuhause, in dem sich mein Mann am wohlsten fühlt.

Ich versuche für meinen Mann das Beste daraus zu machen. Geht es ihm erträglich, geht es auch mir gut. Sorgen machen mir nur seine vielen Schmerzen, die durch Thalamus-Probleme von dem Hirnschlag verursacht werden. Diese sind leider schwer behandelbar. Auch hier wird meine ganze Kraft gefordert, ihn in eine Lage zu versetzen, die den Schmerz besser erträglich macht.

Ich möchte mir nur wünschen, daß von den Krankenkassen, vor allem aber auch von den Medizinischen Diensten eingesehen wird, daß nicht bei allen Schlaganfall-Patienten das Rehabilitationspotential erschöpft ist, wenn zwei bis drei Jahre vergangen sind, und daß sie deshalb uneingeschränkt Logopädie, Ergotherapie und Krankengymnastik weiter gewähren sollten. Über die kleinsten Fortschritte freuen sich der Patient und sein Partner. Das Selbstbewußtsein wird gestärkt, und der Patient fühlt sich nicht wie bei einer Ablehnung der Therapien auf das Abstellgleis geschoben.

Bei der Verweigerung erforderlicher Therapien fühlt sich der Patient aufs Abstellgleis geschoben

Aurel Parkanyi
»Niemand hat mir gesagt, was auf uns beide zukommt.« –
Geschrieben von der Ehefrau
Aphasie nach Schlaganfall im Alter von 56 Jahren

Da mein Mann nach seinem Schlaganfall mit halbseitiger Lähmung rechts und mit einer globalen Aphasie weder lesen noch schreiben kann, muß ich, seine Ehefrau, zur Feder greifen.

Auch ich hatte überhaupt keine Ahnung, was ein Schlaganfall mit diesen Folgen bedeutet. Ich war immer der Meinung, mein Mann würde das Krankenhaus wieder als gesunder Mensch verlassen. Erst als man mich nach etwa vier Wochen darauf hinwies, einen Rentenantrag zu stellen und eine gebuchte Reise abzusagen, wurde ich nachdenklich.

Durch fehlende oder falsche Information verliert der Betroffene die Chance, selbst aktiv zu werden und zur Einleitung einer erfolgreichen Rehabilitation beizutragen

Nachfragen bei Ärzten und Schwestern ergaben nur ausweichende Antworten. Niemand, auch später nicht in der Reha-Klinik, hat mir gesagt, was auf uns beide zukommt. Nach sieben Wochen Krankenhaus und zehn Wochen Reha-Klinik hatte ich meinen Mann zu Hause und mußte sehen, wie ich mit ihm zurechtkam. Nach Anfragen beim Hausarzt und bei der Krankenkasse bekam ich einen Badewannensitz und einen Schieberollstuhl.

Die Anteilnahme von Freunden und Bekannten war am Anfang sehr groß, ließ aber im Laufe der Zeit sehr nach. Einige zogen sich ganz zurück, andere kommen nur noch selten zu einem kurzen Besuch, um ihr schlechtes Gewissen zu beruhigen – so sehe ich es jedenfalls. Das tut doch sehr weh. Andere dagegen, die wir jahrelang nicht gesehen hatten, meldeten sich plötzlich und boten ihre Hilfe an. Das war für uns ein großer Trost.

Ein guter Freund drückte mir mal eine kleine Anzeige in die Hand von einem logopädischen Reha-Zentrum. Ich ließ mir einen Prospekt schicken und ging damit zur Krankenkasse. Die sagten mir nur: »Wir kennen das, haben aber keinen Vertrag mit ihnen. Wenn Sie dorthin möchten, müssen Sie in Vorkasse treten und hinterher die Rechnung einreichen.« Es wurde mir keine andere Klinik genannt, die der Kasse angeschlossen ist, in die wir auch hätten gehen können. So fuhren wir mit viel Hoffnung in das Reha-Zentrum, aber bei einem Aphasiker muß man mit kleinen Schritten leben, und die gab es dort. Nach sechswöchigem Aufenthalt und guten Erfolgen mit Buchstaben und einzelnen Wörtern sagte man mir, daß wir im nächsten Jahr unbedingt wiederkommen müßten. Mein Antrag auf einen erneuten Aufenthalt wurde aber abgelehnt. Inzwischen hatte mir die Kasse die Hälfte der Kosten erstattet. Mein Widerspruch lief noch, da rückte der Termin für den nächsten Aufenthalt immer näher. Die Anfrage bei der Krankenkasse ergab nur: »Fahren Sie hin, und machen Sie es genauso wie im Vorjahr.« Während unseres Aufenthaltes im Reha-Zentrum kam die endgültige Absage mit dem Hinweis, nur durch eine Klage sei die Genehmigung noch zu bekommen.

Wer und was entscheidet eigentlich, ob Therapiekosten von der Kasse übernommen werden oder nicht? Der Richter? Die Kassenfunktionäre? Der Medizinische Dienst

Es dauerte zwei Jahre, bis es zur Verhandlung kam. Einen Vergleich, etwa halbe-halbe, lehnte der Vertreter der Krankenkasse ab. So wurde die Kasse zur vollen Zahlung verpflichtet mit der Begründung, man hätte mir eigene Häuser empfehlen müssen. Leider ging die Krankenkasse in Berufung. Das ist jetzt über drei Jahre her, und die Sache ist immer noch nicht entschieden.

In der Zwischenzeit wurde auch die ambulante Logopädie gestrichen mit der Begründung, es habe ja doch keinen Zweck mehr nach so vielen Stunden. Wir haben dann ein halbes Jahr lang die Kosten selbst getragen.

* * *

Wir üben aber täglich, und es kommen auch viele Worte. Vor einigen Tagen habe ich erst bemerkt, daß er nicht weiß, was oben, unten, rechts, links, vorn und hinten ist. Auch Zahlen versteht er nicht, aber lesen kann er sie. Wir arbeiten daran, aber es ist sehr mühsam.

Wir haben unser Haus verkauft und sind in eine behindertengerechte Wohnung gezogen. Sie liegt sehr günstig, so daß er alleine nach draußen gehen kann. Er macht lange Spaziergänge und trifft dabei oft Bekannte. Dadurch ist er viel freier und selbstbewußter geworden.

Veränderung der Lebens- und Wohnumstände kann befreiend wirken

Auch unsere Urlaubsreisen haben ihm sehr geholfen. So geht er jetzt auf fremde Menschen zu und versucht, mit ihnen zu reden und sich irgendwie verständlich zu machen. Vor unserer ersten Reise hatte ich schreckliche Angst, da ich ja alles alleine machen muß. Der erste Flug nach Mallorca endete im Krankenhaus in Palma. Der Urlaub danach aber war sehr schön. Sonne und Wärme tun ihm gut. Ohne Essen und mit Reisetabletten überstehen wir jetzt jeden Flug.

Reisen fördern die Fähigkeit, neue Kontakte aufzunehmen

Bus- und Autofahren waren bisher kein Problem. Doch auch das ist leider jetzt vorbei. Unsere lang ersehnte Nordland-Kreuzfahrt fiel buchstäblich ins Wasser.

Während der Anreise mit dem Bus nach Bremerhaven wurde mein Mann so krank, daß wir statt aufs Schiff ins Krankenhaus mußten.

Die Reise war damit für uns zu Ende. Ich glaube, daß wir jetzt unsere Grenzen kennen. Wir müssen uns mit dem begnügen, was wir noch können, und dürfen von größeren Reisen nur noch träumen.

Ich frage mich oft, was wird, wenn ich mal plötzlich ins Krankenhaus muß? Was wird mit ihm? Keiner kann mir diese Frage beantworten. Alle zucken nur mit den Schultern. Ich denke mir, daß er in ein Heim müßte, und das wäre für ihn das Ende.

Mittlerweile sieht er aber ein, daß auch ich etwas Freiheit brauche. Ich gehe wieder in meine Damenklubs, was mir auch sehr hilft. So müssen wir eben unser Leben nehmen, wie es ist, und das Beste daraus machen.

Mein Mann muß eigentlich immer etwas haben, worauf er sich freuen kann. Wir planen den Kauf eines neuen Autos. Er hat es ausgesucht, Farbe und alle Extras bestimmt, das hat ihm großen Spaß gemacht. Wenn das vorbei ist, muß ich wieder etwas Neues finden, worauf er sich freuen kann. So kann ich trübe, dunkle Stunden bei ihm überbrücken. Ist er depressiv, erinnere ich ihn an das, was kommt, und das heitert ihn wieder auf.

Was wird aus meinem Mann, wenn ich nicht mehr bin?

Das Beste daraus machen ist die Devise!

Ziele suchen und sich darauf freuen ist eine Kunst

Eva und Udo Busse

»Wir tragen beide Schaden davon. Er körperlich und seelisch, meine Nerven gehen zum Teufel.«

Es schreibt Karina Busse.
Aphasie nach Schlaganfall im Alter von 54 Jahren

Am Anfang besteht größter Informationsbedarf

Das Urteil lautete globale Aphasie und Hemiparese rechts. Doch was das heißt, wußten wir beide nicht. Ich kaufte mir also erst einmal ein Buch und dann noch eines und mit der Zeit ganz viele und bekam so langsam eine leise Ahnung, was es heißen würde, einen Menschen wieder lebensfähig zu machen, der nicht mehr sprechen, Sprache nicht mehr verstehen, nicht mehr schreiben, nicht mehr lesen konnte und dazu noch über die ganze rechte Körperhälfte gelähmt war.

Der Professor schüttelte nur den Kopf, als er aus dem Krankenzimmer kam: »Da kommt nichts, machen Sie sich keine Hoffnungen.« Ein uns verwandter Professor erklärte mir, ein Mensch mit solchen Schäden müsse zwangsläufig dem Wahnsinn verfallen, da er bei vollem intellektuellen Erleben, nicht geschädigter Intelligenz und mit allem vor dem Schlaganfall angesammelten Wissen nun völlig paralysiert sei. Er könne das Leben nur noch beobachten, ohne darauf Einfluß nehmen zu können. Ohne seinen Willen, seine Wünsche verständlich machen zu können, ja nicht einmal zu Gegenwehr gegen Willkür und Unbill fähig zu sein.

Entmutigende Aussagen entstehen, weil auch Fachleute oft nicht eines Besseren belehrt sind

Die Dame von der Sozialstation versicherte mir, wie auch viele andere, mein Mann sei nun ein Schwerstpflegefall, der den Rest seines Lebens in einem Pflegeheim verbringen müsse. In einem so schweren Fall wäre wohl nur eines für geistig behinderte Menschen bereit, ihn aufzunehmen. Die Möglichkeit, meinen Mann nicht hinter irgendwelchen Mauern verschwinden zu lassen, zog man offenbar nicht ins Kalkül.

$$* * *$$

Diese avisierte Zukunft vor Augen, verschlang ich das Buch »Das Schweigen verstehen«. Was war das mit der Aphasie? Man konnte etwas tun! Wo war der Logopäde, der schon längst am Bett meines Mannes hätte tätig sein müssen? Im Urlaub! Einen Ersatz gab's nicht! Woher bekommt man einen Logopäden? Telefonbuch, Leute fragen, nächtelanges Telefonieren. Endlich Frau O.; sie ist bereit, ins Krankenhaus zu kommen, fängt an mit gesichtsmotorischen Übungen. Mein Mann versteht nicht, warum dieses geschieht. Wie erklärt man einem Menschen, der nicht verstehen kann, was Worte sagen, daß es gilt, etwas zu tun, oder daß es Hoffnung gibt, aus diesem Sumpf wieder herauszukommen?

Frau O. kommt dreimal wöchentlich und bleibt 20 bis 30

Minuten. Dann machen wir alleine weiter, solange er kann. Ich wußte bis dahin nicht, daß man auch im Gesicht Muskelkater bekommen kann. Aber ich wußte so vieles nicht.

Nach vier Monaten müssen wir das Krankenhaus verlassen. Eine Reha-Klinik sei nun für meinen Mann vorgesehen. Die Klinik, die ich für ihn ausgesucht hatte, nahm ihn nicht auf. Er sei zu jung, es handele sich um eine geriatrische Klinik, man nehme Patienten erst ab dem 60. Lebensjahr auf. Mein Mann ist 54. Unter dem Druck das Stationsarztes, ihn sonst in dem noch sehr desolaten Zustand mit nach Hause nehmen zu müssen, stimme ich zu, daß er in eine aufnahmebereite Klinik verlegt wird.

Aus welchem Grund geschieht so etwas mit meinem Mann?

Schlimmer alter Kasten. Üble Gerüche, schmuddelig, Vier-Bett-Zimmer. Das sei für Schlaganfallpatienten besser, sie würden Gesellschaft brauchen. Und noch etwas lerne ich gleich am ersten Tag: Zweimal am Tage gewaschen zu werden sei ungesund, erklärt mir der Stationsarzt. Am zweiten Tag: Den Patienten mehrmals täglich die Toilettenbenutzung zu ermöglichen, fehle die Zeit. Ich setze mich durch, die für das Personal offenbar bequemeren Windeln werden wieder abgeschafft und bleiben es, denn ich passe von morgens bis abends auf. Trotzdem wird mein Mann von nun an täglich grauer und geduckter.

* * *

Was andere zerstören, muß von mir aufgearbeitet werden

Die endlose Zeit zwischen den drei fast täglichen Therapien gilt es zu überbrücken. Ich spreche viel mit ihm, versuche ihn zum Lachen zu bringen, Tatendrang zu wecken, ihn von der deprimierenden Umgebung abzulenken, die rüde »Pflege« weniger spürbar zu machen und weitestgehend selbst die notdürftigste Versorgung zu übernehmen. Trotzdem tragen wir beide Schaden davon. Er körperlich und seelisch, meine Nerven gehen zum Teufel.

Aber dank der exzellenten Logopädin fängt mein Mann wieder an, sich mitzuteilen. Er zeichnet zwar ungelenk, aber immer besser mit der linken Hand vieles auf, ich rate, und beide sind wir glücklich, wenn wir herausbekommen, was er mitteilen will. Langsam versteht er auch ein wenig, und seine »Jas« und »Neins« werden verständlicher, die »Dadadas« lebendiger, interpretierbarer.

Die körperliche Befreiung: Die Ergotherapeutin zeigt uns, wie mein Mann mit meiner Hilfe die Toilette benutzen kann. Das entwürdigende Gefühl, auf fremde Hilfe angewiesen zu sein, auf die wir oft unzumutbar lange warten mußten, bleibt uns somit erspart.

Dann die ersten »Schritte«. Das ist es! Die Krankengymnastin arbeitet sehr intensiv mit meinem Mann, provoziert und motiviert ihn. Seine Augen leuchten in diesen halben Stunden. Er zieht mit! Wir üben zusammen. Wackeln und schlurfen über die tristen, dunklen Flure. Erst drei Meter, dann zehn, schließlich fast dreißig.

Nach 16 Wochen sind wir nervlich ruiniert, aber haben nach dringlichstem Betteln die Zusage für einen Platz in der Tagesklinik des besten Hauses der Stadt für Menschen über 60. Eine andere, eine fast schöne Welt. Der Glaube an das Gute im Menschen kehrt zurück. Wir kommen wieder zu Kräften. Logopädie, Ergotherapie und Krankengymnastik zeitigen entsprechenden Erfolg. Nach zehn Wochen ist die Herrlichkeit vorbei, und die Odyssee als ambulanter Patient beginnt.

Fast ein Jahr lang fahren wir täglich in ein benachbartes Bundesland. Dort haben wir über lange Zeit Logopädie, Ergotherapie und Krankengymnastik unter einem Dach. Nach sechs Wochen bleibt der Rollstuhl im Kofferraum. Die Ergotherapeutin erklärt uns, was im rechten Arm vor sich geht und warum wir sehr, sehr viel Geduld haben müssen. Sie wird recht behalten, es wird noch mehr als ein Jahr dauern, bis die ersten kleinen Bewegungen sichtbar werden. Sprachlich erzielt mein Mann eine Steigerung bis zu Zwei- und Dreiwortsätzen.

* * *

Dann die erste Intensivtherapie, im neu eröffneten Aphasie-Zentrum in Langförde. MODAK, ein Trainingsprogramm für Aphasiker, heißt das Prinzip, das dort täglich einmal ange-

MODAK – ein Trainingsprogramm für Aphasiker

91

wandt wird. Die Therapien, die liebevolle Begleitung durch alle Mitarbeiter des Hauses und das mutzusprechende Beisammensein der Aphasiker untereinander lassen uns gestärkt und wieder ein wenig fortgeschritten unsere nun anbrechende tägliche Hin- und Herfahrerei zwischen den einzelnen ambulanten Praxen zu Hause angehen.

Im Herbst brechen wir das erste Mal nach Lindlar auf. Dort, im Logopädischen Rehabilitationszentrum, bedeutet Intensivtherapie harte Arbeit. Immer am Rande der Leistungsgrenze. Drei Einzeltherapien, eine Gruppensitzung, zweimal arbeiten mit Praktikanten, daneben Krankengymnastik und Ergotherapie. Ein richtiger Stundenplan ist nötig, und endlich ist mein Mann ausgelastet. Er blüht förmlich auf. Sein Sprachverständnis nimmt gewaltig zu, er beginnt, zwar kurze, aber vollständige Sätze aus einem vorgegebenen Wortsalat zu legen und auch selbst zu sprechen. Nach acht Wochen kann er mir nun viele seiner Wünsche in kurzen Sätzen sagen, und ich kann meine Sprechgeschwindigkeit etwas steigern.

Langzeittherapie im Intervall: intensiv-stationär und ambulant abwechselnd

Inzwischen sind zweieinhalb Jahre vergangen, seit uns der Schlag getroffen hat. Es hat sich herausgestellt, daß der eingeschlagene Weg sich für unser Fortkommen als richtig erwiesen hat. Wir gehen am Heimatort täglich zur Logopädie, zur Ergotherapie und zur Krankengymnastik, fahren zweimal jährlich für sechs Wochen zur Intensivtherapie nach Lindlar und einmal nach Langförde, sofern uns ein Platz eingeräumt wird. Also Therapie, Therapie und nochmals Therapie und einen großen Vorrat an Geduld.

* * *

Mehr Fähigkeiten setzen ihrerseits weitere Aktivitätenpotentiale frei

Heute sind wir bereits in der Lage, wieder kleine »Gespräche« zu führen, wenn auch nur ganz kleine, aber mein Mann versteht inzwischen recht gut. Ich schätze so 30 bis 40 Prozent des zu ihm von bis zwei Anwesenden Gesprochenen. Und er beginnt zu »lesen«. Kleine Artikel, etwa 10- bis 20-Zeiler. Er sieht mit Interesse fern und hat seine umfangreiche Briefmarkensammlung wieder ausgegraben, löst vorerst mal die in 25 Jahren angestauten Marken ab und verstaut sie, noch unsortiert, in Steckalben. Im Sommer »geht« er von einer Gartensitzecke zur nächsten, und durch seinen Kopf geistert allerlei Unheil, das er im Garten zu tun gedenkt. Ich habe Mühe, ihn von diesen Taten abzuhalten.

Denn noch etwas hat sich herausgestellt: Die viel propagierte Selbständigkeit, zu der Patienten in den Reha-Kliniken angehalten werden, dient nach unserer Erfahrung in erster Linie der Arbeitsentlastung des sowieso knappen Personals. Im Zuge meiner umfangreichen Ausflüge in die Fachliteratur meine ich verstanden zu haben, daß die Haltung der Spastik auf einem möglichst niedrigen Niveau für die Wiedererlangung der Beweglichkeit auf Dauer förderlicher ist, als die durch verfrühte Selbständigkeit beim Waschen, Anziehen, ins Auto steigen etc. Also verrichte ich auch heute noch alles Pflegerische für meinen Mann, und gemeinsam bauen wir in winzigen Schritten kleine Eigenleistungen ein. Als Ergebnis verfügt er, trotz Dreizentimeter-Gelenkspalte in der dennoch schmerzfreien Schulter, immer noch über eine schlaffe Lähmung des Armes, in den nun ganz, ganz langsam etwas Leben zurückkehrt. Letzte Woche hat er das erste Mal in der Therapie den Daumen selbständig strecken können. Vielleicht sind es im nächsten Jahr schon zwei Finger?

Vielleicht können wir im nächsten Jahr auch schon etwas längere Gespräche führen? Und vielleicht, vielleicht wird er in zwei oder drei Jahren auch wieder als Gesprächspartner für nichtaphasische Menschen akzeptabel, so daß nicht mehr *über ihn*, sondern wieder *mit ihm* gesprochen wird. Wir haben soviel gesehen und erlebt, er hat so unendlich viel zu erzählen. . .

Therapeutische Grundsätze lassen den Alltag anders bewältigen

In schlaffe Lähmung kehrt Leben zurück

Die Hoffnung auf Verbesserung der sprachlichen Kompetenz ist die Basis und die Motivation der Motor einer erfolgreichen Rehabilitation

Hilde und Johannes Klabers
»Das Leben hat uns eine neue Aufgabe gestellt.«
Aphasie nach Schlaganfall im Alter von 43 Jahren

Oktober 1987: Schon lange fällt mir auf, daß mein Mann seit einiger Zeit eine graue Gesichtsfarbe hat, ständig müde ist und mehr denn je raucht.

»Ende Oktober – nach den Weltmeisterschaften – ist der Streß vorbei, dann wird es ruhiger und wieder besser« – damit trösten wir uns gemeinsam. Doch die Sorge bleibt im stillen!

Von den Weltmeisterschaften zurück, noch grauer im Gesicht und so müde, daß er nicht einmal in Einzelheiten von der Dienstreise erzählt, verbringt er die nächsten Tage fast im Tiefschlaf. Am dritten Arbeitstag bringt ihn ein Taxi früher nach Hause: Der Arm ist ihm im Büro eingeschlafen – er hat kein Gefühl mehr darin, konnte nicht mehr schreiben. Erst jetzt erzählt er mir, daß ein ähnlicher Vorfall bereits während der Dienstreise aufgetreten ist. Wir gehen sofort zum Arzt. Diagnose:»Leichter Schlaganfall, Lähmungserscheinungen im rechten Arm, kurzer Klinikaufenthalt, dann Reha – in einem halben Jahr ist er wieder voll einsatzfähig!« Noch am gleichen Tag Einweisung in ein Kreiskrankenhaus, in dem der niedergelassene Neurologe Belegbetten hat.

Zehn Tage Behandlungsdauer am Tropf, keine weiteren Ausfälle, Zustand einigermaßen stabil, wenn auch erschöpft. Nach zehn Tagen werden die Infusionen abgesetzt. Man spricht von Entlassung, ein Aufenthalt in der Reha-Klinik wird angemeldet. Mein Mann ist auffällig still geworden, spricht wenig während der täglichen Krankenhausbesuche. Mich beunruhigt dies sehr, und ich suche täglich das Gespräch mit dem Arzt. Man beruhigt mich – es sei alles in Ordnung. Am zweiten Tag nach Absetzen der Infusionen bemerke ich, daß mein Mann alles, was er spricht, wiederholt, das gleiche nochmals erzählt, am näch-

Symptome eines Schlaganfalls

Bei neurologischen Symptomen in die neurologische Klinik!

sten Tag waren es nur noch Wortfetzen, am folgenden Tag lahmte dann das Bein beim Spazierengehen, und am vierten Tag war er schon voll bettlägerig. Die zwischenzeitlichen Untersuchungen zeigten im computertomographischen Befund Schatten im Gehirn – ich bestand nunmehr auf einer Verlegung in eine neurologische Klinik. Das Schicksal hatte seinen Lauf genommen. Hätte ich bloß früher auf eine Verlegung in die Spezialklinik gedrängt – diese Vorwürfe mache ich mir heute noch!

* * *

Der Zustand meines Mannes war äußerst kritisch. Die Diagnose: Carotisverschluß, globale Aphasie und Apraxie mit halbseitiger Lähmung rechts. Heute weiß ich, warum uns der leitende Arzt damals zu Weihnachten ein Einzelzimmer gegeben hatte, in dem wir als Familie Weihnachten »feiern« durften. Es war kein schönes Fest, obwohl die Kinder (damals 12 und 13 Jahre alt) ihren Vater nach vielen Wochen zum ersten Mal wiedersehen durften. Auch war – zumindest bei mir – das Bewußtsein erdrückend, daß uns mein Mann nicht erkannte. Ich tröstete mich damit, in seinen Augen vielleicht »die nette Krankenschwester« zu sein, die ihn täglich besuchte.

Aber genau diese täglichen Besuche hatten für mich die größte Bedeutung. Täglich auch das Bemühen der Ärzte, Schwestern und Therapeuten mitzuerleben und dabei die kleinen und kleinsten Fortschritte zu registrieren. Ein gewisses Vertrauensverhältnis zu allen, die meinen Mann damals betreuten, half mir enorm über die schwere Zeit hinweg. Ich bekam die Gelegenheit, meine mich quälenden Fragen zu stellen und bekam Hilfe und die nötige Aufklärung zum Krankheitsbild. Einen sehr engen Kontakt knüpfte ich mit der damaligen Logopädin, der bis in die heutige Zeit anhält, obwohl uns mittlerweile viele Kilometer in Deutschland trennen.

Sie machte mir Mut und nahm mir die Angst im Umgang mit der Sprachlosigkeit bzw. der Angst, mein Mann könne »im Kopf nicht mehr richtig sein«, und ich bewunderte ihre unend-

Hilfe durch Aufklärung über das Krankheitsbild

liche Geduld am Krankenbett, wenn auf alles sein einziges Wort (»Hallo«) über die Lippen meines Mannes kam!

Anfang Februar 1988 war mein Mann dann körperlich doch so stabilisiert, daß er direkt in eine Reha-Klinik am Bodensee verlegt werden konnte. Auch hier war der Schwerpunkt die logopädische Behandlung, begleitet von Krankengymnastik und Ergotherapie. Trotz täglicher logopädischer Übungsstunden zeigten sich jedoch während dieses fünfmonatigen Aufenthalts die größeren Fortschritte im Bereich der Physiotherapie. Das Sitzen im Rollstuhl gelang wieder und konnte von Spaziergang zu Spaziergang ausgedehnt werden. Das Treppensteigen wurde geübt und erfolgreich trainiert. Zu Hause konnte der Auftrag an den Schreiner vergeben werden, im gesamten Haus Geländer anzubringen – der Tag der Entlassung rückte näher und näher! Nach insgesamt sieben Monaten Klinikaufenthalt kehrte mein Mann dann Ende Mai 1988 wieder nach Hause zurück.

Beidseitige Geländer

* * *

Erfolg entgegen aller Prognosen

Es war ein Glücksgefühl, zu erleben, wie mein Mann – entgegen den Aussagen aller Ärzte – wieder die Treppen zu unserem Haus hinaufstieg!

Begegnungen entkrampfen

Wir hatten einen kleinen Umtrunk mit den direkten Nachbarn organisiert, um die Scheu der ersten Begegnung zu nehmen. Dieser Schritt nach vorn hatte sich bewährt. Sie alle waren dankbar für diese Hilfestellung, denn keiner wußte so recht, wie man meinem Mann nun begegnen sollte, wie man ihn ansprechen konnte. Und so hatten wir der Angst ein wenig »den Wind aus den Segeln nehmen können«. Heute scheut sich keiner unserer Bekannten mehr, mit meinem Mann »ins Gespräch« zu kommen. Allerdings muß ich dazu sagen, es handelt sich hier jeweils um Bekannte oder Freunde, die uns wichtig waren und wo wir diesen Schritt als erste getan haben. Die Scheu von Außenstehenden ist nach wie vor groß. Der Kontakt zu Arbeitskollegen ist ziemlich verflacht. Ich bekam vom damaligen Chef meines Mannes die Chance, beruflich

Integration neu gestalten

Gut erhaltenes Langzeitgedächtnis

wieder einzusteigen, nachdem mein Mann zum Frührentner erklärt wurde. Es war faszinierend, daß gerade im Bereich des Sports mein Mann nahezu keine Ausfälle an Erinnerungsvermögen hatte. Ich konnte ihm von alten Kollegen, von Sachvorgängen erzählen – er konnte alles gedanklich mitverfolgen und legte mehrfach sein Veto ein, wenn er etwas nicht für richtig hielt. Im gleichen Augenblick jedoch hielt er die Gabel für ein Messer oder den Stuhl für einen Tisch.

* * *

Es hat mich viel Überwindung gekostet, wieder ins Berufsleben einzusteigen. Ich fragte mich: »Kann ich das? Darf ich das? Darf ich die Pflege anderen überlassen? Lasse ich ihn dadurch im Stich?« Heute kann ich jedem nur dazu raten. Zwei Jahre hatte ich die häusliche Pflege für meinen Mann selbst bestritten – und mich gesundheitlich ziemlich aufgerieben. Am anstrengendsten waren die logopädischen Übungen – man übte und übte und merkte fast nicht, in welche Abhängigkeit man den Partner und sich hineinmanövrierte. Als Partner – so empfinde ich es – hat man nicht den nötigen Abstand, um ein guter Therapeut zu sein. Es entwickelt sich ein Lehrer-Schüler-Verhältnis, ein absolutes Abhängigkeitsverhältnis, und das geht auf Dauer nicht gut! Ich war auch mit meiner Kraft am Ende. Vor allem, wenn in der Therapie phasenweise Stagnation eintrat – was wir immer wieder feststellen mußten. Vor allem war interessant, daß sich zu keiner Zeit logopädische und krankengymnastische Erfolge gleichzeitig einstellten. Ging es in der Sprachtherapie vorwärts, stagnierte es im krankengymnastischen Bereich und umgekehrt.

Um meinen Beruf wieder ausüben zu können, und das war nötig, um die Familie wirtschaftlich abzusichern, mußten wir also zu Hause ordentlich umorganisieren. Am Vormittag hatten wir täglich Therapiestunden. Dazu organisierten wir einen Zivildienstleistenden, der meinen Mann zu den Therapien fuhr und anschließend noch mit ihm zu Hause übte. Eine Haushaltshilfe sorgte für Mittagessen und Sauberkeit. So hatte ich

Wie weit soll das Partner-Engagement gehen?

Partner als Therapeut

Das richtige Alltagsmanagement kann entlasten

wenigstens am Abend den Rücken von der Hausarbeit frei und die verbleibende Zeit für meinen Mann und die Kinder zur Verfügung. Durch diese Aufgabenteilung konnten auch unsere Kinder gut in die Aufgabe hineinwachsen, und wir können heute stolz sagen, sie haben die schwierigen Jahre gut überstanden und können mit dem Krankheitsbild ihres Vaters gut umgehen. Die Sorge, die ich jahrelang, vor allem während der Pubertät der Kinder, hatte, sie könnten ihren Vater irgendwann einmal nicht mehr ernst nehmen, war überflüssig. Das größte Plus jedoch ist die Tatsache, daß durch meine Abwesenheit auch mein Mann wieder selbständiger wurde und sich viel mehr gezwungen sah, sich auf eigene Füße zu stellen. Rückblickend können wir daher sagen, die richtige Entscheidung getroffen zu haben.

Akzeptanz durch die Kinder

Selbständigkeit entwickelt sich durch größere Selbständigkeit

* * *

Doch zurück zur »Sprachlosigkeit«, die immer noch das größte Problem für uns darstellt. Nach knapp einem Jahr Behandlung vertrat unser damaliger Neurologe die Auffassung, die logopädische Behandlung allmählich abzubauen – sie bringe keine nennenswerten Erfolge mehr. Ermutigt durch unsere Logopädin, besuchte ich einen Aphasiker-Kongreß in Würzburg, bei dem ich mit mehreren Ärzten ins Gespräch kam, darunter auch mit einem Professor vom Aachener Klinikum, der eine ganz andere Auffassung vertrat. Einer ersten Untersuchung folgten mehrere Klinikaufenthalte in Aachen mit speziellen linguistischen Untersuchungen und logopädischen Intensivtherapien. Und siehe da – nach fast vier Jahren verzeichneten wir weitere Fortschritte. Der Aachener Aphasie-Test konnte nun eingesetzt werden und registrierte kleine, kontinuierliche Erfolge. Mittlerweile haben wir den Neurologen gewechselt und werden von einer Ärztin betreut, die von einer langfristigen Therapie bei Schlaganfallpatienten und Patienten mit ähnlichen Leiden überzeugt ist.

Was nicht sein kann, das nicht sein darf

Da das Klinikum Aachen in erster Linie Akut-Patienten betreut, machten wir uns 1994 auf die Suche nach einer anderen logopädischen Einrichtung und fanden sie in Lindlar. Der große

Vorteil dort liegt in der Selbständigkeit, in der die Patienten hier die Intensivtherapie durchlaufen können. Weit entfernt vom Krankenhauscharakter, wird jeder Patient individuell gefordert – ob in der Sprachtherapie, im eigenständigen Wohnen oder in der Bewältigung des üblichen Alltags.

Wir haben auch wieder begonnen, Urlaubsreisen zu unternehmen, und zwar in ganz »normale« Hotels, Pensionen etc. Wir stellen uns solchen Hindernissen wie Treppen, Unwegsamkeiten etc. und machen halt das, was geht! Sogar eine Flugreise haben wir ausprobiert und durften feststellen, daß es gar nicht so problematisch ist, wie man zunächst glaubt. Viele Menschen sind gern bereit, bezüglich eines Rollstuhls zu helfen. Schwieriger jedoch ist es zum Beispiel im Hotel am Frühstückstisch, wenn die Nachbarn dann die Sprachlosigkeit bemerken – dann reißt der Kontakt durch Unsicherheit häufiger ab.

Mutig das tun, was bereits möglich ist

Erlebnisse in der Öffentlichkeit – Hilfe und Unsicherheit

Wir haben auch eine Zeitlang Kontakte zu Selbsthilfegruppen gesucht und gemeinsame Aktivitäten unternommen. Hier möchte ich ein ehrliches Wort sagen, ohne die Selbsthilfegruppen zu verletzen. Da mein Mann in sehr jungen Jahren (mit 43) den Schlaganfall bekam und ich seinerzeit auch erst 38 Jahre alt war, fühlten wir uns in verschiedenen Selbsthilfegruppen nicht so recht wohl. Es waren überwiegend ältere Menschen, die sich in diesen Gruppenstunden zusammenfanden. Und auch ich war damals froh, in »meiner Freizeit« nicht auch noch mit anderen, ähnlich anstrengenden Krankheitsbildern konfrontiert zu werden. Vielleicht ein etwas egoistischer Ansatz – aber wir versuchten bald wieder auf eigene Faust, unsere Freizeit zu verbringen. Da unsere Kinder während der Woche für ihren Vater sorgen und dasein mußten, hatten sie an den Wochenenden die Freizeit für sich zur Verfügung. Mein Mann und ich unternehmen sonntags regelmäßig kleinere Ausflüge, während wir samstags gemeinsam den Einkauf für die folgende Woche vornehmen. Seitdem mein Mann einen elektrischen Rollstuhl hat, besorgt er wieder selbständig die kleinen täglichen Einkäufe im Supermarkt. Eine echte Entlastung für die

Selbsthilfegruppe – für uns nicht der richtige Ort

Arbeitsteilung in der Familie

ganze Familie! Auch verwaltet er für diesen Bedarf die Haushaltskasse.

* * *

*Mehr Selbstän-
digkeit – mehr
Lebensfreude*

Rückblickend kann ich sagen, je selbständiger mein Mann wurde, desto mehr Lebensfreude kehrte auch wieder zurück. Die kleinsten Erfolge waren ihm Ansporn, sich wieder mehr zuzutrauen.

*Veränderung in
der Erscheinung
des Menschen*

Einen weiteren Punkt gibt es, der mir von Anfang an sehr viel Angst machte, und zwar die veränderte Persönlichkeit, die mit dem Krankheitsbild einhergeht. Mein Mann war früher ein stiller, in sich gekehrter Mensch – suchte außerhalb des Berufslebens wenig Kontakte. Ziemlich das Gegenteil ist durch die Krankheit eingetreten. Er ist meist fröhlich, lacht viel, wirkte die

*Lachen als
sprachliche
Ausdrucksform,
wenn mehr
nicht zur Verfü-
gung steht*

ersten Jahre fast euphorisch! Durch die unkontrollierte Stimme klang das Lachen auch sehr künstlich und war unangemessen laut, an manchen Stellen auch unangebracht. Dies hat in mir viele Ängste ausgelöst bis hin zu der Annahme: »Ist mein Mann noch normal?« In einem Therapeuten-Gespräch lernte ich, daß dies zum damaligen Zeitpunkt eben die ihm verbliebene Art war, sich auszudrücken. Unsicherheit und Angst lassen auch uns Nichtbehinderte in manchen Situationen eher Lachen als Weinen! Mit einem größer werdenden Wortschatz und dem Training der Stimme hat sich dieses Phänomen auch in den Jahren relativiert.

*Den intellektu-
ellen Hunger
stillen durch
Teilhabe am
Weltgeschehen*

Der größte Wunsch meines Mannes ist heute, wieder ein Buch mit unbekannter Handlung lesen zu können. Das tägliche Studium der Zeitung sowie die Nachrichten aus Funk und Fernsehen lassen ihn am Tagesgeschehen teilhaben. Die Informationen aus diesen Medien erlauben ihm weitestgehend eine Meinungsbildung und das Gefühl, aktuell informiert zu sein, was ihm heute immer noch – oder besser wieder – sehr wichtig ist. In den Wintermonaten sind Puzzle-Bilder (ab 1000 Stück) ein Hobby geworden. Mit Freunden wird in regelmäßigen Abständen Skat bzw. Canasta gespielt.

Mein Mann war früher durch seinen Beruf sehr viel auf Reisen. Diese Reiselust kehrte mit zunehmender körperlicher Genesung auch wieder ein. Aus Illustrierten sammelt er die Urlaubsanzeigen, schneidet sie aus und schickt sie an die entsprechenden Touristenbüros bzw. Hotels. Die eingehenden Unterlagen werden von ihm gesichtet, studiert und die nächste Kurzreise oder der Urlaub geplant.

* * *

Nach nunmehr fast elfjähriger Krankheit können wir sagen, daß wir uns mit dem »neuen Leben« und der Sprachstörung arrangiert haben. Die einzige Lösung – wie uns scheint. Meinem Mann ist es nicht möglich, diese Aufzeichnungen selbst zu formulieren und zu schreiben. Er ist immer noch weit entfernt von einer »normalen Unterhaltung«. Der Einzelwortschatz ist zwar größer geworden, die Satzbildung ist aber nach wie vor ein großes Problem, mitunter auch das Sprachverständnis. Die sprachlichen Fähigkeiten haben sich in unserem Falle jedoch auch nach Jahren und gegen jede ärztliche Prognose noch enorm ausbauen lassen, und wir hoffen, daß diese Entwicklung lange anhält.

Ein neues Leben mit Sprachproblemen

Solange sich durch die Therapien noch kleine und kleinste Erfolge zeigen, leben wir in der Hoffnung, die Sprachprobleme weiter und weiter zu bewältigen und abzubauen – gleichzeitig sind wir uns jedoch bewußt, daß es nie mehr so wird, wie es einmal war! Das Leben hat uns eine neue Aufgabe gestellt!

Hilde und Arnold Hesselmans
»Die Aufklärung der Betroffenen läßt zu wünschen übrig.«
Aphasie nach Schlaganfall im Alter von 74 Jahren

Mein Mann hatte bereits drei Herzinfarkte, Herzoperation, fünf Bypässe und Asthma hinter sich, als er an einem Vormittag im Februar 1995 einen Schlaganfall bekam: rechte Seite gelähmt,

101

Sprache weg. Er kam sofort ins Krankenhaus, ich war die ganzen Tage bei ihm in der Klinik. Ich stand unwissend vor einer Situation, über deren Tragweite ich mir in keiner Weise bewußt war. Weder eine Schwester noch ein Arzt haben mit mir oder meinem Mann über das Geschehene gesprochen. Wenn ich meinen Bekannten erzählt habe, daß mein Mann nicht sprechen kann, sagte man mir, ach, das komme schon wieder. Es mag wohl Fälle geben, wo es so ist, aber bei uns war es nicht so. Ich sage heute, zwei Jahre nach dem Schlaganfall, wir sehen nur die Patienten, die wieder soweit hergestellt sind, daß sie mit uns leben. Was sich aber hinter den Mauern der Heime abspielt, das wissen und sehen wir nicht.

Die Unwissenheit bedrückt

Mein Mann kam erst nach etwa 14 Tagen vom Krankenhaus in die Neurologie, dort bekam er die erste logopädische Behandlung, an der ich auch teilgenommen habe. Doch es zeigte sich keine Besserung, er blieb sprachlos. Man hat sich dort sehr bemüht und konnte auch die Lähmung, bis auf eine Behinderung am rechten Arm, beheben. In der Neurologie begegnete mir zum ersten Male das Wort »Aphasie«. Mein Mann kam zu einer Gruppe, und dort fiel der Satz: »Herr Hesselmans ist Aphasiker.« Ich merkte mir das Wort und habe dann daheim sogleich im Lexikon nachgeschaut. Danach war ich schlauer, aber auch trauriger.

Kein Wort zur Aufklärung!

Auch in dieser Klinik wurde mir und auch anderen Angehörigen der Erkrankten kein Wort der Aufklärung zuteil. Nun kam der Tag der Entlassung näher, und ich schaute mich nach einer Logopädin und Ergotherapeutin zu Hause um. Da begannen dann die großen Probleme.

* * *

Im Krankenhaus erkundigte ich mich nach einer intensiven logopädischen Therapie für meinen Mann, und mir wurde mitgeteilt, so etwas gäbe es nicht. Ich konnte das nicht glauben, in unserem hochentwickelten Land läßt man Menschen, die sich nicht mitteilen können, ohne geistig behindert zu sein, einfach fallen?! Ich fragte jeden, der mir eventuell weiterhelfen könnte.

Über unsere Ergotherapeutin kamen wir auf das Logopädische Zentrum Lindlar. Für die Sprachtherapie dort brauchten wir ein Rezept für 60 einzeltherapeutische Sitzungen und 60 Gruppensitzungen. Wir gingen zu einem Neurologen und baten um das Rezept. Was wir da erlebt haben, war das Schlimmste, was uns bis dahin in unserem ganzen Leben widerfahren ist: Er funkelte uns mit seinen kohlschwarzen Augen an und fragte uns in einem aufgebrachten und barschen Ton, was wir uns denken und ob wir ihn ruinieren wollten, am Ende müßte er dafür finanziell aufkommen. Ob wir es verantworten könnten, wenn er drei Jahre lang keinem Patienten Logopädie verschreiben könne. Wie die begossenen Pudel sind wir nach Hause gegangen.

Denkt der Arzt an seinen Patienten?

Zu unserem ohnehin schweren Leid kam nun das auch noch, wir waren verzweifelt. Die Krankenkasse klärte uns dann auf, daß sie die Behandlungskosten übernimmt, wenn das Rezept von der ärztlichen Prüfstelle (Medizinischer Dienst) genehmigt wird. Auf diesem Weg war es uns durch eine Neurologin, die das Leid der Sprachlosigkeit kennt, möglich, dreimal eine vierwöchige intensive Sprachtherapie in Lindlar zu bekommen. Mein Mann kann heute wieder ganze Sätze sprechen. Lesen, Schreiben und Rechnen hat er auch wieder erlernt, und er kann beinahe uneingeschränkt am Leben teilnehmen. Ich wünsche mir, daß jeder Patient als eine Persönlichkeit betrachtet und behandelt wird und nicht wie eine Nummer. Es ist höchste Zeit, daß die Bevölkerung bessere Informationen darüber bekommt, was es bedeutet, »hirngeschädigt« und sprachgestört zu sein, sei es durch Schlaganfall oder Unfall.

Die Kasse zahlt die Therapie, wenn der Medizinische Dienst das Rezept genehmigt

Dr. Nobel
»Für mich war die Unkenntnis der Ärzte und des Pflegepersonals ein Schock, und langsam dachte ich: ›Jetzt reicht es!‹«
Geschrieben von der Ehefrau
Aphasie nach Hirnblutung im Alter von 65 Jahren

Ein langer diagnostischer Irrweg

Im Mai 1995 bekam mein Mann innerhalb weniger Sekunden unerträgliche Kopfschmerzen. Der sofort herbeigerufene Notarzt verabreichte meinem Mann, obwohl ich die Symptome genauestens schilderte, eine schmerzstillende bzw. beruhigende Injektion. Da die Schmerzen andauerten, riet unser Hausarzt am nächsten Tag zu einer radiologischen Untersuchung.

Dort wurde von der behandelnden Radiologin ein Kernspintomogramm erstellt. Anhand des Kernspintomogrammes schloß die Ärztin eine Subarachnoidalblutung (Hirnblutung) aus und erklärte: »Machen Sie sich keine Sorgen, mit dem Kopf ist alles in Ordnung.« Sie schickte uns zu einem Orthopäden.

Da sich der Zustand meines Mannes verschlechterte und ich auch die medizinische Diagnose nach einer Woche anzweifelte, telefonierte ich mit dem neurochirurgischen Professor einer Uni-Klinik und bekam per Telefon die folgende Diagnose: »Gehirnblutung – Sie müssen sofort in die Klinik.«

Am Tag der Ankunft in dieser Klinik bekam mein Mann eine zweite Gehirnblutung. Hätte ich also der Diagnose der Radiologin vertraut, wäre mein Mann heute nicht mehr. Nach einer siebenstündigen Operation unter schwierigsten Gegebenheiten und nach 14 Tagen ohne Bewußtsein auf der Intensivstation wachte mein Mann auf und konnte nicht mehr sprechen. Unverständlicherweise klärte mich niemand über das Krankheitsbild – Aphasie – auf. Bis dahin war das Wort für mich ein Fremdwort. Im Krankenzimmer meines Mannes lagen zwei

Aufklärung tut not!

Broschüren über Aphasie, die ich interessehalber las, aber ich hielt seinen Zustand für einen OP-Schock. Nach vier Wochen Klinikaufenthalt wurde mein Mann auf Rat und Veranlassung des Professors in eine neurologische Reha-Klinik verlegt. Dort kam er auf eine Station für geistig Behinderte, und man fragte mich, ob er in die geschlossene Abteilung solle. Für mich war die Unkenntnis der Ärzte und des Pflegepersonals ein Schock, und langsam dachte ich: »Jetzt reicht es!«

Unkenntnis führt zu gravierenden Fehlentscheidungen

Nach einer Auseinandersetzung mit dem ärztlichen Leiter der Klinik gelang es mir, meinen Mann nach fünf Tagen aus dieser Reha-Klinik herauszuholen. Zu diesem Zeitpunkt war mein Mann auch psychisch am Ende.

Mittlerweile hatte ich mich mit dem Thema Aphasie beschäftigt und verstand nun auch die Tragweite der Erkrankung. Mein Mann konnte weder sprechen, lesen, schreiben, noch konnte er alles verstehen, was man ihm sagte. Natürlich brach für uns beide eine Welt zusammen. Der Freundes- und Bekanntenkreis reduzierte sich erheblich. Aber es gab auch kleine Lichtblicke. Ein HNO-Arzt setzte sich ein und erreichte für meinen Mann Termine bei einer Logopädin. Das ist in Deutschland nicht so einfach. In unserem Einzugsgebiet gibt es zwei Logopäden, mit Wartezeiten bis zu einem Jahr. Wir setzten uns auch dafür ein, daß mein Mann drei sprachtherapeutische stationäre Maßnahmen erhielt. Das Krankheitsbild meines Mannes hat sich nach nun drei Jahren leicht gebessert. Mein Mann spricht heute kleine Sätze, und auch das Sprachverständnisvermögen läßt hoffen. Schwierig ist die seelische Verfassung meines Mannes wie auch meine. Aber ich glaube nicht, daß ein Psychiater oder ein Psychotherapeut helfen kann. Man muß sich mit dem Schicksal auseinandersetzen und damit leben lernen. Betroffene wissen, daß sich das einfach anhört, aber oft deprimierend ist. Das Leben hat sich verändert, man muß lernen, es zu akzeptieren.

Der Freundes- und Bekanntenkreis reduzierte sich erheblich

Mit dem Schicksal leben lernen

Ich führe heute einen Rechtsstreit, in dem ich den Versuch unternehme nachzuweisen, daß die anfängliche Fehldiagnose der Radiologin in einem ursächlichen Zusammenhang steht mit den katastrophalen Folgen.

Zum Schluß ein etwas banaler Spruch, der mich aber während der ganzen Zeit und jetzt noch aufrechterhält: Wer kämpft, kann verlieren, wer nicht kämpft, hat schon verloren.

Dr. Cordt Hinrich Heidsieck
Sprach-Probleme
»Sprache,
abgehetzt mit einem müden Mund
auf dem endlosen Weg
zum Hause des Nachbarn.«
(J. Bobrowski aus dem Gedicht »Sprache«)
Aphasie nach Schlaganfall im Alter
von 49 Jahren

Ein Schlaganfall mit Sprachverlust verändert das Leben

Auf einmal versagt die Stimme. Wie oft war sie so »abgehetzt«, wie oft haben wir sie nicht geschont, »mit dem müden Mund« wieder mundtot gemacht; klaglos, bis auf einmal die Stimme versagt.

Wie bei mir: Medizinisch hatte ich einen Schlaganfall bekommen mit den Folgen einer Aphasie; ein Zustand, der von einem Augenblick zum nächsten mein ganzes Leben verändert hatte. Der »endlose Weg zum Hause des Nachbarn« ist plötzlich verschlossen. Die Möglichkeit zu kommunizieren ist auf fast Null gesunken. Die Ausdrucksmöglichkeiten werden gar nicht mehr verstanden. »Ja« kann »ja« und »nein« sein, »rechts« kann »rechts« und »links« sein. Die Synapsen feuern ins Leere. Der Hirnverletzte ist zweifach krank. Einmal kann er sich nicht mehr richtig bei anderen äußern, und zum zweiten ist sein Gedächtnis beschädigt, so daß er nicht mehr kontrollieren kann, was er selbst gesagt hat. Dieser zweite Punkt verunsichert nachhaltig. Anderen nicht mitteilen zu können, was einen bewegt, ist furchtbar, aber seiner selbst nicht mehr sicher zu sein, was man sagt, ist, als ob man gar nicht mehr da sei.

»Wer seine Sprache verliert, verliert seine Umgebung. Wer seine Umgebung verliert, verliert sich selbst.« Wer sich mit Sprache beschäftigt, muß sich auch mit Gedächtnis auseinandersetzen.

Der Ansatz jeder Sprachtherapie fängt mit dem Erinnern, dem Gedächtnis an. »*Einiges spricht dafür*«, sagt der Philosoph Thomas Metzinger (Saarbrücken), »*daß es so etwas wie einen Wesenskern des Menschen gar nicht gibt. Unsere Persönlichkeitsstruktur bewegt sich durch die Zeit, verändert sich mit jedem Buch, das wir lesen, mit jedem Erleben, von Tag zu Tag, von Minute zu Minute.*« Jeder Mensch erweitert seinen Horizont, wenn er sich rührt und ständig in Unruhe bleibt. Bei mangelnder Pflege schrumpft dieser wieder zusammen. Der Grat, den wir beschreiten, ist sehr schmal und brüchig und wird vom Vergessen schnell überwuchert. Da die Hirnvernetzungen bei einem Aphasiker verlorengegangen oder vorübergehend außer Betrieb sind, ist der Zugang zum eigenen Wissen erschwert. Disziplin und Mut muß der Aphasiker in die Waagschale legen, um sein Schweigen zu durchbrechen.

Das ist aber auch die Chance zur Therapie des Aphasikers.

Die Inseln des Vergessens lüften. Alle Qualitäten der Sinne in das Vergessen und das Wiedererinnern mit einbeziehen. Musik hören, sich körperlich betätigen etc. weckt Erlebnisspuren, die wiederum neue Assoziationen hervorrufen. Das »Haus des Nachbarn« ist der Schlüssel, der die Assoziationen wachrüttelt.

* * *

»Hören lassen«. Bei der Sprache ist auch immer das Gehör beteiligt (primäres Hörzentrum). Es vermittelt zwischen der inneren Sprache und dem Draußen. In zweifacher Hinsicht: Einmal kontrolliert es den Input: »Was habe ich eigentlich verstanden von dem, was meine Schallwellen mir vermittelt haben?«, und zweitens den Output: »Was habe ich den anderen eigentlich gesagt?« Die Mündlichkeit der Kommunikation, des Miteinander-Sprechens, setzt die »Phoné«, das gesprochene Wort, voraus. Und dafür brauchen wir das Hörzentrum. Wir müssen

Sprachverlust ist Umgebungsverlust. Umgebungsverlust ist Selbstverlust

Aktiv sein! In Bewegung bleiben!

Alles tun, um an sprachliche Fähigkeiten anzuknüpfen

Das eigene Hören kontrolliert das Sprechen

uns selbst soufflieren, um mit anderen ins Gespräch zu kommen.

Die »Entdeckung der Langsamkeit« lernen. Wenn man zum Beispiel eine Herzinsuffizienz hat, muß man langsamer gehen lernen, um den Schaden zu kompensieren. Bei dem Gehirn ist die Kompensation noch zäher, weil es ein bradytrophes Gewebe ist. Endlich die Blumen am Wegesrand wieder entdecken. Vielleicht sogar mit Gewinn. Viele »normale«, nicht erkrankte Menschen finden die Blumen deswegen nicht mehr, weil sie zu schnell sind. Das Trauma im Gehirn dauert lange, sehr lange, weil die Schaltstelle des Ich verletzt ist. Wegen des Traumas stellt sich das Gehirn tot, und das Ich ist gekränkt. Diese Kränkung zu verarbeiten und das Sich-Totstellen zu beenden kostet Zeit, sehr viel Zeit.

Familie, Freunde, professionelle Helfer haben Schrittmacherfunktion

Nicht Monate, sondern Jahre. Denn ein Aphasiker muß, wie jeder erkrankte Mensch, auch erst mal seine Chance haben, daß er das, was er zur Zeit noch nicht kann, mit Hilfe anderer bewältigt. Familie, Freunde und professionelle Helfer haben dabei für einen bestimmten Zeitraum eine Schrittmacherfunktion. Ohne diese Funktion bilden sich meines Erachtens pathologische Systeme heraus, die den Aphasiker immer weiter in die Isolation treiben. Darauf muß die Rehabilitation abzielen. Meine Familie, meine Freunde und meine »Helfer« tragen mich, wo ich noch zu schwach bin.

Ich bin vor zweieinhalb Jahren erkrankt, und diese »Kränkung« wühlt mich immer noch sehr auf. Aber das Totstellen ist gebrochen, neue Kräfte beflügeln mich, und vieles kann ich schon wieder selber in die Hand nehmen. Die »glänzenden Gärten« und »die Himmel« nehmen mich wieder auf.

»Ich schau noch nicht hinaus, und doch zerreißen
die langen Zeilen, und die Worte rollen
von ihren Fäden fort, wohin sie wollen…
Da weiß ich es: über den übervollen
glänzenden Gärten sind die Himmel weit«
(R. M. Rilke aus dem Gedicht »Der Lesende«)

G. W.

»Müßt ihr denn noch immer weiterlernen?«

Aphasie nach Schlaganfall im Alter von 69 Jahren

Mein Mann, Herbert Wiese, ist 1923 geboren, Landwirt von Beruf und arbeitete bis zu seinem Unfall kräftig mit. Am Tage seines Unfalls, am 25. 9. 1992, half er unserer Tochter. Beim Birnenpflücken ist er von einer Leiter gestürzt und hat sich dabei einige Prellungen und eine Oberschenkelfraktur zugezogen. Er war wach und ansprechbar, es bestand eine Komplikationswunde über dem rechten Oberschenkel mit Fehlstellung in diesem Bereich. Er wurde mit dem Krankenwagen nach Oldenburg in das Krankenhaus eingeliefert.

Es erfolgte die sofortige Operation. Der postoperative Verlauf war bezüglich der Wundheilung unauffällig. Während der krankengymnastischen Übungen, insbesondere während einer Lymphdrainage, kam es nach knapp drei Wochen im Krankenhaus zu einer Komplikation. Mein Mann klagte über eine plötzlich eintretende Übelkeit. Ein Arzt war nicht sofort zur Stelle. In der Toilette brach er zusammen.

Als Ursache stellte sich ein linkshirniger Schlaganfall heraus. Dieser führte letztendlich zu einer überwiegend sensorischen Aphasie und zu einer armbetonten Hemiparese (Halbseitenlähmung) rechts.

* * *

Mit dem Schlaganfall begann für meinen Mann eine lange Krankheitsgeschichte. Stellen Sie sich vor, er lag hilflos auf dem Rücken, die ganze rechte Seite ist unbeweglich, er konnte sich nicht drehen oder aufstehen! Niemandem konnte er mitteilen, was er wollte, weder mündlich noch schriftlich oder durch Gesten. Das Wort »Aphasie« hörte ich zuerst von den Ärzten.

Jeden Tag fuhren wir zum Füttern ins Krankenhaus, denn

Einsamkeit durch Sprachlosigkeit

durch die Gesichtslähmung war das Essen sehr beschwerlich. Er war total einsam und hilflos. Wie kann man auf eine solche Weise weiterleben?! – Jeder muß seinen eigenen Weg aus der Katastrophe finden. Von einem Tag auf den anderen verliert ein Schlaganfallpatient mit der Sprache sein ganzes bisheriges Lebensmuster, seinen Beruf, seine Selbständigkeit. Obwohl er seine geistigen Fähigkeiten und sein Wissen noch hat und nur seine Sprache fehlt, besteht die Gefahr, daß er von seiner Umwelt nicht mehr respektiert wird. Auch für mich als seine Frau begann damit ein ganz anderes Leben.

Nach einem Monat wurde er dann in die Reha-Klinik Damp 2000 verlegt und blieb dort sechs Wochen. Danach erfolgte die weitere ambulante Behandlung hier. Die Tage flogen dahin mit logopädischem Unterricht, Krankengymnastik und Wassergymnastik. Er entwickelte einen sehr großen Willen, um wieder etwas am Leben teilnehmen zu können. Durch Freunde hörten wir von einer Sauerstoffkur. Im Januar/ Februar 1993 machte er eine Sauerstoffkur, doch diese brachte nichts, da er wohl noch zu schwach war.

* * *

Auto fahren erst wieder nach professionellem Gutachten!

Einmal nahm er des Nachts, als wir alle schliefen, sein Auto und fuhr damit zu unserer Tochter nach Brettorf und zurück. Von dem Tag an wollte er nur noch Auto fahren. Bei einem Fahrlehrer absolvierte er wieder ein paar Fahrstunden, das gab mir die Gewißheit, daß er fahren konnte. Der Augenarzt stellte fest, daß das Gesichtsfeld nicht eingeschränkt war. Er kannte alle Verkehrszeichen, doch er konnte sie mir nicht nennen. Zuerst war sein Fahrstil sehr langsam, was mich sehr viel Nerven gekostet hat, aber nach und nach wurde er schneller.

Sprachverlust setzt sich aus mehreren Teilverlusten zusammen

Gemeinsam mit unserer Berufsgenossenschaft sprachen wir über das Logopädische Rehabilitationszentrum in Lindlar, das wir bald für eine zweimonatige Intensivtherapie besuchten. Dort wurden bei dem Test festgestellt: mittelschwere Broca-Aphasie mit Dyslexie (Leseprobleme) und Dysgraphie (Schreibprobleme), leichten Sprachverständnis- und mittelschweren amnestischen Defiziten (Wortfindungsprobleme), phonetischem Jargon (»eigene Sprache«) sowie schwerem Dysgrammatismus (grammatische Fehler) und Dysarthrie (Sprechlähmung).

Er gab sich große Mühe, um die Sprache wieder zu erlernen. Auch ich als Partnerin machte jede Therapie mit, um sie auch später weitermachen zu können. Es war ein gemeinsames Lernen, also gemeinsames Verstehen, gemeinsame Erfahrung und ein gemeinsames Üben. Für meinen Mann bedeutete dieser Unterricht Schwerstarbeit. Oft bekam er auf unserem Zimmer Depressionen, er meinte, er schafft es nicht. Nur durch gutes Zureden konnte ich ihn wieder aufbauen. *Gemeinsam lernen und Erfahrungen machen*

An zwei Nachmittagen in der Woche gab es Gruppentherapien für uns Partner. In diesen Gesprächsrunden wurden Themen erörtert, die sich aus der Situation des Betroffenen ergaben. Dazu gehörten Fragen fachlicher Art, Fragen zum Umgang mit den sprachlichen Problemen sowie zum Aufbau neuer Verhaltenskonzepte. Untereinander wurden Erfahrungen ausgetauscht. *Gruppentherapie auch für Partner*

Mein Mann konnte nach wie vor auf seiner Handharmonika spielen. Am Morgen des 1. Mai spielte er auf dem Vorplatz »Der Mai ist gekommen«. Er bekam großen Beifall.

Neben einer notwendigen Stärkung des Sprachverständnisses war die Behandlung der Wortfindungsstörungen sowie des Dysgrammatismus Schwerpunkt der Therapie. Er hatte bei seiner Entlassung auf allen Gebieten deutliche Erfolge erzielt.

* * *

Einige Tage nach seiner Entlassung bekam er erneut einen Schwächeanfall. Er wurde wieder für 14 Tage im Krankenhaus aufgenommen. Während dieser Zeit bin ich zweimal täglich ins Krankenhaus gefahren. Von seinem Erlernten hatte er – Gott sei Dank – nichts verloren. Zu Hause hat er dann weiter wöchentlich zweimal Sprachtherapie, einmal Ergotherapie, einmal Krankengymnastik und einmal Wassergymnastik erhalten. Jeden Tag habe ich einige Stunden mit ihm geübt.

Der Weg zur Sprache ist weit und beschwerlich, und doch darf man das Hoffen nicht aufgeben. Für uns als Partner heißt es immer wieder Mut geben, sowie Vertrauen, Hoffnung und Zuversicht.

So wurde uns vom 31. 1. bis zum 12. 3. 1994 ein weiterer Intensivkurs von der Landwirtschaftlichen Berufsgenossenschaft bewilligt. Dieses Mal wurde sehr viel Wert auf sein ungebremstes Redeverhalten, was nicht verständlich war, gelegt.

Ein Jahr später nahm mein Mann wieder an einer sechswöchigen Intensivmaßnahme in Lindlar teil. Er machte wieder gute Fortschritte in den Bereichen Wortfindung und Satzplanung. Mit neuen Videoaufnahmen und Lernmaterial konnten wir wieder zu Hause weiterlernen.

1996 fuhren wir zum vierten Mal nach Lindlar. Er bekam in dieser Zeit drei Einzeltherapien und sehr zum Vorteil aller Patienten auch klientenzentrierte Kleingruppensitzungen. Die Therapeutinnen machten mit ihm spezielle mundmotorische Übungen für den Zungen- und Lippenbereich. Sie erstellten Videos im Rahmen der schwierigen Konsonantenverbindungen bei »sch« und »s«, »st«, »sp« und »ch«. Sie stellten Fragen zu Bildvorlagen, Alternativfragen, Ausführungen von Anweisungen, machten Übungen zur lautklanglichen Unterscheidung, führten strukturierte Gespräche, sie erarbeiteten den flexiblen Zugriff auf den Wortschatz und machten Laut- und Wortdiktate mit meinem Mann. Zusammen mit unserer jetzigen Therapeutin setzten wir unser Lernen zu Hause fort. Im September 1996 bekamen wir beide eine vierwöchige Kur im Schwarzwald.

* * *

Wenn ich jetzt als Partnerin meines Mannes auf die vier Jahre zurückblicke, muß ich sagen, daß er schon gute Fortschritte gemacht hat. Auch habe ich vieles lernen müssen. Mein Mann möchte noch gerne am Leben teilnehmen, möchte alles wissen. Er möchte immer gefragt werden, dann ist er ein liebenswerter Mensch.

Er geht trotz seiner Behinderung seinen jetzigen Hobbys nach. Wir sind in einem Kegel-Club. Er spielt gerne Doppelkopf im Freundeskreis. Seit Ostern 1995 ist er in einer Handharmonikakapelle. Dort übt er jede Woche, und so haben sie besonders im Sommer viele Auftritte. Auf seinem Hof hat er ein Grundstück mit Edeltannen, die wir pflegen und verkaufen.

Trotz Behinderungen den Hobbys nachgehen

Zum Schluß möchte ich sagen, es hat sich vieles verändert in unserem Leben, aber nur gemeinsam können wir das bewältigen. Es gibt viele Menschen, die das Wort »Aphasie« nicht kennen. Sogar von Freunden wird man gefragt: »Müßt ihr denn noch immer weiterlernen?« Ja, nur durch unermüdliches Lernen bleibt auch das Gelernte erhalten.

Nur gemeinsam können wir das bewältigen

Christine Mewawala
»Manchmal richtig schlecht und verzweifelt, aber dann: Es wird.«
– Diktat, wörtliche Mitschrift
Aphasie nach Schlaganfall im Alter von 50 Jahren

Bei meinem Ehemann im Teppichgeschäft immer viel gearbeitet, das war schlimm dann – vor vier Jahren – bis das (Schlaganfall) im Konzert passiert, das ist so ein Pech, allein im Konzert in Hamburg, und plötzlich, das war schlimm, eine Freundin von mir, die hat das gesehen, hat ganz schnell, holt einen Arzt, dann weiß ich nichts mehr, alles weg.

Drei Wochen im Koma. Das war nicht ganz einfach (mehrfach wiederholt), schlimm war das, was soll's, sprechen und hören (verstehen) konnte nicht, das war ein blödes Problem, insofern war es furchtbar. Als ich aufwachte, konnte ich nicht sprechen, dann mein Mann angerufen.

Bein, das ist schlimm, Stuhl, den haben wir gemacht. Ich freue mich so, mit dem Arm und Bein, das ist nicht so schlimm, ach, was soll's, insofern bin ich guter Dinge.

Durch den J. (Sprachtherapeut von Anfang an) und K. (Ergo-therapeut), das war toll, die sind so nett und so toll. Ganz langsam, wenn ich daran denke, furchtbar.

Manchmal sehr schlecht gefühlt, nicht ganz einfach, manchmal richtig schlecht und verzweifelt, aber dann: es wird, es wird, es wird, die Seele ist viel mit dabei.

Es wird werden. Eine Kraft: Dennis und Diana (Kinder). Dilip (Ehemann) war richtig toll, was alles gemacht, richtig gemacht, Hemden gebügelt, dies und dort – was soll's? Noch mehr sprechen (ist wichtig).

Ruhig sein und viel sprechen – dadurch wird es besser

Lieb und nett und verständnisvoll und heute noch waren Freunde, Bekannte, ein Mal und dann Schluß. Ansonsten eigentlich schön, ich freue mich. Mit dem Klavier, das ist Pech.

Es war sehr schwer manchmal, aber jetzt ist es besser. Ruhig sein, das ist am wichtigsten! Viel sprechen und dann langsam, langsam. Ich glaube, es wird jetzt besser.

Elfriede Gerstlauer
»Man sollte so früh und so intensiv wie möglich mit der Rehabilitation beginnen.«
Aphasie nach Schlaganfall im Alter von 65 Jahren

Rasche und gute Reaktion der Familie, das ist wichtig!

An einem Sonntag morgen Ende Juni 1995 hat mich ein Schlaganfall getroffen. Die Nacht vorher hatte ich starke Kopfschmerzen, und mein Zustand verschlechterte sich mehr und mehr. Nach einiger Zeit rief ich meine Kinder an. Mein Schwiegersohn war am Telefon, und ich konnte mich nicht mehr verständlich machen. Aber an der Stimme erkannte er mich und schickte gleich einen Krankenwagen. Der Krankenwagen kam schnell, und die Kinder auch. Sie brachten mich ins Krankenhaus. Sprechen konnte ich nicht mehr, mein rechter Arm war lahm und mein rechtes Bein auch. Die Ärzte im Krankenhaus taten ihr möglichstes für mich. Nach einigen Tagen war glücklicherweise mein rechtes Bein wieder gehfähig, aber der Arm war lahm, und die Sprache war weg. Ich bekam noch im Krankenhaus Krankengymnastik, und eine logopädische Behandlung wurde ebenfalls begonnen. Die behandelnde Logopädin hat mir mühsam einzelne Buchstaben beigebracht. In dieser Zeit waren meine Kinder täglich für mich da und machten mir sehr viel Mut.

Nach vier Wochen durfte ich das Krankenhaus verlassen. Ich war noch sehr schwach. Bis ich meinen Platz zur Anschlußheilbehandlung (AHB) in einer Rehabilitationsklinik antreten durfte, war ich für drei Wochen in einem Pflegeheim untergebracht. Dort lernte ich in mühevoller Arbeit bei einer Logopädin einzelne Wörter, die durch den Schlaganfall verschüttet waren.

Anfang September 1995 kam ich in die Rehabilitationsklinik Reichenbach in Waldbronn bei Karlsruhe, um dort die Anschlußheilbehandlung anzutreten. Der Stationsarzt untersuchte mich sehr gründlich und stellte ein Behandlungsprogramm zusammen. Hauptsächlich erhielt ich Logopädie, Ergotherapie und Krankengymnastik. Die AHB war zuerst nur für vier Wochen geplant, wurde aber aufgrund der Fortschritte, die ich machen konnte, um zweimal zwei Wochen verlängert. Am Ende dieser insgesamt achtwöchigen Rehabilitation konnte ich mich einigermaßen verständlich ausdrücken, und ich hoffte im stillen, daß es noch mehr bergauf gehen würde.

Im Anschluß an die AHB wohnte ich für einige Zeit bei meiner Tochter. Danach war mein Sohn für drei Monate bei mir. In dieser Zeit machte ich eine weitere ambulante Rehabilitation bei Rehamed Neuro – einer neuen Rehabilitationseinrichtung in Stuttgart-Feuerbach. Hauptsächlich erhielt ich wiederum Logopädie, Ergotherapie und Krankengymnastik. Diese therapeutischen Maßnahmen brachten mich wiederum ein kleines Stück weiter, und ich wurde vor allem wieder etwas kräftiger und belastbarer.

* * *

Seit gut einem Jahr kann ich wieder allein in meiner Wohnung leben. Natürlich bin ich in gewissem Umfang auf Hilfen – zum Beispiel durch eine Putzfrau – angewiesen. Weitere Hilfestellungen geben mir meine Kinder. Wenn ich etwas brauche, sind sie da.

Im Oktober 1996 brachte mich mein Sohn in das Logopädische Rehabilitationszentrum nach Lindlar. Die Aufnahme dort und die Unterkunft waren sehr gut, und ich fühlte mich während der sechswöchigen Therapie sehr wohl. Die Therapeuten bemühten sich vor allem um meine Stimme, meine Aussprache sowie um die Wiedergabe von kurzen Geschichten und um die Beschreibung von Bildern. Auch dieser weitere Aufenthalt in einer Rehabilitationseinrichtung hat sich – trotz der relativ langen Zeit nach dem Schlaganfall – für mich gelohnt und meine Sprache wiederum etwas verbessert.

So früh und intensiv wie möglich mit der Rehabilitation beginnen!

Zusammenfassend möchte ich noch sagen, daß es nach einem Schlaganfall sehr wichtig ist, so früh und so intensiv wie möglich mit der Rehabilitation zu beginnen. In meinem Fall brachte allerdings auch eine Rehabilitationsmaßnahme 16 Monate danach noch weitere Verbesserungen.

Dipl.-Ing. Ingrid und Prof. Georg Küttinger, Architektin und Architekt

»Trotz Rollstuhl und Sprechschwierigkeiten machen wir fast alles, was wir wollen – und was wirklich nicht geht, müssen wir ja nicht unbedingt wollen.«

Aphasie nach Schlaganfall im Alter von 60 Jahren

Die Ehefrau schreibt in der Ich-Form aus der Perspektive ihres Mannes

Ich habe seit fünf Jahren eine schwere globale Aphasie. Meine Probleme sind Wortfindung, Lesen, Schreiben und eine Sprechapraxie. Wissen, Denken und Erinnern sind kein Problem.

Im Februar 1992 ausgedehnter Mediainfarkt links mit rechtsseitiger Lähmung von Kopf bis Fuß und globaler Aphasie. Innerhalb von zwei Tagen restloser Sprach- und Lautverlust. Kein von außen sichtbares Reaktionsvermögen mehr. Ich war innerhalb von wenigen Stunden hilflos, konnte nicht mehr laufen und stehen, ich konnte meine rechte Seite, meinen Arm, die Hand nicht mehr bewegen, nicht mehr spüren, ich konnte nicht mehr sprechen, nichts mehr mitteilen. Ich war anderen Menschen restlos ausgeliefert (und bin eigentlich ein sehr selbständiger Mensch).

Folgen eines Infarktes in der linken Hirnhälfte

* * *

Sofortige medizinische Versorgung auf der Intensivstation der Universitätsklinik der TU München mit ständiger Überwachung. Neun Wochen auf dieser Intensivstation, dann zwölf Wochen im Städtischen Krankenhaus München-Bogenhausen in der Abteilung Physikalische Medizin und Medizinische Rehabilitation. In beiden Häusern mehrmals wöchentlich Logopädie, Ergotherapie und Krankengymnastik. Keine sprachliche Lautäußerung, nach wie vor rechtsseitige Lähmung, Fortbewegung nur im Rollstuhl. Im August 1992 Entlassung nach Hause.

In beiden Krankenhäusern waren der Kontakt und der Austausch mit den Ärzten, Schwestern und Therapeuten sehr intensiv und jederzeit möglich. Fragen wurden offen beantwortet.

Widersprüch-liche Sichtwei-sen und Progno-sen von den Ärzten

Die Auskunft der Ärzte über den weiteren Verlauf einer Besserung war sehr unterschiedlich. Manche sagten, der Zustand der Lähmung und Sprechunfähigkeit sei nicht mehr zu ändern, eine aktive Teilnahme am Leben unmöglich. Diese Aussagen wollten und konnten wir schon damals nicht glauben. Manche Ärzte hatten Hoffnung und sprachen von ständiger Besserung und Mut zum Weitermachen. Sie kamen zu Informationsbesuchen zu uns nach Hause, empfahlen Therapeuten für Sprache und Bewegung. Das ständige Üben und Trainieren allerdings sei Grundlage für jeden Fortschritt.

Die Ehefrau

Alle reagierten erschreckt, betroffen, voller Angst. Besorgtes Nachfragen per Telefon, in Briefen und mit Besuchen. Viele und konkrete Angebote für Hilfen. In den ersten Wochen selbstverständliche und sofortige Übernahme der beruflichen Verpflichtungen durch Kollegen und Mitarbeiter. Unsere Kinder, damals 20 und 17 Jahre, übernahmen alle Aufgaben zu Hause und im privaten Bereich. Wir erlebten eine ganz intensive und große Freundesfamilie.

Die Tatsache des Schlaganfalls an sich hat mich am meisten betroffen. In den ersten Wochen war ganz plötzlich keine Unterhaltung, keine Verständigung zwischen meinem Mann und mir mehr möglich. Ich habe nicht gewußt, wie es ihm geht, was er weiß von seiner Situation, was er innerlich erlebt, was er wissen möchte, ob er Angst hat, was er von den Arztgesprächen an seinem Bett oder bei Untersuchungen mitbekommt. Ich mußte in diesen ersten Wochen und Monaten die meisten Entscheidungen alleine treffen, Entscheidungen für unser gemeinsames Leben, gefährliche oder vielleicht lebensrettende Medi-

Die Verstän-digungslosigkeit führte zur größ-ten Betroffenheit

kamente, die Wahl des Krankenhauses, Büro- und Lehrstuhl-
aufgaben. Diese Zeit dauerte etwa ein halbes Jahr. Wie schwer
sie war, merkte ich erst viel später, als die Verständigung wieder
besser, überhaupt möglich wurde.

* * *

Was hat uns als Betroffenen und Partner besonders gefreut?
Jeder kleine Fortschritt, jede winzige Bewegung in der ersten
Zeit, der erste Ton nach acht »tonlosen« Wochen, die erste Ja-
und Nein-Reaktion. Das langsame, aber spürbare wieder
»Frohwerden« und Lächeln. Das neue Mutfassen zu einem
neuen, noch völlig ungewissen Leben. Das alte, neue Interesse
am Beruf, an den Baustellen. Das »Weitermachenwollen«. Die
intensive, ja freundschaftliche Begleitung vieler Ärzte und vieler, vieler Freunde. Die Selbstverständlichkeit ohne Wenn und
Aber von unseren Kindern und der Familie. Die Hilfsbereitschaft und das Mitmachen unserer Mitarbeiter und der Uni-
Kollegen.

Jede kleinste positive Verän-derung bringt Freude

* * *

Was freut uns heute, nach fünf Jahren? Das normale und selbstverständliche Verhalten von Freunden, Bekannten und auch
von vielen fremden Menschen. Der weiter ungebrochene Mut
zum Weiterkommen, zum Üben, zum Neu- und Umlernen.
Die vielen Hilfen, Ratschläge und Begleitungen von Ärzten
und Therapeuten. Wir sind dankbar und glücklich über jede
neue Bewegung und jedes neue Wort. Das Gehen am Stock
und mit Hilfe einer Begleitung ist für kurze Strecken wieder
möglich, erfordert aber ständiges und tägliches Trainieren und
Gymnastik mit Krankengymnasten. Die Verständigung, das Unterhalten, ein Gespräch wird mit einzelnen Wörtern, einem
kurzen Satz, mit Gesten und Aufzeichnen immer besser. Aber
auch hier nur durch konsequentes Üben und Lernen mit Logopäden und Ergotherapeuten.

Nur konsequen-tes Lernen und Üben hilft

Erlebnisse, die demütigen, gibt es bisher nur wenige. Besonders schmerzlich ist es, wenn bei einem Gespräch mit anderen

nur ich als Partner angesprochen und gefragt werde, vor allem bei Dingen, die meinen Mann betreffen. Ich bitte dann immer, sich mit ihm direkt zu unterhalten, da er ja selber alles weiß – ich helfe in solch einem Fall nur bei der Verständigung.

Gestaltung des Alltags

Wir versuchen, so zu leben wie vor dem Schlaganfall, keine übertriebene »Rücksicht«. Der Tag ist ausgefüllt mit unserer Architektentätigkeit zu Hause am Zeichentisch und unterwegs auf den Baustellen, mit Therapien und eigenem Üben. Spaziergänge, Vorträge und Ausstellungen, Einladungen und Besuche sind dann in der Freizeit.

Reisen auch mit Rollstuhl

Unsere Urlaubsfahrten der letzten fünf Jahre gingen nach Paris, Rom, Florenz, Wien und in die Schweiz. Nirgends war uns der Rollstuhl ein Problem. Wir konnten fast alles sehen und erreichen, und nette Menschen für eine Hilfestellung gibt es überall.

* * *

Trotz einer Woche akuter Lebensgefahr, trotz acht Wochen ohne Wort, ohne Laut, und kaum Bewegung, und trotz zweier »medizinischer« Aussagen über die Aussichtslosigkeit einer Besserung konnten und wollten wir nicht aufgeben. Die ersten Summtöne und die ersten Millimeter-Bewegungen gaben Mut und Kraft zum Weitermachen. Klar war ganz bald: Dieses Weitermachen geht nur gemeinsam. Der Wille und Ehrgeiz des einen war und ist bis heute auf das Mitmachen des anderen in Wechselwirkung angewiesen. Darüber sprechen wir auch immer wieder. Es ist ein gegenseitiges, fast gleiches Beobachten, Korrigieren, Können und Nichtkönnen auf beiden Seiten. Es darf möglichst kein einseitiges Abhängigkeitsgefühl entstehen. Sehr wichtig ist uns

Ein Mensch ohne Worte ist sehr allein. Deshalb: Viel miteinander sprechen

auch das offene und klare Aussprechen der neuen Situation, das Sagen von Wünschen, Kummer und Angst. Ein Mensch, der »keine Worte findet«, dem »die Worte fehlen«, der »sprachlos« ist, ist sehr allein. Ein anderer, ich oder unsere Kinder, kann sein Sprachrohr sein – doch dieser Zustand konnte nicht so bleiben (auch wenn er vielleicht so »funktionieren« würde). Und eine Stunde Logopädie in der Woche ist da zuwenig.

Durch Zufall erfuhren wir von dem Sprachzentrum in Lindlar mit den vier- bis sechswöchigen, ganztägigen Therapien. Nach jedem Aufenthalt dort waren das Sprechen und die Verständigung so spürbar besser, daß wir inzwischen schon achtmal dort waren und es weitermachen werden – hoffentlich macht die Krankenkasse mit. Auch hier ist das gemeinsame Arbeiten mit dem Betroffenen und dem Partner ganz wichtig und notwendig. Alles Gelernte und Gehörte muß geübt und im täglichen Leben angewendet werden. Nur so und oft mit großer Mühe kommen wir zu immer neuen Erfolgen, und jeder Erfolg, jedes neue Wort löst wieder ein neues aus. Zum Üben aber braucht man – sowohl der Betroffene als auch der Partner – Fachwissen von Fachleuten. Das gleiche gilt natürlich auch für die Krankengymnastik und die Ergotherapie. An dieser Stelle bitten wir dringend alle Krankenkassen um die finanzielle Unterstützung – sie sparen sich selbst spätere hohe Pflegekosten und dem Betroffenen ein schlimmes, oft unzumutbares Leben. Und ein Appell an die Betroffenen und Partner: Lassen wir uns nicht einschüchtern und abweisen durch Absagen in Ämtern, bei Kassen oder anderen Stellen. Es gibt überall Menschen mit weniger, aber auch Menschen mit mehr Verständnis und Wissen um unsere Situation; suchen wir so lange, bis wir eben diese finden.

Appell an die Kostenträger!

An alle Mitbetroffenen! Lassen Sie sich nicht einschüchtern und abweisen!

* * *

Heute, fünf Jahre nach dem Schlaganfall, ist immer noch der Rollstuhl das Hauptfortbewegungsmittel. Das rechte Bein, der rechte Arm und die Hand sind z. T. noch stark gelähmt, die Sprache ist noch sehr eingeschränkt. Doch nach allem Erlebten, nach allem neu »Erlebten« und neu »Erlernten« und »Erübten« sind wir voller Hoffnung und Zuversicht. Wir gestalten unser Leben so normal wie möglich und wie früher. Hier nur ein paar winzige Beispiele: zur gewohnten Zeit aufstehen; richtig, d. h. wie früher anziehen; wenig Rücksicht auf das Handicap nehmen; viel selber machen, wie Telefonieren, Weinflasche öffnen, Zeichnen oder Schreiben mit der linken Hand,

Beispiele für die »normale« Lebensgestaltung

Das Schöne der jetzigen Situation

auch wenn manches unvollständig oder nicht perfekt wird; den eigenen Willen sagen oder mitteilen; sich mit anderen Menschen treffen, sie einladen; Reisen machen; an den eigenen Beruf anknüpfen, wo immer es geht. Wir wissen, wie gut es ist, daß wir unser Architekturbüro wie immer weiterführen können, denn konkrete Aufgaben und Pflichten sind die beste Therapie. Das Schöne an unserem »heutigen« Leben ist, daß wir fast alles gemeinsam machen, was früher nicht der Fall war. Und wir haben uns in diesen fünf Jahren noch viel intensiver kennengelernt.

Erfolg durch Üben motiviert zum Weitermachen

Zwei wichtige und gute Erfahrungen haben wir in den letzten Jahren gemacht, die heute unsere Lebensart bestimmen. Nur mit Üben und Trainieren erreichen wir neue Erfolge, und jeder Erfolg macht glücklich und gibt Mut zum Weitermachen. Trotz Rollstuhl und Sprechschwierigkeiten machen wir fast alles, was wir wollen – und was wirklich nicht geht, müssen wir ja nicht unbedingt wollen.

Mechthild und Kunibert Pieper
»Der Aphasiker wird in eine intellektuelle Einzelhaft verstoßen, weil er seine Sprache verloren hat.«
Aphasie nach Schlaganfall im Alter von 53 Jahren

Im November 1992 hat sich »schlagartig« unser ganzes Leben verändert: Mein Mann erlitt einen Schlaganfall. Fassungslos stand ich mit unseren drei Kindern vor dem Unfaßbaren.

Fassungslosigkeit und Entsetzen

Da lag er – regungslos – stumm, rechtsseitig gelähmt – ohne Worte. Eine erschreckende Bilanz: Dieser Mann, im Alter von 53 Jahren, weltgewandt, weitgereist, sprachbegabt, ein Manager – im Beruf und im öffentlichen Leben, im In- und Ausland anerkannt und geschätzt – durch einen Schlaganfall in eine intellektuelle Einzelhaft verstoßen, weil er seine Sprache verloren hatte. Das Entsetzen in seinem Blick war erschütternd!

Wie gehe ich mit so einer Situation um, das war die Frage für mich, für jedes der Kinder, für die Angehörigen, die Freunde und Bekannten. Das wichtigste in meiner Position war, Ruhe zu bewahren. Die ersten Tage waren geprägt von Not, Sorge, Angst, Verzweiflung, von innerer Aufruhr und Bedrängnis, waren es doch Tage des Wettlaufs mit dem Tod, und viele Tränen sind heimlich geflossen. Die Erinnerung an das schreckliche Ereignis hat sich tief eingegraben.

Es war der 11.11. – 0.30 Uhr. Mein Mann kehrte von einer Feier heim. Ich hörte ihn fröhlich aus dem Auto steigen und sich verabschieden. In der Diele angekommen, gab es plötzlich einen ungewöhnlichen Knall. Als ich nachsah, lag mein Mann vor der zugeschlagenen Haustür, sah mich aus weit aufgerissenen Augen an und versuchte vergeblich, mir etwas zu sagen. Mit einem Bein versuchte er aufzustehen, das andere lag bewegungslos am Boden. Was war geschehen? Meine Vermutung ließ mich sofort handeln. Gemeinsam mit unserem Sohn habe ich schnellstens die notwendigsten Maßnahmen getroffen. In der Nacht ist natürlich alles besonders schwierig. Der Hausarzt war nicht zu erreichen. Der Notdienst verwies zunächst auf den diensthabenden Arzt, da der Notarzt–16 Kilometer entfernt – abgerufen war. Das Ganze dauerte, Minuten wurden zur Ewigkeit, bis Notdienst und Arzt zur Stelle waren. Gemeinsam kämpften sie um das Leben meines Mannes. Die Erstversorgung war vorbildlich. Danach ging es ins Krankenhaus, von wo wir aber weiter geschickt wurden in die Neurologische Abteilung eines anderen Hospitals. Hier wurden sofort eine Computertomographie, eine Doppler-Sonographie und ein EEG gemacht. Die Diagnose lautet: ausgedehnter linkshirniger Infarkt mit globaler Aphasie und Hemiplegie rechts, für uns besser verständlich als: Schlaganfall mit Sprachverlust und rechtsseitiger Lähmung.

Nach der Akutphase wurde mein Mann ins Karolinen-Hospital in Hüsten auf die Innere Abteilung verlegt. Hier war er wegen seiner koronaren Grunderkrankung bereits bekannt und somit in besten Händen. Die Versorgung auf der Station war gut, die Betreuung resolut, umsichtig, aber auch sehr liebevoll!

Die Einsamkeit des Partners/der Partnerin

Wie fühlt man sich selbst in der Position des Partners? Das endlose Warten am Krankenlager auf die ersten Reaktionen zerrte an den Nerven. Die innere Bewegung mußte besänftigt und Stärke bewiesen werden. Das ging oft über die Kraft, denn das Herz weinte, und zwischen Bangen und Hoffen, zwischen Grauen und Mut lag nur die stille Zuversicht, die sich getragen weiß von einer höheren Macht. Im festen Glauben daran habe ich die schwerste Zeit geschafft, ohne zu verzweifeln. Selbst als ich aller Hoffnung beraubt wurde, habe ich darauf vertraut: Der Mensch denkt und Gott lenkt! Die Mitteilung des Arztes nach einem zweiten schweren Angina-pectoris-Anfall lautete: »Ein drittes Mal werden wir ihren Mann nicht zurückholen; der Grunderkrankung zufolge (Gefäßverengung, Herzinfarkte) kann ein zweiter Schlaganfall nicht auszuschließen sein. Es ist besser für ihn, wenn er ›dieses Leben‹ nicht weiterführen muß – und auch für Sie...« In Einzelheiten wurde mir erklärt, welch hartes Los es sein würde, wenn er überlebt; wir sollten beten, daß ihm das erspart bliebe. Die Folgen des Schlaganfalls seien so groß, daß mein Mann ein schwerster Pflegefall mit wenig Aussicht auf Besserung bleiben werde. Die Klarheit einer Wahrheit – unheilvolle Aussichtslosigkeit! Wie sollte es weitergehen, was konnte ich tun, woher sollte ich wissen, worauf es ankommt, wie mich orientieren? Alle Weisheit schien hier zu Ende – oder nicht?

Unsicherheit mobilisiert Kräfte und Initiativen

Eine Devise heißt: Besorge dir Hilfen zur Selbsthilfe

Diese Fragen erweckten meine Eigeninitiative. Ich beschaffte mir Hilfen zur Selbsthilfe. Lesestoffe über Schlaganfall und Aphasie gaben mir bald Aufschluß über das Krankheitsbild und deren Auswirkungen, und ich erkannte, daß es keinen Grund zur Resignation gab. Und so baute ich auf meine Beharrlichkeit, für mich das einzige Fundament eines Engagements, bei dem alles gefordert wird, auch wenn ich zur Zeit noch nicht wußte, ob ich es immer schaffen würde. Ich mußte mich dieser neuen Aufgabe einfach stellen, selbstverständlich, bedingungslos, ohne großes Hinterfragen, ohne Wenn und Aber. Das Wichtigste war das Jetzt, das Heute und nicht das Morgen oder das, was sein wird. Die ständige Sorge um die Zukunft würde mir alle Kraft rauben, ich würde mir selbst den Mut nehmen, die Ruhe und Gelassenheit zerstören, die nötig sind, um jeden Tag zu schaffen. Nur so konnte es gehen.

Ruhe und Gelassenheit sind nötig, um jeden Tag zu schaffen

* * *

Wenn ich am Bett meines Mannes saß, wurde das Herz schwer genug bei dem trostlosen Anblick seiner abgrundtiefen Traurigkeit. Der fragwürdige Kampf ums Begreifen machte ihn untröstlich. Sein stummer Mund schien tausend Fragen zu formen, und es war meine Aufgabe, sie verstehen zu lernen, das Schweigen auszuhalten und die stillen Botschaften wahrzunehmen. Nichts war so notwendig, wie ihm gleich zu Anfang zu zeigen, daß er trotz der Behinderungen derselbe geblieben war, daß nicht das Zentrum seines Denkens zerstört war, daß er ganz ernst genommen wurde. Vom Krankheitsbild habe ich oft gesprochen in allen Einzelheiten, von den Schäden – aber auch von den Möglichkeiten einer Reaktivierung –, um ihm begreiflich zu machen, was wirklich war und was werden kann, denn eine klare Vorstellung läßt sich besser akzeptieren, und je eher die Krankheit angenommen wird, desto leichter ist es, mit ihr umzugehen. Ich hatte anfangs schon meine Bedenken, aber ich habe die Offenheit gewagt, weil sie mir einzig richtig schien. Dabei habe ich jedoch besonders darauf geachtet, ihn nicht in seiner Würde zu verletzen, denn sein Leid war groß. Seine vielen Tränen – die allerdings zum Krankheitsbild gehören – rührten mich sehr. Und trotzdem mußte behutsam die offene Wunde des so schwer vom Schicksal Geschlagenen von innen heraus heilen, denn zugedeckt mit falschem Trost und leeren Versprechungen, würde sie irgendwann aufbrechen und leerbluten, und es würden sich Krusten der Bitterkeit bilden, für die es keine Heilung mehr gibt.

Dem Betroffenen zeigen, daß er verstanden wird

Das bedeutete für mich, dem Kranken mit liebevoller Konsequenz offen zu begegnen, die Realität gemeinsam anzusehen und so das unbedingte Vertrauen zu erwecken. Es gibt für alles Möglichkeiten, auch wenn es unmöglich erscheint – selbst für diese Krankheit. Der wichtigste Beweis für eine Glaubwürdigkeit aller Darstellungen war jedoch immer wieder die effektive Selbstverständlichkeit, mit der ich dem Kranken begegnete. Das wurde mir besonders klar bei einem absoluten Tief meines Mannes, als er mir zu verstehen gab, daß er nicht mehr leben wolle. Ich brachte unmißverständlich zum Ausdruck, daß ich keine Angst habe vor dem, was ist und was sein würde. Das war erste Motivation für ihn, und von da an ging es langsam, aber stetig aufwärts. Das hört sich gut an, aber es war ein unendlich weiter Weg – ein Weg der kleinen Schritte, mit Höhen und Tiefen ... Übrigens: Der dritte Herzanfall ist ausgeblieben.

Sobald die Intensivstation verlassen war, kam täglich zweimal ein Krankengymnast. Mit der logopädischen Versorgung ging es zögernd, oft nur jeden dritten Tag. Das war für *den* Wichtigkeitsgrad wenig. Mein Mann konnte bis auf einen Automatismus »duden, duden« kein Wort mehr sprechen. Ein Wort für alles, und er glaubte, daß wir verstehen würden, was er dachte. Später änderte sich das Wort von »duden« auf »Wochentag da«. Vier Jahre war es das erste Wort am Morgen und das letzte am Abend, Hunderte von Malen wurde es täglich gesprochen.

Die absolute Sprachlosigkeit meines Mannes – auch lesen und schreiben konnte er nicht mehr – bedeutete, von Grund auf neu Sprechen, Lesen und Schreiben zu lernen. Das als Erwachsener akzeptieren zu müssen, besonders wenn man ein Mensch mit den Fähigkeiten außergewöhnlicher Beredsamkeit, Schlagfertigkeit und Unterhaltsamkeit ist, dessen überdurchschnittlich gutes Allgemeinwissen ihn überall zum beliebten Gesprächspartner machte, das war unvorstellbar. Aber er mußte durch diese harte Schule. Und da möchte ich die Geschicklichkeit unserer kompetenten Logopädin loben, sie überzeugte durch ihre Methode. Es war bewundernswert, wieviel Ablehnung diese Frau ertragen konnte und trotzdem unbeirrt ihr Ziel verfolgte. Ob sich jemals die Tür der Verständigung öffnen und der Zugang zum Sprachgebrauch wieder frei würde? Das schien mir zu dem Zeitpunkt sehr unwahrscheinlich. Ich mußte einfach mein Vertrauen in diese Möglichkeit setzen.

Jeder Tag nahm mich voll in Anspruch, aber damit war nicht alles getan. Der Abend und oft Stunden der Nacht reichten nicht aus, um notwendige Schreibereien oder Telefonate zu bewältigen. Die Anteilnahme war groß! Verwandte, Freunde und Bekannte fragten unaufhörlich nach, um so ihr »Mitgefühl« zu bekunden. Das war in der ersten schweren Zeit oft zuviel »des Guten«, heute wäre es »gut«, wenn viele noch Zeit fänden, um mitzufühlen. *Jeder Tag nimmt voll in Anspruch*

* * *

Es gab dazu Gespräche, die mich sehr schmerzlich berührten, Vorschläge, die mich tief trafen in den Tagen der Not und der Suche nach Auswegen: »Das hat er jetzt davon – soll er doch sehen, daß er damit fertig wird. Jetzt bist du die Leidtragende, tu ihn bloß in ein Heim.« Diese und noch viele Ratschläge mehr verschlugen mir die Sprache. Ich konnte nur noch stumm meinen inneren Schmerz spüren und tieftraurig über die Unmenschlichkeit nachdenken, oder war es nur Gedankenlosigkeit? *»Schadenfreude« und Besserwissereien der anderen*

Anfangs kamen die Besucher noch in Scharen und versprachen hoch und heilig: »Wir kommen wieder, wir lassen dich nicht im Stich!« Worte, nichts als Worte. Die meisten kamen einmal und dann nie wieder, damals, als alles noch so schrecklich war und der Besuch noch gar nicht richtig registriert werden konnte (war es bloße Neugier?). Denn heute, wo mit Freunden die alltägliche Monotonie belebt werden könnte, bleibt der Besuch aus. Nur einige wenige sind übriggeblieben, neben der Treue der Familie. Sie sind die Freude im grauen Alltag. Sie stehen uns zur Seite, unterstützen uns und sind teilweise sogar bereit, auch allein mit dem Betroffenen etwas zu unternehmen. *Gute Vorsätze der anderen*

Wichtig ist das Gefühl, nicht fallengelassen zu werden! Es erhält das Vertrauen

Außergewöhnlich war zudem die berufliche Verabschiedung. Das Unternehmen, das mein Mann von Beginn an sehr erfolgreich geführt hatte, ließ ihn, läßt ihn immer noch an allem teilhaben. Viele besuchen ihn regelmäßig. Der »junge« Chef, der besonders gut mit der Sprachbehinderung umzugehen weiß, bemühte sich von Anfang an sehr, insbesondere um Reha-Maßnahmen und Unterkünfte. Viele Informationen gaben meinem Mann stets das Gefühl der weiteren Dazugehörigkeit. Er wurde selbst nach seinem Ausscheiden noch mit einbezogen und zu allen Veranstaltungen eingeladen – sogar zu einer Reise in die USA in das ebenfalls von ihm aufgebaute Zweigwerk. Das hat ihn sehr geehrt und ihm viel Auftrieb gegeben, denn der Abschied aus dem Berufsleben war wohl mit das schwerste. Diese soziale Umgangsform ist in unserer heutigen Gesellschaft nicht selbstverständlich. Auch mancher Geschäftsfreund steht noch treu an seiner Seite. Ein Wiedersehen von Zeit zu Zeit läßt Erinnerungen aufleben, die neu inspirieren, die das Selbstbewußtsein stärken und das verlorene Image heben.

Mein Mann wurde in Karlsbad über drei Monate bestens mobilisiert und ergotherapeutisch gefördert. Nur die Sprachtherapie war unzureichend. Das Krankenhaus beklagte die unzureichende Besetzung selbst. Das machte mich sehr betroffen: Nicht jede Möglichkeit zu bekommen, die durch Krankheit entstandenen Schäden unter besten Voraussetzungen zu rehabilitieren, ließ die Fragen offen: Was wird aus solchen Behinderungen? – Was ist mit der Menschenwürde, mit der Lebensqualität? Wer kann beurteilen, was es für einen Aphasiker bedeutet, ohne Gewißheit zu sein, sprachtherapeutisch die vollste Unterstützung der Medizin zu haben? Ist das nicht äußerst demotivierend? Der Standort ist ein totes Gleis, das ins Niemandsland führt.

Wer die Sprache verliert, verliert die Umgebung

Wie soll ein Behinderter (gleich welcher Art) je wieder gesellschaftsfähig werden, wenn er nicht alle Möglichkeiten bekommt, sich entsprechend zu reaktivieren? Für den Aphasiker heißt es: Wer seine Sprache verloren hat, verliert seine Umgebung. Keiner sucht mehr seine Nähe. Erfahrungen solcher Art sind demütigend und verletzend.

* * *

Wie war noch die Begebenheit auf einer der ersten offiziellen Gesellschaften, deren Einladung wir schon bald folgten, um uns nicht vom öffentlichen Leben zurückzuziehen? Im Laufe des Abends hatten sich Gruppen gebildet. In einer größeren Runde stand ich mit meinem Mann. Ich wurde kurz abgerufen und in ein anderes Gespräch einbezogen. Es hatte nur ein paar Minuten gedauert. Als ich mich nach meinem Mann umsah, stand er ganz allein da, von allen verlassen, einsam und unendlich traurig. Keiner hatte sein Schweigen ausgehalten. Er wurde als der, der er einmal war, angesprochen und als der, der er jetzt war, ein Niemand, stehengelassen. Das Umfeld ergreift die Flucht vor einer Auseinandersetzung mit einem unzureichenden Wortspiel. Keiner hat Verständnis für die Langsamkeit der Wortfindung, weil sich keiner die Störung erklären kann. Der Aphasiker kann sich nicht mehr ausdrücken, er kann seine Gedanken, sein Wissen nicht mehr in Worte kleiden, also wird angenommen, daß er nicht mehr denken kann. Das bereitet bei Begegnungen Unbehagen. Also wechselt man schnell die Straßenseite oder sieht einfach weg. Wie viele solcher Begebenheiten könnte ich aufzählen. Überall ist Ratlosigkeit oder Ablehnung spürbar. Die Menschen reagieren hilflos. Und wie hilfreich, wie wertvoll wäre gerade die Integration für das Selbstwertgefühl eines Sprachbehinderten! Statt dessen: Ausgegrenztsein.

Wer nicht sprechen kann, kann sehr wohl noch denken!

Begegnungen mit Unbehagen

Zwei Bekannte aus unserem Ort trafen sich und sprachen über unsere Situation. Fragte der eine: »Gehst du denn noch zu ›dem‹? Der kann doch nur noch ›. . .‹ sagen.« Der andere erzählte uns von diesem Dialog im Dabeisein meines Mannes! – Ist hier nicht deutlich der Identitätsverlust spürbar?! Dabei wäre das Verständnis der Gesellschaft so bitter nötig, ihre Solidarität, ihr Schutz.

Bei Feiern allgemeiner Art ist besonders zu beachten, daß

Ist den entscheidenden Institutionen und den Ärzten die Dimension der Sprachlosigkeit und damit die Bedeutung der Sprachtherapie für den Betroffenen bewußt?

in den Gesprächsrunden kaum jemand die Außenseiterposition meines Mannes bemerkt. Jeder spricht mit jedem, er sitzt aufmerksam da und wartet darauf, mit einbezogen zu werden. Mein Bemühen um ihn scheint ihm lästig. Er möchte er selbst sein und nicht immer nur ein Anhängsel von mir.

Die Kommunikationsschwierigkeiten sind also das größere Handicap für ein Leben nach dem Schlaganfall. Ist das der Medizin eigentlich klar? Mir scheint, daß hier selbst den Ärzten oft nicht bewußt ist, wieviel Leid solch ein Schicksal nach sich zieht und welch ein harter Weg es vom Überleben zum Leben ist, einem Leben, das auch in diesen Grenzen wieder lebenswert werden sollte. Ich denke da an einen Ausspruch des Hausarztes meines Mannes, nachdem zwei Jahre harter Kampf und äußerste Anstrengung hinter uns lagen und ich erneut beim Hausbesuch um Verordnungen für Krankengymnastik und Sprachtherapie bat: »Es sind jetzt zwei Jahre um, da kommt nicht mehr viel. Verschreiben, das geht jetzt nicht mehr, es ist alles gekürzt. Außerdem habt ihr ja soviel getan!« Wir bekamen Krankengymnastik nur noch einmal wöchentlich und keine Sprachtherapie mehr.

Da standen wir nun. Mein Mann war völlig entmutigt. Er war zunächst lustlos, dann apathisch, dann resignierte er ganz. Es funktionierte lange nichts mehr. Hatte er sich so bemüht, um nun zu hören: Das war's!? Auch ich hätte mich am liebsten geschlagen gegeben! Immer wieder dieser Kampf. War nicht schon alles schwer genug? Was haben wir für Aussichten bei einer Gesundheitsreform, die mit ihren Einschränkungen bestimmt, was zu tun und was zu lassen ist. Weder die individuelle Behandlung des einzelnen zählt noch die effektive Optimalisierung der vielleicht doch noch vorhandenen Möglichkeiten.

Das unabänderliche Los dieser Krankheit und seiner Folgen verlangt ein furchtloses Ja, ein bedingungsloses Sichstellen für eine unbekannte Aufgabe. Darauf kann der Betroffene bauen, denn er hat in seiner ganzen Tragweite erkannt, daß er es allein niemals schaffen kann. Seine Hilfsbedürftigkeit hat den bitteren

Beigeschmack, nun völlig auf den anderen angewiesen zu sein – ganz von ihm abhängig zu sein. Es ist daher unbedingt erforderlich, ihn und seine veränderte Wesensart ganz ernst zu nehmen, zwischen notwendiger Betreuung und zeitgemäßer Selbständigkeit. Den Kranken nicht zu sehr als Kranken behandeln heißt, das Selbstmitleid auszuschließen, ihm aber einen neuen Stellenwert geben, heißt, in alter Position das Selbstwertgefühl im engsten Miteinander zu entwickeln und zu pflegen. Uneingeschränkte Zuwendung, viel Zeit, Geduld und Ausdauer sind Meilensteine der Aufbauphase und der Verständigung. Das ist auch zum heutigen Zeitpunkt noch das notwendigste, obwohl die Eintönigkeit des Alltags die wohl größte Herausforderung geworden ist.

Das Aufeinander-Eingehen von Partner und Betroffenem

* * *

Es ist nicht immer einfach, mit gleichbleibender Freundlichkeit alle sprachlichen Probleme durchzustehen, und es fordert oft ein Höchstmaß an Disziplin, sich nicht doch einmal gehen zu lassen, wenn die Buchstaben oder Wörter nicht kommen wollen. Geduldiges Warten, und wenn es noch so lange dauert, ist jedoch wichtigste Voraussetzung für die Wortfindung, beherztes Lob fördert das Selbstvertrauen, beides ist absolut die beste Motivation. Aber nur so wurden die gemeinsamen Übungsphasen für meinen Mann akzeptabel. Schon die geringsten Veränderungen in Gestik oder Mimik hätten ihn unzugänglich gemacht, und es wäre ein Zusammenarbeiten niemals möglich gewesen. Das war mitunter sehr hart. Wir haben wirklich viel getan! Dabei war mitunter ein fröhliches Lachen genauso wichtig wie das Ernstnehmen der Wortfindung. Ein gewisses Maß an Heiterkeit wirkte sich besonders positiv aus. Ich spüre ständig ganz deutlich, wie sich mein Mann gern davon anstecken läßt. Traurigkeit oder Mißmut schlagen sich äußerst negativ nieder, dann funktioniert nichts. Diese Tage gibt es natürlich auch, nur dürfen sie nicht totgeschwiegen werden. Es ist besser, man spricht offen darüber, das erleichtert dem Kranken den Umgang mit einer solchen Situation, und er fühlt sich nicht als

Der Betroffene muß auch die Leistung des Partners sehen und seine Gefühle kennen

Gespräche über Gefühle entlasten und schaffen neues Vertrauen

der dafür Schuldige. Im Klartext: »Heute ist nicht mein Tag, ich bin nicht gut drauf«, das gibt dem Kranken die Möglichkeit, verstehen zu lernen, daß der Partner als Mensch nicht immer nur funktionieren kann und muß. Er kann sogar die wunderbare Erfahrung machen, hier auch auf seine Weise gebraucht zu werden, indem er tröstend zur Seite steht. Das stärkt sein Selbstwertgefühl.

Das veränderte Leben birgt Chancen für die Beziehungsqualität

Ich habe meinen Mann noch niemals in den Jahren unserer Ehe so beherzt erlebt wie in der Zeit seiner Krankheit. Es ist für mich ein großes Geschenk, eine neue Lebensweise: Sich immer wieder treffen, sich gemeinsam neu aufmachen, sich gegenseitig Mut machen, das ist der Weg, der sich lohnt und der alle Mühen wert ist!

Unserem Neurologen ist es zu verdanken, daß wir uns nach der Zeit der Resignation doch noch wieder neu auf den Weg machten. Er überzeugte durch seine Taktik und holte so meinen Mann aus seiner Frustration. Er unterstützte uns voll, ohne Rücksicht auf sein Budget, er verschrieb uns die notwendigen logopädischen Behandlungen, und somit können wir heute, nach vier Jahren, bereits eine Bilanz ziehen, die uns mit Hoffnung in die Zukunft blicken läßt.

Dazu beigetragen haben im wesentlichen die fünf Aufenthalte im Logopädischem Reha-Zentrum in Lindlar. Hier fanden Intensivtherapien statt, die sehr individuell ausgerichtet waren, mit dem Ziel, die verlorene Sprache wiederzugewinnen und das persönliche Image aufzubessern. Durch die kompetente Betreuung und die aufgeschlossene Atmosphäre entwickelte mein Mann ungezwungen eine Bereitschaft zur freiwilligen Kommunikation.

Neben dem stufenweisen körperlichen Aufbauprozeß war das ein wesentlicher Fortschritt in der sprachtherapeutischen Entwicklung und für die gesamte Familie mit der erfreulichste Punkt.

Federico Scholl
»Ich arbeitete in den nächsten Jahren weiter energisch an mir, ich wollte noch mehr erreichen!«
Aphasie nach Schlaganfall im Alter von 59 Jahren

Vor neun Jahren erlebte ich als 59jähriger meinen bislang größten Schicksalsschlag. Ich erlitt einen Schlaganfall und wurde mit dem Notarztwagen in das Kreiskrankenhaus eingeliefert. Ich wurde zunächst in ein kleines Schwesternzimmer »gesteckt«. Leider ging nun viel wertvolle Zeit für die erste ärztliche Versorgung verloren. Hinterher haben wir erfahren, daß das Haus keine neurologische Abteilung hatte. Wie wichtig ist es, daß die Verbesserung der Schlaganfallvorsorge und der Akutversorgung in den Krankenhäusern und bei Ärzten seit einigen Jahren energisch vorangetrieben wird!

Zeitverlust durch fehlende Fachversorgung

Beim Aufwachen im Krankenzimmer am nächsten Morgen spürte ich sofort: Du hast etwas Vernichtendes erlebt. Meine Frau und meine beiden Söhne beugten sich über mich, und ich sagte beim Aufblicken plötzlich den Namen »Paco Rabanne«, weil einer der Söhne nach diesem Herren-Parfum duftete. Alle waren glücklich über meine spontane Reaktion. Ich war also geistig da, ich konnte mich bald mit meiner Frau und meiner Umgebung verständigen. Leider hatte ich große Sprach- und Verständigungsdefizite, Lähmung der rechten Hand und Lähmungserscheinungen am rechten Fuß bekommen. So langsam konnte ich mich im Laufe der Tage aufrichten, mit wenig Hilfe essen und dann trotz vorhandener Fußbeschwerden erste Gehversuche machen.

Eine computertomographische Untersuchung erbrachte die medizinische Diagnose: ausgedehnter Media-Infarkt.

Nach vier Wochen wurde ich in eine neurologische Klinik aufgenommen. Zu Beginn der Therapien kamen logopädischer Unterricht, Krankengymnastik und Ergotherapie. Es folgten erste kleine Erfolgserlebnisse. Ich sah, daß es für viele meiner Leidensgefährten eine viel größere Anstrengung bedeutet, sich helfen zu lassen und auf kleinste Fortschritte zu hoffen.

Nach dem Klinikaufenthalt und einer folgenden Reha-Kur mit Logopädie usw. erwachten zu Hause neue Lebensgeister.

* * *

Im Laufe der folgenden zwei Jahre gab es zweimal wöchentlich eine Stunde Logopädie. Ich machte dann zu Hause konsequent meine Sprachübungen und war recht zufrieden, daß ich mich trotz meiner verwaschenen Sprechweise ganz gut auszudrükken gelernt hatte. Ich arbeitete in den nächsten Jahren weiter energisch an mir, ich wollte noch mehr erreichen! Meine liebe Frau half und förderte mich sehr. Ich konnte wieder konzentrierter mit anderen Gesprächspartnern sprechen.

Ein Aufenthalt im Logopädischen Reha-Zentrum in Lindlar hat mir große Impulse gegeben, mich sprachlich weiterzuentwickeln. Meine Stimmführung war entspannter, und die Artikulation war sauberer, fließender geworden.

Es braucht Kraft, aus manchem Tief herauszukommen

Nun sind zu Hause Jahre der Sprachübungen, mal mit gewissen Fortschritten, auch mit Rückschlägen, vergangen. Ich muß vor mir selbst ehrlich sein: Es gibt Zeiten, in denen ich mit meinem Schicksal hadere. Dann braucht es Kraft, um aus diesem Tief herauszukommen und wieder aktiv und lebensfroh zu sein. Ich muß doch dankbar sein, daß ich einigermaßen gut davongekommen und relativ gesund bin!

Hobbys pflegen und neue Aktivitäten entwickeln

Ich denke oft an meine berufliche Laufbahn zurück. Aber ich habe einsehen lernen müssen, wie plötzlich eine Karriere geknickt sein kann. Ich habe mir deshalb die Aufgabe gestellt, mit Hilfe eines Computers mit der linken Hand recht gut umzugehen, meine Hobbys zu pflegen und neue Aktivitäten zu entwickeln.

Meine ehrenamtliche Arbeit als Schriftführer eines kleinen regionalen Selbsthilfeverbandes Schlaganfallbetroffener seit 1991 brachte mir neue Erfolgserlebnisse und Motivation.

Durch Monatstreffen haben wir Kontakte geknüpft und mitgeholfen, Probleme von Mitgliedern gemeinsam anzupacken.

Meine Frau und ich nehmen auch seit 1992 allmonatlich an Treffen einer kleinen Gruppe von 15 bis 20 schlaganfall- und unfallbetroffener Aphasiker in Frankfurt teil. Diese Gruppe hat sich im Laufe der Jahre zu einer echten Gemeinschaft entwickelt. Da kann sich auch der »Sprachlose« artikulieren, und man kann miteinander kommunizieren. Wir haben die tolle Erfahrung gemacht, daß eine Betroffene es zum Beispiel nach neun Jahren schaffte, die Sprache sehr langsam wiederaufzubauen. Die Dame spricht nun seit etwa einem halben Jahr in kleiner Runde erste spontane kleine Sätze. Welche Freude!

Gute Erfahrungen mit einer Selbsthilfegruppe

Alles in allem muß ich sagen, daß viel Ablenkung und neue Hobbys wieder Lebensmut schaffen. Ich habe damit gute Erfahrungen gemacht.

Barbara und Klaus Schäfer
»Ein Antrag auf Pflegegeld wurde mit dem Hinweis abgelehnt, meine Frau sei nicht schwerstpflegebedürftig.«
Aphasie nach Hirnblutung im Alter von 32 Jahren

Erst einmal möchten wir uns vorstellen: Mutter (38) und Vater (44) zweier Töchter (12 und 14).

Von Beruf bin ich Verkaufswagenreisender bei einer Eiscreme-Firma. Seit drei Jahren bin ich Verkäufer auf wechselnden Touren. Wegen der Erkrankung meiner Frau und der dadurch häufigen Arztbesuche fahre ich keine festen Touren mehr.

An einem Freitag kam ich von der Firma nach Hause. Meine Frau teilte mir so nebenbei mit, daß sie mittags so starke Kopfschmerzen hatte, daß sie einen Moment nichts sehen konnte. Als ich sie fragte, ob wir zu einem Arzt fahren sollten, sagte sie:

»Nein, ich merk' ja nichts mehr.« Damit war die Sache erst einmal vergessen.

Der nächste Tag sollte unser aller Leben rapide verändern. Der Tag fing so gut an. Nach dem Frühstück fuhren meine Frau und ich nach Siegen, um letzte Weihnachtseinkäufe zu erledigen. Die beiden Kinder waren mit der Schwester meiner Frau beim Friseur. Später trafen wir uns in einem Café. Mit den Kindern gingen wir noch über den Weihnachtsmarkt. Danach fuhren wir nach Hause. Es war schon 18 Uhr. Zu Hause saßen wir noch einige Zeit bei der Schwiegermutter und redeten über alles mögliche.

Symptome der Hirnblutung

So gegen 19.30 Uhr gingen wir hoch in unsere Wohnung. Kurze Zeit später, meine Frau saß auf dem Sofa, hörte ich sie laut stöhnen und sah, wie sie sich an den Kopf faßte. Als ich sie fragte, was los sei, bekam ich zuerst keine Antwort, dann aber sagte sie, daß die Kopfschmerzen nicht zum Aushalten seien. Der Schmerz wurde immer schlimmer. Was tun? Wir haben meine Frau erst einmal ins Bett gebracht und kalte Handtücher auf ihre Stirn gelegt. Dann einen Arzt angerufen, im Nachbarort, und gefragt, was zu tun sei. Antwort: »Falls Sie Kopfschmerztabletten im Hause haben, geben Sie Ihrer Frau eine, sollte es nach 15 bis 20 Minuten nicht besser werden, kommen Sie bei mir zu Hause vorbei.« Ich ließ mir kurz erklären, wo er wohnte. Tabletten waren im Haus, aber es wurde nicht besser. Dann sagte ich zu meiner Frau: »Komm, laß uns fahren.« Denn langsam, aber sicher wurde ich nervös.

Die Kinder liefen auch aufgeregt durch die Wohnung. Zu meiner Frau sagte ich: »Warte, bis ich das Auto aus der Garage geholt habe, dann hole ich dich!« Als ich aus der Garage kam, stand meine Frau schon vor der Tür, setzte sich ins Auto und sagte: »Aber ins Krankenhaus will ich nicht!« Danach sagte sie *ein Jahr lang* nichts mehr.

* * *

Es war sehr kalt und teilweise auch glatt. Nach ungefähr der Hälfte der Strecke, etwa 2,5 Kilometer, stöhnte meine Frau sehr laut auf, ihr Körper zuckte unkontrolliert hin und her. Ich wußte nicht mehr, was ich machen sollte. Antworten bekam ich keine mehr von ihr. Schnell zum Arzt. Aber bis ich den gefunden hatte!

Ich war in der Aufregung zu früh abgebogen. Gott sei dank stand in dem Neubaugebiet ein Mann vor einem Haus, den ich fragen konnte. Ich lief die Treppe zum Arzthaus hoch, schellte und erklärte dem Arzt die Situation. Ich war so aufgeregt, daß ich alles wiederholen mußte. Meine Frau lag im Auto und rührte sich nicht mehr. Auch der Arzt Dr. Sch. erhielt keine Antworten auf seine Fragen. Er rief mit seinem Handy den Notarzt im Krankenhaus an. Dr. Sch. sagte etwas zu mir, aber ich verstand nur noch »Bahnhof«. Dann ging alles sehr schnell. Innerhalb weniger Minuten war ein Notarztwagen zur Stelle, der zum Glück im selben Ort stationiert war. Mit Hilfe der Sanitäter wurde meine Frau in den Notarztwagen gelegt. Dann kam auch schon der Notarzt Dr. G. aus dem Jung-Stilling-Krankenhaus in Siegen.

Im Notfall vor allem Ruhe bewahren, auch wenn es schwerfällt

Dr. Sch. sagte etwas zu Dr. G., worauf dieser in den Notarztwagen ging. In dieser Zeit, etwa 20 bis 25 Minuten, habe ich nur dagestanden und nichts von alldem begriffen, was um mich herum geschah. Dr. Sch. sagte dann, daß meine Frau in die Klinik müsse. Er fragte, ob mich jemand fahren könne, denn in diesem Zustand lasse er mich nicht hinters Steuer. Ich rief zu Hause an. Mein Schwager und meine Schwägerin kamen.

Zusammen sind wir ins Haus von Dr. Sch. gegangen. Dort erklärte er uns dann, was sie bei meiner Frau vermuteten. Ein Aneurysma, was ist das nun? Hirnbluten. Ja, und was heißt das? Lebensgefahr hat er wohl gesagt, genau weiß ich es nicht mehr. Wir wußten nicht mehr, was wir sagen sollten, wir waren im wahrsten Sinne des Wortes sprachlos. Klare Gedanken konnte ich keine mehr fassen. Ab ins Krankenhaus. Zehn Minuten später waren wir in der Klinik.

Wir fragten an der Pforte nach, wo meine Frau sei, und man sagte uns, daß wir warten sollten, es komme jemand. Dann kam ein Arzt und fragte mich, was passiert sei. Dem habe ich zum wiederholten Male erklärt, was ich Dr. Sch. schon erklärt hatte. Der Arzt sagte uns, daß sie eine Computertomographie machen wollten. Ein paar Minuten später kam eine Schwester und übergab mir den Schmuck meiner Frau. Kurze Zeit danach kam eine andere Schwester und drückte mir einen blauen Müllsack mit der Kleidung meiner Frau in die Hand. Verdammt, was sollte das?

Dann kam der Arzt wieder und berichtete uns, daß sie meine Frau operieren müßten, da sie ein Aneurysma hätte, man brachte uns zu einem abgeschlossenen Raum im zweiten Stock, und wir bekamen Kaffee. In der Zeit der Operation, etwa von 21.30 bis 1.30 Uhr, konnte ich immer noch keinen klaren Gedanken fassen. Gegen 1.30 Uhr kam der Arzt in den Raum. Wie er hereinkam, mit sehr langsamen Schritten, dachte ich: »Das war's, sie haben es nicht geschafft.« Aber der Arzt sagte: »Wir haben Ihre Frau operiert, es war genau das, was wir vermutet hatten, ein Aneurysma, aber wir haben die Blutung stoppen können.« Auf meine Frage, ob meine Frau überleben wird, antwortete der Arzt, daß es noch einige Tage dauern könne, bis sie etwas Genaueres sagen könnten. Danach durften meine Schwägerin, mein Schwager und ich auf die Intensivstation zu meiner Frau. Ein schlimmer Anblick, überall Schläuche und Geräte.

Gegen 4 Uhr sind wir dann nach Hause gefahren. Da saß dann der Rest der Familie, außer den Kindern, die schliefen. Wir wurden mit Fragen überhäuft, aber eine klare Antwort konnte ich natürlich nicht geben. Dann habe ich mich ins Bett gelegt, das Telefon direkt daneben, aber an Schlaf war natürlich nicht zu denken.

* * *

Am Morgen kamen die Kinder und fragten mich: »Wo ist die Mama?« Wie sollte ich es den Kindern erklären? So behutsam wie möglich versuchte ich, es ihnen beizubringen. Die ältere Tochter Julia fragte: » Kann Mama sterben?« Als ich dies bejahte, hat sie geweint. »Wenn Mama stirbt, willst du dann wieder hei-

Grausame Fragen

raten?« Auf diese Frage wußte ich nichts mehr zu sagen. Wie kam sie mit acht Jahren überhaupt zu so einer Überlegung? Als nächstes habe ich meine Mutter und meine Geschwister informiert. Das war vielleicht grausam, Fragen über Fragen. Dann habe ich meinen Kollegen informiert, daß er einen Ersatz für mich suchen sollte, da ich am nächsten Morgen Tour fahren sollte.

Zwischendurch ins Krankenhaus, nichts Neues. Am nächsten Morgen fuhr dann mein Schwiegervater mit ins Krankenhaus. Endlich konnten wir den zuständigen Arzt sprechen, Dr. D., ein sehr netter Arzt, der uns genau erklärt hat, wie es zu der Blutung hatte kommen können. Er sagte uns auch, daß die Chancen für meine Frau sehr schlecht stehen würden. Danach klärte er uns über die möglichen Folgeschäden auf, die auftreten könnten, wenn sie überlebt.

Rechtsseitige Lähmung, eventuelle Erblindung und geistige Schädigung. Wir waren wie vor den Kopf gestoßen. Nach zwei Wochen wurde bei meiner Frau ein Luftröhrenschnitt gemacht, und nach vier Wochen wurde sie so langsam wach. Bis dahin waren wir zweimal täglich im Krankenhaus. Da ich wieder arbeiten mußte, fuhr mein Schwiegervater mittags entweder mit meiner Schwiegermutter, meiner Mutter oder mit einer nahen Verwandten in die Klinik. Abends nach der Tour fuhr ich dann jeden Tag meine Frau besuchen. Wir durften auch nach der normalen Besuchszeit auf die Intensivstation, und das knapp vier Monate lang. Nach vier Wochen durften auch die Kinder mit zu Besuch. Die Ärzte hofften, daß meine Frau sich dadurch schneller erholen würde, ich glaube, das hat auch geholfen. Erst nach langen Überlegungen, ob die Kinder das auch verkraften würden, nahmen wir sie mit. Vorsichtshalber fuhr meine Schwägerin mit, denn die Kinder waren ja erst sechs und acht Jahre alt. Es klappte besser, als ich erwartet hatte. Bei dem ersten Besuch merkte meine Frau erst, daß Weihnachten vorbei war, denn die Kinder hatten Ohrringe bekommen, die sie trugen.

Häufiges Angesprochenwerden hilft dem Patienten sich zu orientieren

* * *

Bis dahin und noch ein weiteres Jahr konnte meine Frau nicht sprechen. Als man dann bei ihr die Trachealkanüle entfernen wollte, wäre sie fast erstickt, das war fünf bis sechs Wochen nach ihrer Erkrankung. Man sagte uns, daß durch die lange Beatmung Wucherungen in der Luftröhre entstanden seien.

Am 5.2.1991, an ihrem Geburtstag, wurde meine Frau nach Marburg geflogen, um den Luftröhrenschnitt zu vergrößern, weil sie eine stärkere Kanüle brauchte. Denn durch die Wucherungen wurde die Luftröhre immer enger.

Mittlerweile hatten wir Erfolg bei einer Reha-Klinik in Bonn, die sie aufnehmen wollte. Das war für uns einigermaßen gut zu erreichen. Vorher wurde meine Frau aber wiederum nach Marburg geflogen, um den Luftröhrenschnitt nochmals zu vergrößern, denn sonst hätte sie in Bonn das Geh- und Lauftraining nicht mitmachen können.

In Marburg hatte man mir erklärt, daß die Luftröhre ziemlich zerstört sei und man sie in kleinen Schritten wiederaufbauen müsse. Aber erst sollte sie in Bonn die Reha-Maßnahmen wahrnehmen.

Am 18.3.1991 sollte meine Frau nach Bonn verlegt werden. Am Tag vorher aber hatte meine Frau einen schweren Hirnkrampf. Erst dachten wir, es wären wieder Blutungen aufgetreten, denn wie sie im Bett lag, sah sie genauso aus wie am Tag ihrer Erkrankung. Diese Krämpfe wiederholten sich noch dreimal, sie wurden aber immer schwächer. Durch Einnahme verschiedener Medikamente blieben sie ganz aus.

Drei Monate später wurde meine Frau von Bonn nach Siegen verlegt. Mittlerweile konnte sie, zwar noch stark gehbehindert, allein laufen. Durch die Einschränkung des Sichtfeldes mußte man sie aber meistens an die Hand nehmen, da sie sonst manchmal gegen Hindernisse rechts von sich lief.

In Siegen wollte man ihr die Kopfplatte wieder einsetzen, die bei der Notoperation entfernt worden war. Wegen einer Mittelohrentzündung wurde die Operation aber verschoben. Der zuständige Arzt fragte, ob ich meine Frau mit nach Hause nehmen könnte. Ich war so überrascht, daß ich zustimmte, ohne vorher zu überlegen, wie das denn zu Hause laufen sollte. Diese Gedanken kamen erst später. Wer sollte denn meine Frau pflegen, wer sollte die Kanüle wechseln, waschen helfen usw.? Das konnte ja heiter werden. Ratschläge bekam ich einige, aber die mußten erst einmal umgesetzt werden, denn ich hatte ja noch so nebenbei meinen Job, der mußte auch gemacht werden. Nach Rücksprache mit dem Arzt erklärte er sich bereit, die Kanüle regelmäßig zu wechseln. Ein Pfleger von der Intensivstation in Siegen, der zufällig auch in unserem Ort wohnte, erklärte sich bereit, dem Hausarzt noch mal zu zeigen, wie man eine Kanüle wechselt.

An einem Sonntag wollten wir uns in der Praxis von Dr. H. treffen. Wir waren alle da, außer Dr. H., denn er war zu einem Notfall gerufen worden. Wir saßen in dem Operationsraum, als der Pfleger zu mir sagte: »Klaus, versuch du doch mal, die Kanüle zu wechseln.« Ich war total platt, aber selbst ist der Mann, und ich habe es geschafft, die Kanüle zweimal ohne Probleme zu wechseln und zu säubern. Von dem Tag an habe ich bei meiner Frau zweimal täglich die Kanüle gewechselt.

Selbst ist der Mann, auch beim Kanülewechseln

Wochen später wurde die Kopfplatte bei meiner Frau wieder eingesetzt. Kurze Zeit später mußten wir einen Fragebogen der BEK ausfüllen. Da wurde unter anderem auch gefragt, wie die Kopfverletzung denn entstanden sein, ob durch Unfall oder Schlageinwirkung, und das im Zeitalter der Computer. Ich hatte ja auch nichts anderes zu tun, als Fragebögen auszufüllen. Danach reichten wir einen Antrag auf Schwerbehinderung meiner Frau ein, dem wurde Wochen später auch stattgegeben.

* * *

Ein Antrag auf Pflegegeld wurde mit dem Hinweis abgelehnt, meine Frau sei nicht schwerstpflegebedürftig. So fing der Ärger mit der Krankenkasse an. Im Jahr 1991 bekam ich neun Rechnungen über je DM 20,- Selbstbeteiligung bei Krankentransporten. Das konnte ich ja noch verstehen. Aber am 5.12.1991 bekam ich eine Rechnung, am 6.12.1991 kamen fünf Briefe mit je einer Rechnung und am 7.12.1991 nochmals eine. Also innerhalb von drei Tagen sieben Rechnungen von der Kranken-kasse. Wo fängt das Sparen an, fragte ich mich.

In der Zeit vom 23. 8. 1991 bis zum 7. 12. 1991 mußte mei-ne Frau noch sechsmal für zwei bis zehn Tage nach Marburg. Im Jahr 1991 habe ich etwa 15 000 Kilometer nur an Klinik-fahrten getätigt, teilweise nach der Tour. In dieser Zeit wurde mit dem Aufbau einer teilweise neuen Luftröhre begonnen. Aus den Rippen meiner Frau wurden Späne entfernt und an der Seite der Luftröhre eingepflanzt, so wie ich das alles verstan-den habe als Laie. Die Trachealkanüle wurde entfernt und ein T-Stück eingesetzt. Ein Teil des T-Stücks ging nach oben, ein Teil nach unten in die Luftröhre. Das dritte Teil guckte vorne aus der Luftröhre heraus, darauf saß ein Stopfen. Dieser Zugang wurde benötigt, um den Schleim von innen abzusaugen, was natürlich meine Aufgabe oder die meines Schwiegervaters war. Die Anschaffung eines Absauggerätes war auch wieder so ein Glanzstück der BEK. Obwohl das Gerät dringend gebraucht wurde, dauerte es wieder Tage, bis wir es bekamen. Angeblich hatte die Krankenkasse keinen Vertrag mit der Firma, obwohl es ja verschrieben wurde, und es sollte ja auch nur leihweise sein.

Im April 1992 wurde dann das T-Stück entfernt und die Luft-röhre geschlossen. Nach den ersten Worten, die meine Frau herausbekam, haben wir alle geheult und gleichzeitig gelacht. Hier möchten sich nicht nur ich, sondern auch meine Frau und der Rest der Familie bei den guten und vor allem menschlichen Ärzten, aber besonders bei Dr. Sch., dem behandelnden Arzt, *Dank an Ärzte* bedanken. Natürlich gilt dieser Dank auch den tollen Ärzten *und Pfleger* und Pflegern des Jung-Stilling-Krankenhauses. Denn gute Pfle-ge und Menschlichkeit sind nicht immer selbstverständlich.

Erst nach und nach merkten wir, daß mit der Sprache meiner Frau etwas nicht stimmte. In Marburg sagte man uns dann, das Medizinische haben wir gelöst, aber dieses sei ein Fall für die Logopädie.

* * *

Logopädie hatte ich schon einmal gehört, aber was es bedeutete, mußte ich mir erst erklären lassen. Dann die Frage, wo ist ein Logopäde, wie kommt meine Frau dahin, denn ich mußte ja arbeiten. Der nächste war 15 Kilometer entfernt. Außerdem bekommt man sehr schlecht Termine. Durch Zufall erfuhren wir bei einer Krankengymnastin die Adresse des Logopädischen Rehabilitationszentrums Lindlar. Also rief ich dort an und bekam schon einen Tag später Unterlagen zugeschickt. In Lindlar wurde täglich intensiv Logopädie über vier bis sechs Wochen angeboten, zudem konnten die Patienten dort auch wohnen. Deshalb sind wir zu unserem Hausarzt gegangen, haben ihm die Unterlagen vorgelegt, und auch er war begeistert. Er verschrieb meiner Frau für sechs Wochen die nötigen Einzel- und Gruppensitzungen. Diese wurden dann bei der Krankenkasse in Siegen eingereicht. Diese wollte zwar die Therapiestunden bezahlen, nicht aber die Unterbringung und Verpflegung. Aber wie sollte meine Frau die je 80 Kilometer hin und wieder zurück kommen? Da ich eine Zeit vorher dem VDK (Verband der Kriegs- und Wehrdienstopfer, Behinderten und Rentner Deutschlands) beigetreten war, bat ich den VDK um Hilfe. Im Namen meiner Frau wurde Widerspruch eingelegt. Der Widerspruch wurde von der Kasse abgewiesen. Darauf wurde eine Klage beim Sozialgericht Dortmund eingereicht. Im Juli 1994, fast ein Jahr nach dem Antrag, wurde uns von der Krankenkasse mitgeteilt, daß die Kosten der Reha-Maßnahme voll übernommen würden, daraufhin wurde die Klage zurückgezogen. So konnte meine Frau vom 7.9.1994 bis zum 19.10.1994 nach Lindlar fahren.

Immer wieder Kampf mit den Krankenkassen

Rechtsberatung durch den VDK

Die sechs Wochen waren erfolgreich, denn in dieser Zeit intensiven Trainings hat sie mehr gelernt als zu Hause. Es wurde empfohlen, nach einem halben Jahr diese Therapie fortzuführen. Nach einem Jahr, im Oktober 1995, fuhr meine Frau zum zweiten Mal nach Lindlar.

Zwischen den beiden Therapien lag noch eine Fußoperation. Der dritte Antrag wurde, so unglaublich es auch klingt, ich konnte es selbst kaum glauben, innerhalb weniger Tage genehmigt. Die Krankenkasse hatte nicht nur uns, sondern auch die Klinik in Lindlar informiert, daß die Kosten wieder übernommen würden. Vom 14.2.1996 bis zum 27.3.1996 fand die dritte Therapie statt. Jede Therapie brachte mehr Erfolg. Also weiter so, dachten wir. Wir machten für Sommer 1996, wie empfohlen, einen Termin in Lindlar klar. Schon im April 1996 hatten wir einen Antrag bei der Krankenkasse gestellt, aber eine Woche vor Antritt der Reha-Maßnahme wurde die Therapie abgelehnt. Die Ablehnung wurde damit begründet, daß man nicht einsah, daß nur eine stationäre Behandlung Erfolg bringe. Diese Therapien könnten auch vor Ort bei einem Logopäden

erfolgen. Auf meine Frage, wie denn meine Frau 15 bis 20 Kilometer zu einem Logopäden kommen sollte, da sie zu 100 Prozent behindert sei und nur in Begleitung Bus und Bahn fahren könne, bekam ich keine zufriedenstellende Antwort. Da ich ja arbeiten muß, kann ich meine Frau nicht fahren. Im September 1996 sind wir wieder zum VDK, um Widerspruch einzulegen. Leider haben wir bis heute noch keinen Bescheid. Der Widerspruch vom September 1996 wurde im April 1997 von der BEK abgelehnt. Daraufhin haben wir über den VDK Klage beim Sozialgericht Dortmund eingereicht. Die Verhandlung fand am 12.8.1998 statt. Der zuständige Richter klärte uns darüber auf, daß laut Gesetz keine Verpflichtung besteht, daß die BEK zahlen müsse. Wir haben uns darauf geeinigt, falls keine weiteren Forderungen unserer Seite folgen würden, daß ausnahmsweise noch einmal eine sechswöchige Reha-Maßnahme bezahlt wird. Dieses haben wir jetzt auch schriftlich von der BEK bekommen. In diesem Jahr wird meine Frau noch einmal für sechs Wochen in Lindlar sein.

Ohne meine Schwiegermutter, die seit sechs Jahren für uns kocht, saubermacht und wäscht, hätten wir das alles gar nicht geschafft, und ich hätte eventuell meinen Beruf aufgeben müssen. Danke!

Von Freunden und Bekannten ist mir persönlich nur ein Freund geblieben, der auch jetzt noch regelmäßig kommt. Zwei Kolleginnen meiner Frau kommen sie regelmäßig besuchen, auch wenn es meist nur für eine Stunde ist. Mittlerweile waren wir auch schon viermal im Urlaub, unter anderem in der Türkei. So eine Hilfsbereitschaft, wie sie in der Türkei herrscht, wünsche ich mir auch hier.

Angela Holland
»Jetzt weiß ich, daß ich auf jeden Fall in meinem erlernten Beruf wieder arbeiten kann.« –
Aufgeschrieben von ihrem Vater
Aphasie nach Schädel-Hirn-Trauma im Alter von 23 Jahren

Unsere Tochter Angela verunglückte am 6. 4. 1993 auf der Autobahn, als sie mit zwei Studienkollegen zur FH in Bochum fuhr. Sie erlitt schwere Kopfverletzungen, während ihre Mitfahrer fast unverletzt blieben.

Durch nachfolgende Verkehrsteilnehmer wurde sofort der Rettungsdienst benachrichtigt, so daß sie relativ schnell in das Knappschafts-Krankenhaus in Bochum gebracht und dort neurochirurgisch versorgt wurde. Sie lag sieben Tage im Koma. Welche Schäden und Behinderungen sich nach dem Erwachen zeigen würden, konnte uns keiner sagen. Es wurde nur gesagt, wir sollten mit dem Schlimmsten rechnen.

Nach dem Erwachen konnte Angela, wenn auch ungelenk, alle Gliedmaßen bewegen. Die Motorik war also in Ordnung. Es muß für Angela schockierend gewesen sein, als sie merkte, daß sie kein Wort sprechen konnte. Sie sagte mir heute im Gespräch, daß sie nicht mehr weiß, was für Empfindungen, Ängste und Gedanken sie zu diesem Zeitpunkt bewegten.

Sie sagte nur, daß sie alles sehr weit nach hinten verdrängt hat. Sie will auch nicht darüber nachdenken. Wie Angela über diesen Schock gekommen ist, sagt sie nicht, und wir wissen es nicht.

Wir waren während der Genesung jeden Tag bei ihr, sind mit ihr spazierengegangen. Dabei zeigten wir auf jeden Gegenstand, nannten ihn beim Namen und animierten Angela zum Nachsprechen. In dieser Phase machte sich Angela durch Gebärden verständlich. Eines Tages strich sie sich mit den Händen über Gesicht, Brust, Bauch bis hinab zu den Füßen, ich stand hilflos da, da kam der Mutterinstinkt bei meiner Frau durch, und sie fragte Angela, ob sie baden wolle. Ein Leuchten ging über das Gesicht, begleitet von heftigem Nicken. Wir merkten an diesem und vielen anderen Beispielen, daß sie uns sprachlich verstehen konnte. Die motorischen Ungeschicklichkeiten legten sich schnell, die Sprachlosigkeit blieb. Uns wurde immer mehr bewußt, welch gravierenden Einschnitt dies für das Leben unserer Tochter und für uns bedeutete.

* * *

Die erste logopädische Betreuung begann in Bochum. Die Leiterin der Einrichtung sagte Angela und uns, daß es ein langer, steiniger Weg bis zur Wiedererlangung der Sprache werden würde. Sie ließ aber keinen Zweifel daran, daß es wieder recht ordentlich würde.

Zur weiteren Genesung und Therapie wurde Angela nach Hattingen überwiesen. Angela war sehr motiviert. Es ging soweit, daß sie sich selbst überforderte. Angela muß Erholungs- und Ruhepausen beim Arbeiten einlegen, um sich nicht selbst zu blockieren. Danach ging es wieder besser. Schlechte Erinnerungen hat Angela an den dortigen Psychologen. Dieser fand es vollkommen altmodisch und falsch, daß Angela mit 23 Jahren noch bei den Eltern lebte. Seitdem mag sie keine Psychologen.

Unverständnis
bei professionel-
len Helfern und
Familienmitglie-
dern stören den
Rehabilitations-
prozeß

In der Zeit der Sprachlosigkeit wurde Angela von den meisten ihrer Verwandten bitter enttäuscht. Die Verwandten konnten nicht begreifen, daß die Sprachstörung für Angela so schlimm ist. Sie sagten, Angela könne ja laufen und alles verrichten. Einzig eine Tante mit ihrer Familie konnte sich in Angelas Lage versetzen, weil sie selbst nach einem Schlaganfall kurzzeitig an Sprachlosigkeit litt.

Ebenso betrüblich war für Angela der Umstand, daß der Kontakt zu den Mitstudenten abriß. Schmerzlich war es für Angela, daß ihr gesagt wurde, daß eine Wiederaufnahme des Studiums, wenn überhaupt, noch in weiter Ferne liege.

Von Hattingen ging es nach kurzem Familienurlaub nach Aachen ins Klinikum. Nach dortigem Eingangstest auf der Aphasiestation wurde ihr von Professor H. gesagt, daß sie in absehbarer Zeit wieder gut sprechen wird, zumindest so gut, daß ein Außenstehender kaum etwas merken wird.

* * *

Über die Wiederaufnahme des Studiums sagte man nichts Genaues, schloß es aber auf keinen Fall aus. In Aachen lernte Angela Patienten kennen, die viel schlechter sprachen und ärger gebeutelt waren als sie. Trotzdem waren diese Menschen fröhlich und guter Dinge. Ein Schlagwort, welches alle Patienten ohne Ausnahme kannten und häufig gebrauchten, ohne daß es gelehrt wurde, war »Scheiße«. Alle fanden es amüsant. Da Angela in Hattingen schon gute Fortschritte erzielt hatte, galt sie in Aachen als die Einäugige unter den Blinden.

Die eigene Position in einer Gruppe finden

Vom Kostenträger (Ausführungsbehörde für Unfallversicherungen des Landes Nordrhein-Westfalen) wurden wir gefragt, ob Angela zu einer weiteren Reha-Maßnahme in Lindlar bereit wäre. Angela sagte zu. Während dieser Therapie machte sie die größten Fortschritte. Sie fühlte sich in der dortigen familiären Atmosphäre sehr wohl. Auch genoß sie es, in einem Appartement für sich allein zu wohnen. Besonders erfreut war sie über die Meinung und Ansicht der Therapeuten, daß sie auf jeden Fall versuchen sollte, ihr Studium wiederaufzunehmen.

Eine weitere Maßnahme wurde vom Versicherungsträger angeregt, und zwar in einem neurologischen Reha-Zentrum für Jugendliche. Es sollte die Möglichkeit einer Umschulung auf einen anderen Beruf ergründet werden. Auch die Belastbarkeit sollte festgestellt werden. Angela ging widerwillig zu dieser Maßnahme. Es kam so, daß Angela einfach unterfordert war. Die meisten Jugendlichen waren jünger als sie und vom Bil-

Nicht die aktuel-
len Defizite sol-
len die Reha-
Richtung be-
stimmen, son-
dern die Fähig-
keiten, die da-
hinter verbor-
gen sind

dungsstand her unter dem Hauptschulabschluß. Mit den Ausbildern kam sie gut zurecht.

Zu einem Ergebnis, zu welchem Beruf sie wechseln könnte, kam man nicht, weil in jedem Beruf der Umgang mit Zahlen – der ihr nach wie vor schwerfiel – erforderlich war. Und letztendlich waren alle erstaunt, als beim Abschlußgespräch herauskam, daß Angela vor dem Studium eine Lehre abgeschlossen hatte (mangelnde Durchsicht der Akten).

Die letzte Therapie war in Lindlar. Daran schloß sich ein Praktikum im Katasteramt (im erlernten Beruf bei der Kreisverwaltung) an. Angela blühte richtig auf. Von ihren Arbeitskollegen wurde sie mit großem Hallo empfangen. Sie bekam volle Unterstützung und Anerkennung. Sie durchlief alle Fachbereiche des Katasteramtes. Sie merkte sehr schnell, daß sie die gestellten Aufgaben ohne Schwierigkeiten und ohne groß nachzufragen erledigen konnte. Sie sagte: »Jetzt weiß ich, daß ich auf jeden Fall in meinem erlernten Beruf wieder arbeiten kann.« Diese Erkenntnis brachte Angela zu dem Entschluß, das Studium wiederaufzunehmen. Sie will wissen, wo sie steht, ob es klappt oder nicht. Es wird sich in diesem Semester zeigen, ob die Schnelligkeit ausreicht, neues Wissen aufzunehmen und in Klausuren wiederzugeben.

* * *

Angela hat die Fachprüfungen geschafft. Seit Juni 1998 schreibt sie an ihrer Diplomarbeit. Wir hoffen, daß sie 1999 ihren Abschluß als Diplomingenieurin erreicht und eine Anstellung bekommt. Ohne die ihr zuteil gewordene intensive und gezielte Therapie wäre sie noch nicht soweit. Es ist aber immer noch schwierig für sie, ordentliche Sätze zu bauen sowie größere Zahlen zu benennen.

Beate Uttikal, Auszubildende
»Wir ließen uns nicht entmutigen. Ich habe deutliche Fortschritte gemacht.«

Aphasie nach Kopfverletzung durch Schießunfall im Alter von 17 Jahren

Die Betroffene

Ich habe eine Aphasie, die ich durch einen Sportunfall bekommen habe. Folgendes kann ich nur mit Hilfe meiner Eltern wiedergeben, da ich es selbst nicht bewußt miterlebt habe.

Ich bin Sportschützin. Beim Training am 16. April 1993 fiel das geladene Kleinkalibergewehr zu Boden. Beim Versuch, es aufzufangen, verletzte mich der sich lösende Schuß, indem die Kugel durch das linke Auge, durchs Gehirn und durch die Schädeldecke drang. Ich war damals 17 Jahre alt. Mit dem Hubschrauber wurde ich in das Katharinen-Hospital in Stuttgart geflogen und dort sofort operiert. Meine Überlebenschance betrug ein Prozent, die Prognose lautete: lebenslanger schwerer Pflegefall im Falle des Überlebens. Ich lag vier Wochen im künstlichen Koma, um ganz ruhiggestellt zu sein. Während dieser Zeit hatten meine Eltern mehrere Gespräche mit den Neurochirurgen. Dabei haben sie u. a. erfahren, daß ich meine Sprache und alles, was damit zusammenhängt, verloren habe. Die tröstliche Aussage des Arztes war, daß die Sprache in ein anderes Gebiet des Gehirns umtrainiert werden kann und daß dies bei manchen Patienten gut, bei anderen gar nicht gelingt. Gott sei Dank gehöre ich zu den Glücklichen, bei denen es gut gelingt.

Künstliches Koma, um das Gehirn zur Regeneration ruhigzustellen

Nach einer vierwöchigen Erstversorgung im Katharinen-Hospital wurde ich per Hubschrauber auf die Intensivstation der Klinik am Eichert in Göppingen verlegt. Bereits am Tage nach der Verlegung kamen Krankengymnastin, Logopädin, Ergotherapeutin und der Augenarzt, und ich wurde hier regel-

Das Gespräch so gestalten, daß der Betroffene auch etwas sagen kann

mäßig und sehr gut therapeutisch betreut. Die Logopädin begann mit intensiven Lippenübungen, brachte mir auch wieder das Schlucken bei und versuchte es etwas später mit Lese- und Schreibübungen. In diese Zeit fallen auch meine ersten schwachen Erinnerungen. Fragen beantwortete ich damals mit »Ja«, indem ich mein rechtes, gesundes Auge zudrückte. Erst später durch Nicken, und dann kam das »Nein« durch Drehen des Kopfes hinzu. In dieser Zeit machte es mich auch wütend und sehr traurig, daß ich mich nicht mitteilen konnte. Doch das fiel schon in die Zeit in der Kinderstation, in die ich nach zweiwöchigem Intensivaufenthalt verlegt wurde. Hier wurde es schwierig, denn wie sollte ich denn den Schwestern und meinen Besuchern meine Bedürfnisse erklären? Ich hatte ja keine Worte, nicht einmal Laute kamen aus meinem Mund. Am besten verstand mich meine große Schwester, sie stellte so lange Fragen, die ich mit Nicken oder Kopfschütteln beantworten konnte, bis sie wußte, was ich wollte.

***

Die Logopädin kam mit Ausnahme der Wochenenden jeden Tag und arbeitete mit mir. Aber der erste sprachliche Durchbruch kam von ganz anderer Seite. Es war am Freitag vor Pfingsten, ich konnte wieder schlucken und hatte große Sehnsucht nach der heiligen Kommunion. Meine Eltern haben mich verstanden und meinen Wunsch dem Krankenhauspfarrer, der mich auch sehr oft besuchte, weitergegeben. Ich durfte an diesem Tag das erste Mal seit meinem Unfall das heilige Brot essen. Ich war so glücklich. Nach der Kommunion betete der Pfarrer das Vaterunser, ich machte den Mund auf und betete mit. Alle Anwesenden staunten und konnten es nicht fassen. Und dann brach ein Jubel aus.

Das Mitbeten läßt sprechen; Reihensprechen, Auswendiggelerntes oder Liedertexte ohne und mit Gesang fördern das Sprechen

Nach diesem Erlebnis ging es aufwärts. Erst kam das Wort »hallo«, das ich zwei Wochen lang immer aussprach, auch wenn ich etwas anderes meinte. Dann kam immer wieder ein neues Wort hinzu. Gezielt einsetzen konnte ich meine neuen Wörter damals nur selten. Mit viel Mühe gelang es mir, in dieser Zeit ab und zu ein kleines Wörtchen zu schreiben. Daß ich dabei als Rechtshänderin wegen der rechtsseitigen Lähmung mit der linken Hand schreiben mußte, war dabei das kleinste Problem. Viel schlimmer war, daß ich keinen Buchstaben mehr erkannte und wußte.

Durch die intensive logopädische Betreuung war ich Ende Juni so weit, daß ich eine Reihe einfacher Wörter sowohl sprachlich als auch schriftlich richtig einsetzen konnte. Die Logopädin arbeitete auch mit einem Kassettenrecorder, so daß ich mich selbst hören konnte.

Als ich dann am 26. Juli 1993 in die Neurologische Reha-Klinik Jugendwerk G. verlegt wurde, konnte ich teilweise schon kleine Sätze sprechen. Aber immer war es ein mühsames Suchen nach den passenden Worten. Doch ich konnte mich wenigstens ein bißchen verständlich machen.

In G. war ich logopädisch nicht so gut versorgt wie im Krankenhaus. Teilweise hatte ich wöchentlich drei, zwei Stunden oder eine Stunde Sprachtherapie, kurze Zeit gar keine. Trotzdem wurde meine Sprache zunehmend besser. Doch bei meiner Entlassung am 26. Juni 1995 sprach man mir allgemein die Fähigkeit zu einer Berufsausbildung ab, weil eben Sprechen, Lesen und Schreiben dafür viel zu schlecht seien und auch noch die rechtsseitige Lähmung dazukäme.

Doch wir ließen uns nicht entmutigen. Meine Eltern hatten nach langem Suchen den Landesverband für Aphasiker gefunden und dort vom Logopädischen Reha-Zentrum in Lindlar gehört. Sie haben sich informiert und mich dann gleich für sechs Wochen angemeldet. Hier habe ich deutliche Fortschritte gemacht und die Therapie ein Jahr später mit gutem Erfolg fortgeführt.

Wir ließen uns nicht entmutigen

Außerdem haben meine Eltern für mich eine Ausbildungsmöglichkeit im KBZO (Körperbehinderten-Zentrum Oberschwaben) in Weingarten gefunden. Da konnte ich gleich zum Schulbeginn 1995 anfangen. Für Therapien werde ich freigestellt. Alles sieht jetzt so aus, daß ich durchaus eine kaufmännische oder ähnliche Ausbildung machen kann. Und für mich ganz persönlich hege ich die Hoffnung, daß ich nach dieser Ausbildung soweit bin, daß ich an einer normalen Schule einen sozialen Beruf erlernen kann.

Ich bin heute 20 Jahre alt. Bei meinem Unfall war ich 17 und hatte die Ausbildung zu meinem Traumberuf als Erzieherin begonnen.

Meine Freunde und Arbeitskolleginnen waren tief betroffen, als sie von meinem Unfall hörten, und haben mich bis heute nicht im Stich gelassen. Die Reha-Klinik Jugendwerk in G. wurde uns von meinem Stationsarzt Dr. E. in der Klinik am Eichert empfohlen. Er hat auch alles in die Wege geleitet, so daß ich sehr schnell einen Platz dort bekam.

Die Eltern

Uns als Eltern hat es besonders geschmerzt, daß man unserem Kind wegen der Sprachbehinderung jedes berufliche Fortkommen ausreden wollte, obwohl das logische Denken und der Verstand einwandfrei erhalten sind.

Eine besondere Freude war für uns, daß unsere Tochter von Anfang an mit großer Energie bei den Therapien mitgearbeitet hat, daß sie nicht verbittert wurde, sondern ihre Fröhlichkeit behalten hat und daß sie weiterhin auf ihre Mitmenschen zugehen kann. Auch viele neue Freundschaften hat sie seit ihrem Unfall geknüpft.

Die Betroffene

Meine schmerzhafteste Erfahrung war, daß ich meinem besten Freund bei seinem ersten Besuch die Traurigkeit nicht mit einem tröstenden Wort nehmen konnte.

Menschen ohne Erfahrung wissen nicht, wie sie mit Behinderten umgehen sollen

Ein anderes Erlebnis machte mir sehr zu schaffen: Als ich einmal alleine mit dem Zug nach Hause fuhr, fiel ich um und wurde von einer Frau dumm angeredet: »Das haben wir gerne, mittags schon besoffen.« Doch heute weiß ich, daß das Ausnahmen sind. Im allgemeinen sind die Menschen freundlich, rücksichtsvoll und hilfsbereit. Manche, die keine Erfahrung mit Behinderten haben, wissen zunächst nicht, wie sie mit ihnen umgehen sollen.

In meiner Freizeit und im Urlaub bin ich für alles offen. Ich bin schon allein weggefahren und habe neue Freunde kennengelernt. Aber auch ein Urlaub mit der Familie oder mit Freunden tut gut.

Zum Glück bin ich so selbständig, daß ich keinen Pflegedienst brauche. Unterstützung finde ich überall: zu Hause, in der Schule, im Wohnheim, auf der Straße. Manchmal muß ich natürlich auf die Menschen zugehen und um Hilfe bitten.

Selbständigkeit macht selbstbewußt

Heute freue ich mich über viele Dinge. Ich pflege mein Hobby, genieße die Natur, freue mich an Gott und meinen Mitmenschen und bin besonders dankbar, daß ich wieder berufliche Aussichten habe. Mein Glaube und Vertrauen auf Gottes Hilfe geben mir Kraft und Hoffnung für die Zukunft.

Aphasie und ihre Therapie

Aphasie ist eine Störung der Sprache infolge einer Hirnschädigung nach bereits abgeschlossenem Spracherwerb. Zu den Ursachen gehören Schlaganfall, Hirnblutung, Hypoxie oder ein Schädel-Hirn-Trauma.

Der Verlust von Hirnzellen und neuronalen (nervlichen) Verbindungsstrukturen im Bereich der Hirnschädigung kann Verluste in allen Komponenten des Sprachsystems (Bedeutung, Wortschatz, Satzbau, Aussprache) und allen Modalitäten unserer Sprache (Verstehen, Sprechen, Lesen, Schreiben) in unterschiedlicher Ausprägung hervorrufen.

Die Aphasie hat schwerwiegende psychische Folgen. Die schlagartigen Einbußen in der sprachlichen Kommunikationskompetenz ziehen eine Vielzahl schmerzlicher Verluste auf allen Gebieten der Persönlichkeit nach sich. Der Betroffene spürt ein plötzliches Verändertsein sowohl bei sich als auch im Umgang mit anderen. Er steht vor einer völlig neuen Erfahrung. Für seine neuen Schwierigkeiten hat er noch keine Bewältigungsmöglichkeiten. Das löst in ihm größte Verunsicherung aus. Ohne Orientierungshilfe ist er der zerstörerischen Kraft des Per-

Die Aphasie hat schwerwiegende psychische Folgen

sönlichkeitsverlustes ausgeliefert. Angst und Ungewißheit ergreifen ihn: Was wird auf ihn zukommen? Wie wird sich das Berufs- und/oder Privatleben gestalten? Welche Auswirkungen hat die Aphasie für seine Existenz? Hinzu kommt, daß sich der Umgang mit den ihm vertrauten Menschen infolge seiner Verhaltensveränderung stark gewandelt hat. Auch die Personen in seinem Umfeld werden mit diesem Problem direkt konfrontiert. Viele von ihnen haben Schwierigkeiten, mit seinem völlig andersartigen Verhalten umzugehen. Sie wissen nicht, wie sie auf ihn eingehen und ihn einschätzen sollen. Das schafft große Verunsicherung. Darüber hinaus fragt man sich immer wieder, ob der Kern seiner Persönlichkeit noch der alte ist.

Die Erfahrungsberichte in diesem Buch geben uns Einblicke in die psychische Dimension der Aphasie.

Je nach ihrem Erscheinungsbild wird sie im allgemeinen in vier Störungsbilder unterteilt, von denen jedes eine besondere Auffälligkeit zeigt.

Globale Aphasie

Ein Mensch, der sowohl Probleme beim Sprechen und Verstehen als auch beim Lesen und Schreiben hat, leidet unter einer globalen Aphasie. Neben diesen Problemen kommt es außerdem meist auch zu Sprachautomatismen (z. B. »ja aber«) und sinnlosen Lautfolgen (z. B. »dadada« oder »aididit«). Sie stellen sprachliche Ersetzungen für alles dar, was der Betroffene mitteilen möchte.

Die Sprachautomatismen belasten Betroffene und ihre Umgebung

Die Automatismen werden wegen der außerordentlich schlechten Sprachkontrolle entgegen der eigenen Absicht geäußert und stellen aufgrund ihrer großen Monotonie und Hartnäckigkeit eine äußerst schwere Belastung für den Betroffenen und seine Mitmenschen dar.

Wir erklären uns das Zustandekommen dieser Automatismen dadurch, daß der Betroffene unmittelbar nach seiner Hirnschädigung erste sprachliche Mitteilungsversuche machen will und dabei all die Fähigkeiten mobilisiert und einsetzt, die

154

ihm in diesem Moment zur Verfügung stehen. Bei solchen Sprechversuchen kommt es zu einer ungewollten und zufälligen Aneinanderreihung von Lauten. Er spürt sicherlich, daß diese Lautfolgen nicht unbedingt seiner Absicht entsprechen. Dennoch ist es immerhin ein Schritt zu dem, was er möchte: Deswegen versucht er immer wieder, sich mitzuteilen, und wiederholt dabei diese Lautfolgen. Durch diese Wiederholungen prägen sich die Klangbilder und die Sprechbewegungsmuster als Neuorganisationen im verletzten Gehirn ein und verselbständigen sich. Weil noch keine Alternativen zur Verfügung stehen, greift er also immer wieder auf das für ihn neu Erlernte zurück. Stete Wiederholung führt zum Automatismus, wenn der Betroffene nicht fähig ist, sein Gesprochenes differenziert wahrzunehmen und zu kontrollieren.

Es ist ihm in diesem Moment nicht möglich, aus der »eingefahrenen Spur« herauszukommen und die unverständlichen Lautfolgen zu verändern. Vielmehr vertieft er diese Spur immer mehr.

Dieses sprachliche und stimmliche Produkt, das er nicht etwa aufgrund sprachlicher Gesetzmäßigkeiten (z. B. zu einem Wort) gebildet, sondern zufällig »gefunden« hat, vermittelt dem Betroffenen wenigstens im Moment des Sprechens das Gefühl zu sprechen und kann ihm als gelungene Mitteilung erscheinen. Doch wird er sich durch die Reaktion der Umwelt bewußt, daß er nicht verstanden wird. Ein Prozeß der psychischen Verarbeitung dieses Problems beginnt.

Motorische Aphasie oder Broca-Aphasie

Bei der motorischen Aphasie fällt besonders die Schwierigkeit des Sprechers auf, Wörter zu finden und zu äußern, die Grammatik richtig umzusetzen, den korrekten Satzbau anzuwenden und den Bewegungsablauf der »Sprechwerkzeuge« zu steuern. *Das* auszusprechen, was als Wort- und Satzvorstellung im Kopf vorliegt, ist bei schweren Formen nicht möglich.

Wir müssen bei der motorischen Aphasie von einer Prozeß-störung im Bereich des neuronalen Übergangs von der Begriffs-bildung zum Bewegungsmuster, von einer Störung der Spei-cherung von Wort- und Satzklanggebilden oder des Übergangs vom Klangbild zum Sprechmuster sowie in der Konstruktions-ebene von Wortgestalt und Satzbau ausgehen.

Symptome der motorischen Aphasie

Bei der motorischen Aphasie können sich folgende Symptome zeigen:

- Die Sprachproduktion ist verlangsamt, stockend und im Te-legrammstil.
- Äußerungen erfolgen in mehr oder weniger kurzen, unvoll-ständigen Sätzen.
- Kleinere Wörter wie Artikel, Konjunktionen und Präpositio-nen fehlen.
- Substantive werden grammatisch nicht angepaßt, Verben meist im Infinitiv gebraucht.
- Es kommt auch zu Lautauslassungen oder Lautersetzungen.
- Der Wortschatz wirkt eingeengt, da es häufig zur Verwen-dung nur von Wörtern mit hoher Gebrauchshäufigkeit kommt.
- Darüber hinaus bedeutet das Sprechen für den Betroffenen einen großen Kraftaufwand.
- Das Sprachverständnis ist von Fall zu Fall mehr oder weni-ger beeinträchtigt.
- Auch Lesen und Schreiben können beeinträchtigt sein.

Sensorische Aphasie oder Wernicke-Aphasie

Die Sinnerfas-sung ist gestört – den Wörtern fehlt die Bedeu-tung

Die sensorische Aphasie bedeutet generell eine Störung in der akustischen Entschlüsselung oder im Verstehen dessen, was ge-hört wird. Der Betroffene mit sensorisch-aphasischen Proble-men kann also nicht mehr alles verstehen, was er an sprachli-chen Äußerungen hört. Dieses Problem hat nichts mit Schwer-hörigkeit zu tun. Wir vermuten eine Störung im Bereich der neuronalen Verbindung von der Klanggestalt des Wortes zum Begriff. Die Worte werden zwar als sprachliche Äußerung und als akustisches Phänomen wahrgenomen, doch die Sinnerfassung ist mehr oder weniger stark beeinträchtigt, zu den Wörtern stellt sich keine Bedeutung mehr ein.

Auffallende Symptome sind Sprechen mit vielen falsch benutzten Wörtern (semantischen Paraphasien) und Wortneuschöpfungen (Neologismen). Es besteht auch die Tendenz zum Ineinanderschachteln von Wörtern, Satzteilen und Sätzen (Paragrammatismus). Von Fall zu Fall nimmt der Betroffene seine unverständliche Sprechweise selbst gar nicht oder nur bedingt wahr. Er meint, ganz normal zu sprechen. Dies geht oft mit mangelnder Krankheitseinsicht einher.

Beim Lesen wird der Sinn des Gelesenen oft nicht erfaßt (Dyslexie), und beim Schreiben besteht die Tendenz, Wörter zu vertauschen, zu verdrehen oder wegzulassen und Sätze und Satzteile ineinander zu verschieben.

Amnestische Aphasie

Amnestische Aphasie bezeichnet eine Störung im Erinnern sprachlicher Begriffe. Der Betroffene hat Probleme mit der Wortfindung. Er hat zwar eine Vorstellung von einem Begriff, kann diesem jedoch nicht das richtige Wort zuordnen. Es kommt nicht selten auch zu sogenannten semantischen Paraphasien, d. h. zu begrifflichen Verwechslungen, wie z. B. »Gabel« statt »Löffel«, aber auch zu begrifflich wenig zueinander in Beziehung stehenden Worten wie »Werkzeug« statt »Bedienung«. Weiter können als Symptome auffallen:

Symptome einer amnestischen Aphasie

- langatmige Umschreibungen,
- verhältnismäßig viele Redefloskeln und
- echoartiges Wiederholen der Worte des Gesprächspartners.

Oft bleibt nach der Behandlung einer globalen und/oder motorischen Aphasie noch eine Restaphasie zurück. Dabei handelt es sich oft um eine amnestische Aphasie.

Der Satzbau ist meist intakt und das Sprachverständnis kaum gestört. Lesen und Schreiben sind meist wenig beeinträchtigt, und die Kommunikationsfähigkeit bereits wieder hinreichend ausgeprägt.

Alle Aphasieformen sind therapierbar. Aufgabe und Ziel der Aphasietherapie ist die neuronale Neuvernetzung. Durch neue »Umwege« um das zerstörte Hirnzellengebiet herum werden vorhandene Teilleistungen mit neuen, zu entwickelnden Sprachwahrnehmungs-, Sprachverarbeitungs- und Sprachgestaltungsprozessen verbunden, d. h. gelernt.

Dazu werden »alte« Fähigkeiten (sprachliches Können) durch bestimmte Maßnahmen aufgerufen, bewußtgemacht, mit anderen Leistungen verbunden und durch Üben gefestigt.

Es gibt eine große Anzahl von Maßnahmen zur Verbesserung des Sprachverständnisses, des Lesens, des Schreibens und des Sprechens.

Die Aphasietherapie dauert erfahrungsgemäß lange Zeit und bedarf vieler Therapiesitzungen. Verallgemeinernde prognostische Aussagen über Verlauf und Dauer einer sprachlichen Rehabilitation sind aufgrund der Individualität einer jeden Aphasie und der Einzigartigkeit eines jeden Rehabilitationsverlaufes nicht sinnvoll. Erfahrungsgemäß richten sich die Therapiedauer und der Therapieverlauf nach dem Grad und Ausmaß der Aphasie, nach der Rehabilitationsmotivation des Betroffenen und seiner Rehabilitationsausdauer. Darüber hinaus wirkt sich positiv aus, wenn das familiäre Umfeld in die Therapie integriert wird. Dies erhöht die Effizienz einer Rehabilitation.

Dysarthrie – mein Mund kann mir nicht folgen

Gerhard Amos
»Die meisten Erfolge sind nur durch Eigeninitiative zu erreichen.« –
Geschrieben von der Ehefrau,
Lore Amos
Postapallisches Durchgangssyndrom mit Anarthrie nach Herzstillstand durch Vorderwandinfarkt im Alter von 61 Jahren

Als selbständiger Handwerksmeister erlitt unser Vater Gerhard Amos im Alter von 61 Jahren 1991 einen Vorderwandinfarkt. Der nach 15 Minuten eintreffende Notarzt stellte einen Herzkreislaufstillstand mit Kammerflimmern fest.

Die Primärversorgung erfolgte auf der internistischen Intensivstation im Krankenhaus. Es wurde die Diagnose eines Mittelhirnsyndroms durch Sauerstoffmangel des Gehirns diagnostiziert. Dieses Krankenhaus sollte für 13 Monate unsere erste Station werden.

Widersprüchliche Sichtweisen und Prognosen

Die ersten drei Wochen verbrachte unser Vater auf der Intensivstation im Koma, danach wurde er auf die Innere Abteilung verlegt. Die Ärzte machten uns klar, daß es besser gewesen wäre, wenn er den Infarkt nicht überlebt hätte. Ein Arzt jedoch machte uns Mut und beteuerte, daß es noch Hoffnung gebe. Dieser Arzt war nun für 13 Monate unser einziger Ansprechpartner.

Ich und meine zwei Söhne fuhren jeden Nachmittag ins Krankenhaus, um unseren Vater zu füttern oder in irgendeiner Weise zu stimulieren.

Die Therapie im Krankenhaus erstreckte sich über diesen Zeitraum lediglich auf Krankengymnastik, sofern es den zuständigen Therapeuten zeitlich möglich war. Diese waren auf dem Gebiet des apallischen Syndroms bald total überfordert und setzten nach einiger Zeit meist nur noch Anti-Spasmus-Mittel gegen die Tetraspastik ein.

Die Anti-Spasmus-Mittel hatten die Wirkung, daß unser Vater gar nicht mehr auf die Außenwelt reagierte und somit überhaupt nicht mehr bewußt auf die Therapie reagieren konnte. Lediglich die Krankengymnastinnen waren begeistert darüber, wie locker er wurde. So begann der Kampf mit den Therapeuten, diese Anti-Spasmus-Mittel doch wenigstens abzusetzen. Durch viel Anstrengung konnten wir wenigstens eine Reduzierung dieser Mittel bewirken. Dies hatte zur Folge, daß die Krankengymnastinnen sich weigerten, unseren Vater weiterhin zu therapieren. Über eine Selbsthilfegruppe konnten wir von einem dortigen Arzt erfahren, welche Verabreichungsmengen gegen Spastik sinnvoll sind. Diese Vorschläge wurden von den Therapeuten nur müde belächelt.

Während des Krankenhausaufenthaltes wurde auf unsere Anregung hin versucht, eine Logopädin ins Haus zu bitten, um uns Tips und Anleitung für eine Therapie zu geben. Hoffnungslos, in unserem Wohnort und Umgebung war es nicht möglich, jemanden zu bekommen. So versuchten wir selbst, unseren Vater durch eigene Therapieideen zu stimulieren. Nach drei Monaten konnte er Buchstaben und kurze Wörter, die wir groß auf einen Karton geschrieben hatten, leise hauchend lesen.

Während des gesamten Krankenhausaufenthaltes versuchte die Klinikleitung ergebnislos, einen Früh-Reha-Platz für unseren Vater zu finden.

* * *

Durch Eigeninitiative konnten wir über »Vitamin B« zu einer Spezialklinik für Frührehabilitation Kontakt aufnehmen. Neun Monate lang fuhren wir alle vier Wochen in diese Klinik, um bei dem zuständigen Arzt vorzusprechen, schließlich waren wir die Nummer 491 auf der Warteliste. Und bei einem durchschnittlichen Aufenthalt von drei Monaten waren das ja nur 14 Jahre Wartezeit, und das für eine Akut-Klinik!

Endlich, nach 13 Monaten Krankenhausaufenthalt, hatten wir eine Zusage für die Früh-Reha erkämpft.

Die Therapie im dortigen Haus legte die Schwerpunkte auf Krankengymnastik und Ergotherapie. Sprachtherapie wurde weniger praktiziert. Nach gut zwei Wochen Aufenthalt stellte der Sprachtherapeut, ein Linguist, eine Schluckstörung bei unserem Vater fest. Er durfte ab dieser Diagnose keine feste Nahrung mehr zu sich nehmen, sondern wurde weiter vollständig über eine PEG-Sonde ernährt.

Obwohl wir versicherten, daß unser Vater im Akut-Krankenhaus schon mehrere Monate lang feste Nahrung aufgenommen habe, wurde an der Diagnose festgehalten. So wurde in der Sprachtherapie behutsam versucht, dem Patienten Joghurt mit einem Löffel zu verabreichen, um die angebliche Schluckstörung zu beheben. Aus unseren langen Fütterungsversuchen im Krankenhaus hatten wir die Erfahrung gemacht, daß feste Nahrung besser von unserem Vater aufgenommen wurde als zum Beispiel Brei oder Joghurt. Die Experten wußten es jedoch leider besser.

Arroganz der Experten

Nach drei Monaten erfolgloser Fütterungsversuche teilte uns der Chefarzt mit, daß die Schluckstörung ihn sehr beunruhigte und diese wahrscheinlich für immer bleiben würde.

Fehldiagnosen führen zu kostenintensiven Fehlbehandlungen

Wir erzählten dem Chefarzt ebenfalls, daß unser Vater im Krankenhaus feste Nahrung zu sich genommen hatte. Daraufhin untersuchte der Chefarzt persönlich die Schluckstörung und erklärte sie anschließend als behoben.

Beim sechsmonatigen Aufenthalt in der Früh-Reha war ich täglich bei den Therapien anwesend. Für die Angehörigen war es fast Pflicht, anwesend zu sein, da durch personelle Unterbesetzung die Pflege sehr zu wünschen übrigließ.

Am Ende unseres Aufenthaltes wurde uns geraten, unseren Vater in ein Pflegeheim zu übergeben, da eine Betreuung zu Hause als unmöglich angesehen wurde.

Schubladendenken führt zur Abschiebementalität

Für uns Angehörige war es klar, daß diese Alternative überhaupt nicht in Frage kommt. So begann die zwar mühsame, aber auch schöne Pflege zu Hause. Nach 19 Monaten Daueraufenthalt in Krankenhäusern und Kliniken waren wir froh, wieder die eigenen vier Wände zu sehen. Mit der Zeit schafften wir es, fast zwei Liter Flüssigkeit täglich oral zuzuführen. So konnte der Hausarzt die PEG-Sonde ziehen. Für uns ein großer Fortschritt. Wir waren überglücklich, daß wir dies in relativ kurzer Zeit geschafft haben. Zumal uns in A. gesagt wurde, daß unser Patient die PEG-Sonde für die Flüssigkeit lebenslang brauchen würde. In der häuslichen Umgebung stellten sich die größten Therapieerfolge ein. Wir sind mit Krankengymnastik, Ergotherapie und Massage gut ausgerüstet. Nur eine Sprachtherapie war nicht zu bekommen.

Das Ziehen der PEG-Sonde bedeutet einen großen rehabilitativen Schritt

* * *

Über die Selbsthilfegruppe hörten wir von einer logopädischen Klinik, die unsere nächste Station werden sollte.

Integration der Partner in die Therapie

Bei dem sechswöchigen Aufenthalt wurde zum ersten Mal eine intensive Sprachtherapie an unserem Vater durchgeführt. In dieser Zeit konnten wir bei den Therapien anwesend sein und sehr viel Anregung und Anleitung für die weitere Therapie daheim erhalten.

Während dieses Aufenthaltes zeigten sich die konkreten Therapieerfolge zwar noch nicht so deutlich, doch in den folgenden Monaten der heimischen Umgebung zeigten sich nach intensiven Sprechübungen, die uns in dieser Klinik gezeigt wurden, große Erfolge. Mittlerweile ist die verbale Kommunikation mit »Ja« und »Nein« problemlos möglich. Auf Vorsagen kann unser Vater auch deutlich kürzere Sätze sprechen, was vorher undenkbar schien.

Lernintensive Therapie ist anstrengend für alle Beteiligten

Der Aufenthalt in der Klinik erwies sich nicht nur für unseren Vater durch die vielen Therapien als sehr anstrengend, sondern auch wir Angehörigen hatten durch Pflege und Sprachübungen viel zu tun. Aber die Therapie war sehr erfolgreich, und ein wiederholter Aufenthalt ist geplant.

* * *

Heute, nach gut fünf Jahren Erfahrung mit dem Schicksal eines hirnverletzten Menschen, können wir sagen, daß die meisten Erfolge nur durch Eigeninitiative zu erreichen sind. Unser Vater ist zwar nach wie vor an den Rollstuhl gefesselt und vollkommen auf unsere Hilfe angewiesen, doch die Kommunikation und Anteilnahme am Leben gehen schrittweise voran, langsam, aber kontinuierlich, was uns Hoffnung und Motivation zu ständigem Therapieren gibt.

Die meisten Erfolge kommen durch Eigeninitiative

Von Verwandten oder Freunden bekamen wir in dieser Zeit keine Unterstützung. Es gibt leider nur wenig Freunde, die man wirklich zu schätzen weiß und über deren Besuche man sich immer freut. Diese Freunde sind den langen Weg mit uns gegangen und freuen sich mit uns über jeden kleinen Fortschritt.

Das schrittweise Vorankommen gibt Kraft zu ständigem Arbeiten

Familie Nerlich
»Sie ist voller Lebensmut und Freude und arbeitet sich zuversichtlich voran.« –
Bericht des Ehemannes und der Tochter
Postapallisches Syndrom nach Kleinhirnblutung im Alter von 51 Jahren

Die Betroffene, Edeltraut Nerlich, wird im folgenden sowohl ›E.‹ als auch ›Olli‹ genannt.

Der Ehemann Dieter schreibt in der dritten Person
Am 13. Juli 1994 erlitt Olli, liebevolle Mutter von zwei Kindern und gelernte Kauffrau, eine plötzliche Kleinhirnblutung aufgrund einer geplatzten arteriellen Mißbildung. Olli und Dieter befanden sich zu der Zeit auf der »Durchreise« in Bonn. Dort konnte Olli schnellstens und optimal in einer Notoperation ge-

holfen werden. Sie lag danach mehrere Wochen im tiefen Koma auf der Intensivstation und wurde durch eine Beatmungsmaschine am Leben erhalten. Wir waren um jede Stunde glücklich, sie noch bei uns zu haben. Nach ihrer grundsätzlichen Entscheidung, ihren Weg zurück ins Leben gehen zu wollen, begann sie bereits eine gute Woche später, langsam wieder eigene Atemzüge zu machen.

Die Ärzte hatten Olli bereits aufgegeben, doch ihr Wille zum Leben und die Kraft der Liebe siegten. Wir haben die Hoffnung nie aufgegeben, und für uns alle ist es selbstverständlich, diesen sicher nicht leichten Weg gemeinsam zu gehen.

Im nachhinein erscheint es nur logisch, daß sich Ollis und Dieters gemeinsamer Lebensweg wie eine Perlenkette auf dieses entscheidende Ereignis hin bewegt hat. Die ganze Familie hat aus beruflichen Gründen mehrere Jahre in Asien gelebt, wo Olli sich zur Yoga-Therapeutin ausgebildet hat. Sie hatte sich bis dahin eine körperliche wie auch geistige Basis geschaffen – durch ihre intensive körperliche Yoga-Arbeit und ihre ganzheitliche Lebensanschauung, die Körper, Geist und Seele als eine miteinander harmonisierende Einheit betrachtet. Diese Erkenntnis hat sich vor allem durch den Aufenthalt in Asien geprägt. Olli war es durch die Bewältigung dieser ihrer Lebensaufgabe möglich, das Geheimnis und die Bedeutung nach dem Sinn des Lebens und des Todes für sich zu erfahren – die Bedeutung des Rads des Lebens.

* * *

Nach der hervorragenden Akut-Medizin droht ein rehabilitatives Loch mit Abschiebung

Im Krankenhaus haben wir die Erfahrung gemacht, daß die Akut-Medizin zwar hervorragend ist, der Patient dann aber Gefahr läuft, in ein tiefes Loch zu fallen, wenn es um die weitere Rehabilitation geht. Sind keine Angehörigen da oder bereit, sich um den Betroffenen zu kümmern, ist der Weg in den menschenunwürdigen Zustand eines sogenannten »Vollpflegefalles« mit baldiger Abschiebung in ein Pflegeheim vorprogrammiert.

Olli war in der glücklichen Lage, von Anfang an krankengymnastische Behandlungen zu erhalten. Wir führen die Gymnastik konsequent bis heute weiter. Olli bekommt außerdem Akupunktur-Behandlungen und Fußreflexzonenmassagen – und natürlich ungezählte Massagen unsererseits! Wir gehen regelmäßig schwimmen mit ihr, und auf dem Pferd hat sie auch schon gesessen. Heute, nach nur etwas mehr als einem Jahr, ist Olli wieder in der Lage, Arme und Beine zu bewegen, ihren Kopf selbständig zu halten sowie mit unserer Hilfe aufzustehen. Seit neuestem übt sie ihre ersten Schritte auf eigenen Füßen mit Hilfe eines Gehbarrens und einer Person hinter sich.

Alternative und ergänzende Therapie durch Akupunktur und Fußreflexzonenmassage

Allerdings hat der Weg bis hierhin sehr viel Arbeit und Kraft gefordert. Die Arbeit fängt mit den kleinsten Bewegungen an, wie den Kopf drehen, lächeln, Zungenbewegungen, einzelne Fingerbewegungen, Mimik ... Man erahnt gar nicht, wie unsensibel, gedankenlos und selbstverständlich wir doch im täglichen Leben mit unserem eigenen Körper umgehen! Diese Arbeit mit Olli auf dem Weg zur Wiedergewinnung ihrer Selbständigkeit setzt ungeahnte Kräfte frei und baut sich auf aus einem Zusammenspiel zwischen Mut zum Ausprobieren und Akzeptanz der noch bestehenden körperlichen Grenzen.

Der Weg fordert viel Arbeit und Kraft

* * *

Das Gehirn, so scheint es, mag mit einem Computer vergleichbar sein, der für eine Weile ausgefallen ist und nun wieder neu »hochgefahren« werden muß. Die Verbindungen zwischen den Nervenzellen, zuständig für die verschiedenen Körperfunktionen und Bewegungsabläufe, müssen wieder installiert bzw. aktiviert werden; sie alle waren ja bereits zuvor schon »gespeichert«. Das Gehirn ist in der Lage, Umgehungskreisläufe zu bilden, so daß sich Nervenbahnen neu formieren können. Dieser Prozeß ist spannend zu beobachten, denn man kann nie wissen oder voraussagen, zu welch einem Zeitpunkt sich ein weiteres Teil in das Puzzle einreiht. Und siehe da, eines Tages ist plötzlich wieder das eine oder andere möglich!

Umwegleistungen aufbauen, um an die Fähigkeiten heranzukommen

Bei der Therapie nach Vojta beispielsweise werden bestimmte Bewegungsabläufe so lange geübt, bis sie wieder spontan vom Gehirn abgerufen werden können. Von großer

Möglichst bald in die Reha-Maßnahme

Wichtigkeit ist es, sich möglichst bald und konkret um einen Reha-Platz für den Betroffenen zu kümmern, und zwar gleich im Anschluß an die Entlassung aus der Klinik.

Ein weiterer »Meilenstein« auf Ollis Weg war der Verschluß des Luftröhrenschnittes, den sie immerhin bis dahin fast genau ein ganzes Jahr hatte. Dieser wurde in lokaler Betäubung in wenigen Minuten und nach monatelangem Drängen unsererseits zugenäht. Jetzt ist Olli wieder in der Lage, ihre Stimme zu benutzen, und die Kraft der Stimmbänder kommt langsam zurück.

Die Situation bedeutet für uns eine große Lehre

Ollis Situation bedeutet für uns alle eine große Lehre. Das vergangene Jahr werden wir als eine besonders intensive Zeit der persönlichen Entwicklung, des Vertrauens und des miteinander Teilens in unseren Herzen behalten. Olli selbst ist das lebende Beispiel dafür. Sie strahlt soviel inneres Licht und positive Gelassenheit aus und ist immer mit einem lächelnden Auge dabei, dem Hier und Jetzt zu begegnen und es zu meistern. Sie ist einfach bezaubernd.

* * *

Olli ist mit ihren Übungen zu Hause jetzt schon sehr weit, und der Tag kann gar nicht lang genug sein, wollten wir nichts auslassen. Es ist eine intensive Arbeit zwischen Olli und uns, sowohl auf rein körperlicher Ebene als auch auf der Ebene zwischenmenschlicher Begegnungen. Es ist oft nicht möglich, diese intensiven Momente in Worte zu fassen; Worte sind zu begrenzt und nüchtern. Olli kann soviel geben, und wir spiegeln uns unweigerlich in ihr wider. Ist es vielleicht das, was angst macht und dazu führt, daß sich bis jetzt immer weniger von Ollis alten Bekannten und Freunden zu einem Besuch bei ihr einfinden? Ist es die Tatsache, daß ich mich konfrontiert finde mit Olli als der gleichen, aber doch anderen Person, die ich von früher her kannte? Wie soll ich mich ihr gegenüber verhalten? Ist sie noch die gleiche Person, die mir vor kurzem als Lehrerin gegenübersaß?

Unsicherheit über die Persönlichkeit des/der Betroffenen

Olli selbst ist es bewußt, wie still es um sie herum geworden ist. Ihr Kommentar (wörtlich): »Die Leute denken, ich bin blöd.«

In solchen Momenten fließen dann auch mal Tränen – Tränen der Enttäuschung und der Traurigkeit. Schweigen und sich in Geduld üben sind schwierige Aufgaben, die Olli auferlegt worden sind und deren Bedeutung uns »Gesunden« oftmals gar nicht mehr bewußt ist. Es ist der Alltag mit seiner »Schnell«-Lebigkeit, angefüllt mit den ach so vielen, häufig gedankenlos gesprochenen Worten, den wir uns Tag für Tag selbst gestalten. Es ist jedem von uns überlassen, selbst einmal bewußt aus diesem All-Tag herauszutreten und eine Zeit der Stille und des Schweigens in uns einkehren zu lassen. Denn es ist doch so – das, was Olli widerfahren ist, kann mir oder dir jederzeit auch widerfahren. Mit diesem Gedanken im Kopf können wir unser Gegenüber – sprich Olli – als eine Art Spiegel akzeptieren lernen und in Harmonie miteinander in Kontakt treten; dies ohne Angst, Zweifel oder Vorurteile. Auch ohne viel Worte ist es möglich, ein inniges Gespräch zu führen. Diese Herausforderung anzunehmen, das wünschen wir denen, die Olli kennen und mögen.

Es ist wohl tatsächlich so: Olli erinnert sich an viele Details aus der Zeit während ihrer Phasen des Koma-Zustandes sowie auch an Gesprächsinhalte damaliger »Unterhaltungen«, die mit ihr geführt wurden. Sie ist in der Lage, Orte und Menschen, die um sie herum waren, zu beschreiben; erkennt Menschen sogar wieder. Die »Nahtod-Erfahrung«, die Olli erlebt hat – und die auch schon von vielen anderen Menschen erfahren wurde – ist eine besondere Erfahrung und trägt vielleicht deswegen so viel Bedeutung in sich, als daß Menschen, einmal wieder ins Leben zurückgekehrt, ihre in diesem Zustand gemachten Erlebnisse und Erkenntnisse mit anderen teilen können. Es ist wohl doch nicht nur die Medizin allein, die diese Menschen von ihrer Reise in den Tod zurückholt.

Im Koma werden Gespräche wahrgenommen und verstanden

Olli sagt: »Sterben ist ganz leicht.« Sie erzählt uns von einer wunderschönen Musik, die um sie herum ertönte und von einem Gefühl der Glückseligkeit, die sie umhüllte. Den Schritt zurück ins Leben hat Olli, wie sie uns erzählt, bewußt getan. Wohl wissend, was sie erwartet!

Die Nahtod-Erfahrung läßt uns wissen: Sterben ist ganz leicht

Die Tochter schreibt

E., meine Mutter, ist seit ihrer Krankheit von ihrem Mann, meinem Vater, rund um die Uhr betreut worden. Sie haben eine sehr liebevolle und innige Beziehung zueinander. Außerdem besteht eine grundsätzlich positive Einstellung zum Leben und dem Lebensschicksal, das sie zusammen bewältigen. Ich als Tochter, von Beruf Krankenschwester und Hebamme, habe spontan gehandelt, meine Mutter und meinen Vater in dieser Situation zu unterstützen.

Körperlicher Zustand von E.: Sie hat keine Spastiken zurückbehalten und ist befreit von Magensonde und Katheter. Sie ist auf den Rollstuhl angewiesen und benötigt Hilfestellung in Dingen des alltäglichen Lebens rund um die Uhr. Sie ist voller Lebensmut und Freude und arbeitet sich zuversichtlich voran.

Offene Aussprache und verständliche Sichtweisen sind dienlich

In der Klinik in Bonn, in der meine Mutter die ersten zwei Monate nach dem Ereignis verbracht hat, wurde uns von seiten der Ärzte und des Personals eine für den weiteren Verlauf entscheidende Erklärung gegeben: Es ist nicht möglich, für Patienten wie sie eine Prognose zu erstellen. Eine solche kann und sollte auch nicht aufgestellt werden, da jeder Patient individuell ist und sich selbst noch nach Jahren Veränderungen und Fortschritte einstellen können.

Der entscheidende Motor für jegliche weitere Entwicklung ist der Betroffene selbst, seine Motivation und Einstellung zum Leben an sich, sowie das Urvertrauen in sich selber und zu seinen Angehörigen bzw. den Menschen, auf die er angewiesen ist. Wenn etwas erreicht werden soll, dann erfolgt dies nur mit und über diese ihm nahestehenden Personen.

E. bestätigt, daß sie als Betroffene alles, was um sie herum geschah und gesprochen wurde, mitbekommen hat.

Durch ihre völlige Lähmung einschließlich ihrer »Stummheit« war es ihr zuerst nicht möglich, sich an dem Geschehen aktiv zu beteiligen. E. erklärt diesen Zustand so, als ob sie sich in einer Art »Wartestellung« befand, bis ihr eine Hilfe oder eine »Hand« geboten wird, um sich aus dieser stummen Einsamkeit heraushelfen zu können.

Für Angehörige sollte gelten: Vertrauen in seinen gesunden Menschenverstand geht vor bzw. auch Hand in Hand mit der medizinischen und pflegerischen Betreuung – niemals sollte man sich ausschließlich nur auf die Aussagen der Ärzte verlassen, und vor allem darf man sich niemals von diesen entmutigen lassen.

Vertrauen Sie Ihrem gesunden Menschenverstand

Wie schnell ist es geschehen, daß ein an sich körperlich doch gesunder Mensch mit Medikamenten vollgepumpt wird, die ihn noch weiter in die Unselbständigkeit führen, siehe die Anwendung zentral wirkender Spasmolytika, die nur dazu führen, daß der Patient ruhiggestellt wird, und bewirken, daß eine aktive Mobilisierung des Betroffenen nicht mehr möglich ist, welche als einzige im Zusammenspiel mit der passiven Durchbewegung aller Körperteile die wichtigste Vorbeugung gegen Spastiken ist.

Spasmuslösende Medikamente bewirken Ruhigstellung, die die aktive Mobilisierung verhindert

Die Angehörigen sollten soviel wie möglich improvisieren und sich selber so wenig wie möglich in Abhängigkeit von Personal oder Hilfsmitteln begeben, wenn dies nicht unbedingt nötig ist, und wenn, dann nur so lange, wie es nötig ist. Dies ist gleichzeitig eine große Herausforderung für den Betroffenen, sich auf seinem Weg der Genesung vorwärts zu bewegen und nicht stehenzubleiben.

Immer wieder den Mut haben zu probieren, auszuprobieren, bloß nicht einer Routine verfallen und in einen Trott geraten, der jeden weiteren Fortschritt durch absinkende Motivation im Keim erstickt. Soviel wie möglich sollten äußere Reize gesetzt werden, verschiedene Ansprechpartner auf den Betroffenen einwirken und immer wieder neue Dinge ausprobiert werden. Die bestehende Behinderung zu akzeptieren ist der Ausgangspunkt für jede weitere Veränderung.

Mut machen und probieren

Wir entwickelten schon sehr früh mit den gegebenen Ausdrucksmöglichkeiten, zu der E. in der Verfassung war, ein Verfahren, um miteinander kommunizieren zu können. Anfangs konnte sie ausschließlich die Augen öffnen und schließen – also machten wir unter uns aus, »ja« bedeutet die Augen weit zu öffnen, »nein« bedeutet die Augen zu schließen, vehemente

Eigenes Kommunikationssystem

Verneinung hat E. stets mit heftigem »Augen auf und zu« beantwortet. Anfangs ist es sehr anstrengend für E. gewesen, und
sie war des öfteren einfach in »ihrer Welt«.

* * *

Eine weitere große Hilfestellung haben wir über eine junge,
selbst betroffene Frau bekommen. Sie hat uns Mut gemacht und
war die erste, die einen ganz normalen Umgang mit E. hatte,
sie begrüßte, in Gespräche einbezog und uns bestätigte, daß
auch sie alles, was um sie herum geschah, gehört und mitbekommen hatte.

Gebrauch einer Buchstabentafel zur ersten Kommunikation

Ihre Mutter hatte damals die Idee einer Schreibtafel, welche
sie uns zeigte: Eine Tafel aus dünnem Holz mit den alphabeti-
schen Buchstaben darauf geklebt unter einer klaren Folie.

Anfangs mußten wir E. noch helfen und den Ellbogen stüt-
zen bzw. die Hand führen, da sie noch nicht soviel Kraft und
Feinmotorik dazu besaß. Da bestand doch gleich wieder der
Verdacht, wir führen Selbstgespräche. E. identifizierte die
Buchstaben jedoch klar und deutlich erkennbar selber! Nicht
mal in der Reha-Klinik wurde diese Methode aus oben genann-
tem Grund anerkannt. Heute werden auch dort Buchstabenta-
feln selbstverständlich eingesetzt.

Diese Kommunikation ermöglichte es E., eine sehr differen-
zierte Ausdrucksform zu benutzen, um ihren Kommentar auch
beispielsweise über Ereignisse und Erlebnisse in den Therapiestunden abzugeben, der entscheidend zum Verlauf der Therapiestunden beitragen konnte. Mißverständnisse konnten so aus
dem Weg geräumt werden, und die individuellen Bedürfnisse
von E. konnten berücksichtigt und in die Therapie mit eingebaut werden.

Diese Buchstabentafel begleitete uns überall hin. Sie steht
nun als Erinnerung auf dem Schrank. Ohne sie wäre die Welt
von E. ein großes Stück kleiner und einsamer gewesen.

Der Computer ist ein gut einsetzbares Hilfsmittel

Wir haben außerdem verschiedene Systeme zur Kommunikation am Computer ausprobiert, der ein gut einsetzbares
Hilfsmittel für den Betroffenen ist.

Die Unfähigkeit, sich verbal zu äußern, führt in dieser Gesellschaft leider allzu schnell dazu, daß man als Betroffener nicht ernst genommen wird, schlimmer noch, die Umgebung verfrachtet einen auf die Stufe eines Kleinkindes zurück. Wir haben mit E. die Erfahrung gemacht, daß alle großen Meilensteine auf dem Weg des Fortschritts durch eine äußere Veränderung stattgefunden haben.

Das Reisen, das E. so vertraut war in ihrem Leben vor dem Ereignis, hat viel bewirkt. Traut euch! Reisen im Rollstuhl ist wunderbar, es gibt viele Reiseführer, die extra darauf spezialisiert sind, es gibt wunderschöne Reisen im Wohnmobil, mit der Bahn oder auch mit dem Flugzeug.

Äußere Veränderungen bringen Fortschritte in Gang

* * *

Wir möchten an dieser Stelle noch ein kleines Patent unter euch bringen, wie wir das Thema des Pieselns gelöst haben: Für Männer ja nicht allzu schwierig durch Uridome zu lösen, für Frauen folgenden Vorschlag: Es wird ein ganz normaler steriler Frauen-Dauerkatheter (individuelle Größen) gelegt (zum Beispiel ein »Norta« Ballonkatheter), dieser ist in der Blase mit einem kleinen Ballon, der mit sterilem Wasser aufgefüllt wird, geblockt, so daß er nicht wieder herausrutscht. Einen solchen Katheter zu legen geht schnell und ist unkompliziert. An den unteren Ablauf, an den normalerweise nur der Katheterbeutel angeschlossen wird, kommt nun ein steriler Katheterstöpsel mit Ablaufverschluß (siehe Verzeichnis über Hilfsmittel). Das Katheterventil kann aufgeschnappt werden, um den Urin bei Bedarf einfach ablaufen zu lassen. Dies stellt ein geschlossenes, steriles System dar, das den großen Vorteil hat, daß der physiologische Füllungszustand der Blase erhalten bleibt – die Trägerin merkt ihre volle Blase wie gewohnt, ist aber nicht auf eine Toilette angewiesen, sondern kann den Urin in einen geschlossenen Behälter laufen lassen – für diesen Zweck ist zum Beispiel ein Plastik-Sondernahrungsbehälter mit Schraubdeckel ideal. Dieser kann dann diskret von dem Begleiter geleert werden. Bei Systemen, die einen ständigen Ablauf haben, wie zum

Dauerkatheter Der Vorteil ist: Spüren des Füllungszustandes der Blase und Wasserlassen, ohne auf die Toilette angewiesen zu sein

Beispiel bei angeschlossenen Beinhalter-Beuteln, besteht der große Nachteil darin, daß die Blase ständig leer ist und kein Füllungsreiz mehr besteht, das heißt, unter Umständen muß nach Entfernung des Katheters wieder mit dem Blasentraining angefangen werden, um nicht inkontinent zu sein. Schließlich hat E. lange darauf hingearbeitet, diesen »Piesel-Reiz« wieder kontrollieren zu können. Die Liegedauer ist für Dauerkatheter begrenzt, eignet sich aber hervorragend für längere Reisezeiten – das Katheterende kann in die Unterhose gelegt werden und ist von außen nicht sichtbar. Blasentraining ist ganz wichtig bei liegendem Dauerkatheter! Die Blase ist ein Muskel und kann trainiert werden, ein Dauerkatheter für den Rest des Lebens ist zwar laut ärztlichem Rat die medizinisch-pflegerische Lösung, ist aber keine Begründung, diese so einfache Maßnahme unversucht zu lassen. Denn sie führt oft mit viel Geduld zum Erfolg.

Ideal für längere Reisen: Katheterende nicht sichtbar

Da haben wir mit E. mehrere Monate hingearbeitet, um zu erreichen, daß sich die Blase rechtzeitig wieder beim Hirn »anmeldet«, und freuen uns nun, daß E. wieder erkennt, wann sie pieseln muß. Leider wird jedoch in der Öffentlichkeit viel zu wenig Rücksicht auf Behinderte genommen, und so fehlt es oft an Toiletten, die auch von Rollstuhlfahrern benutzt werden können.

Erster Aufenthalt im Logopädischen Rehabilitationszentrum Lindlar, Juni/Juli 1996

Im Logopädischen Reha-Zentrum in Lindlar hat E. sehr intensive Lerntage verbracht, die sie einen großen Schritt weitergebracht haben. Es wurde den Patienten dort sicher viel abverlangt, wie auch den Begleitpersonen, die in das Therapiekonzept mit eingebunden waren, doch spielt sich die Therapiearbeit in einer ausgesprochen motivierenden wie auch harmonischen Atmosphäre ab. Die Anzahl der Patienten ist zahlenmäßig auf maximal 26 begrenzt. Schnell kannten sich daher Patienten und begleitende Partner mit Namen; Ursachen oder Auslöser individueller Sprachstörungen wurden offen in der Gruppe besprochen. Hierdurch war sofort ein Gefühl des Vertrauens und der Zusammengehörigkeit und somit auch ein kommunikatives Umfeld für Begegnungen, insbesondere außerhalb der offiziell angesetzten Einzel- und Gruppentherapien, geschaffen.

Offenes Gespräch fördert Vertrauen und Zusammengehörigkeit

E. hatte eine sechswöchige Intensiv-Sprachtherapie belegt; ein Intensivprogramm im wahrsten Sinne des Wortes. Täglich wurden zwei Einzeltherapien zu je einer dreiviertel Stunde durchgeführt. Hinzu kamen mindestens eine Gruppentherapie sowie wenigstens zwei Übungseinheiten zusammen mit Praktikant(inn)en. Des weiteren wurden Gruppentherapien kreativen Inhalts (Gesprächsrunde, Kunst, Bewegung, Senso-Motorik, Singen etc.) angeboten. E. hatte neben ihrer logopädischen Therapie täglich noch eine Doppeleinheit Gymnastik fest in ihrem Programm eingebaut. Da auch der Samstag im Logopädischen Zentrum kein reiner Ruhetag war – Gruppenaktivität stand im Angebot –, blieb nur der Sonntag zur dringend benötigten Erholung. E. schlief dann praktisch den ganzen Tag.

Anfänglich war ich doch ein wenig skeptisch, ob der Energiehaushalt von E. diesen Anforderungen gewachsen sein würde. Der berühmte »tote Punkt« kam dann auch, doch mit Bravour meisterte sie dieses Handicap. Nach der ersten Woche allerdings hatte sie buchstäblich ihre Sprache verloren gehabt. Kein einziger Laut kam mehr über ihre Lippen. Die Ursache für diese erneute »Sprachlosigkeit« lag schlichtweg in ihrem Lerneifer begründet. Sie konnte einfach keinen Schlußpunkt setzen und übte selbst im Schlaf noch Konsonanten und Vokale! Mit Massage und diversen anderen angenehmen Zuwendungen war aber auch dieser »Einbruch« schnell wieder im Griff, und von da an ging es so richtig aufwärts.

* * *

Besonders nach unserem zweiten Aufenthalt in Lindlar machte E. gute Fortschritte im Sprechen; sie beherrscht jetzt praktisch alle Lautbildungen. Selbst solche kompliziert zu bildenden Laute wie »ks-t« bringt sie problemlos heraus. »Eine artikulatorische Glanzleistung«, wie die Therapeutin anerkennend be-

Beispiele sprachtherapeutischer Inhalte

merkte! Doch noch fehlt es E. an der nötigen »Luft«, um letztlich auch wieder lauter sprechen zu können. Ihre Stimme ist zum Leidwesen von E. immer noch tief und relativ leise. Das Wort wird eher herausgepreßt, als daß es frei aus ihrem Munde sprudelt. So wird in der Therapie momentan viel Augenmerk auch auf die Atmungs(re)aktivierung gelegt. Atmung war immer ein ganz wichtiger und zentraler Bestandteil in Ollis Yoga-Arbeit – sie kennt sich also aus. Doch ihr Zwerchfell, wie überhaupt der gesamte Bauchbereich, ist noch nicht gänzlich frei von dieser hartnäckigen Lähmung. Trotzdem, die sehr intensiven Atem- wie Sprachübungen zeigen erstaunliche Wirkungen.

Gewiß, es dauert seine Zeit; der »Erfolg« ist mühevoll erarbeitet. Aber dieser »Erfolg« ist mach- und erreichbar. Nicht nur E.s Genesungsverlauf straft gewisse Ärzte Lügen, die da allzu leichtfertig bzw. fahrlässig Prognosen stell(t)en mit der Aussage: »Da tut sich nichts mehr.« Aus Gesprächen mit Betroffenen und Partnern höre ich immer wieder Parallelen zu den von uns gemachten eigenen und teilweise recht negativen Erfahrungen heraus. Entmutigende Aussagen gewisser Neurologen, die einen Verlust bzw. eine Einschränkung an Sprache und/oder motorischen Fähigkeiten als unveränderbar hinstellen: Nicht gerade motivierend für die Betroffenen und Angehörigen. Schlimmer noch: Vor diesem Hintergrund zeichnet die z. Zt. wieder geführte öffentliche Diskussion über Euthanasie (zum Beispiel Hirntodpatienten die Nahrung verweigern; Aufweichen der Definition »Tod« – offensichtlich mit dem Ziel der erleichterten Organentnahme etc.!) ein mehr als erschreckendes Bild.

Erfolg ist mach- und erreichbar trotz negativer Prognosen

Für E. alles kein Problem. Sie arbeitet weiter (»Arbeiten, Arbeiten, nichts als Arbeiten«, meint sie). Und ihr nicht versiegendes fröhliches Lachen hat schon manch einen Patienten zu einer anderen Sichtweise der Dinge veranlaßt.

Klaus Lunow, Chemiker

»Im komatösen Zustand hatte ich schreckliche Träume.«

Dysarthrie und Dysarthrophonie als Folge einer Nierenkolik mit anschließender Blutvergiftung mit hypoxischem Hirnschaden im Alter von 63 Jahren

An einem Mittwoch abend im Januar 1993 bin ich mit einer Nierenkolik ins Krankenhaus gefahren, wo man einen Harnleiterstein in Reiskorngröße diagnostizierte. Ich wurde operiert und bekam danach, als ich wieder auf meinem Zimmer war, eine Schnappatmung und Fieber. Wenn meine Frau und meine Tochter nicht gekommen wären, vielleicht wäre ich dann schon tot.

Wir kamen abends in dem verfluchten Krankenhaus in U. an. Ich hatte starke Nierenschmerzen, und Urin konnte ich nicht lassen. An alles weitere kann ich mich nicht mehr erinnern. Ich dachte, ich wär' lebend im Sarg, ich schrie, aber keiner hat mich gehört. Ich habe gedacht, das wäre ein Alptraum, ich müßte jeden Moment aufwachen, Christa müßte das doch hören. Ich habe dann Stimmen gehört, ich konnte sie nicht erkennen, ich habe gedacht, sie gehören den Toten. Ich lag unter einem Haufen Geröll, da waren Eisenträger und Drahtmatten. Ich war dann in Stettin, ich bin mit meiner Mutter und Tante Hulda in den Semmelberg-Bunker gegangen, als wir rauskamen, stand die ganze Straße in Flammen. Ich habe das tatsächlich erlebt, mit sechs Jahren war ich mit meiner Mutter nach Stettin gefahren und in einen schweren Luftangriff gekommen. Im Tiefschlaf mußten meine Gedanken in einem schlimmen Zustand gewesen sein.

Die Fenster der wenigen Häuser, die noch standen, waren mit Brettern vernagelt. Es schien die Sonne, die Menschen saßen draußen im Café und hatten eine Menge Kuchen vor sich stehen. Es fiel mir auf, die Menschen hatten gar keine Augen, sie saßen stumm vor ihrem Kuchen. Ich wollte weg, aber sie ließen mich nicht weg. Sie warfen mir Netze über, und ich saß gefangen. Ich saß plötzlich draußen auf dem Hubschrauber, wir flogen über die Eifel, ich hielt mich krampfhaft fest. Die Kräfte haben mich verlassen, und ich bin dann in die Tiefe gestürzt auf einen Flugplatz bei den Engländern in Krefeld. Die haben mich zu einem Krankenhaus in Wesel gebracht, da war eine Fähre über einen Fluß, die man mit einem Seil in Tätigkeit setzen mußte. Dort wurden die Betten für das Krankenhaus gereinigt, ich kam aus der Fähre nicht mehr raus. Ich war verzweifelt, habe mich dann meinem Schicksal ergeben.

* * *

Wahrnehmungen und Gedanken im komatösen Zustand

Ich habe gedacht, das Krankenhaus in U., das war die Hölle, ich habe mich getäuscht, das war der Vorhof zur Hölle. In U. habe ich das meiste nicht mitbekommen, ich lag im Schlaf. In G., wohin ich später kam, haben die Pfleger mir zuerst einen Einlauf in den Darm gemacht. Das Gespräch unter den Pflegern drehte sich darum, meinen Darm zu entleeren. Es fielen derbe Worte wie »Betonscheiße«. Ein Pfleger sagte zum anderen: »Gib dem viel zu trinken, damit die verdammte Chemie rauskommen kann.« Ich nahm an, ich hatte einen Chemieunfall im Labor gehabt. Ich konnte mich an nichts erinnern, auch daß ich im Vorruhestand war, war aus meinem Gedächtnis verschwunden. Der Herr K., der in der Hüttenstraße unser Haus gekauft hat, war in G. als Pfleger auf der Nachtschicht. Ich habe ihn angesprochen, aber er hat nicht darauf reagiert. Als ich zum ersten Mal den Leiter der Station gesehen habe, habe ich gedacht, von dem Mann kann ich keine Hilfe erwarten. Er war sehr arrogant und von sich eingenommen und eiskalt. Er kam mir vor wie ein KZ-Arzt. Morgens konnte ich noch klar denken, gegen 10 Uhr war ich wegen der Beruhigungsmittel leicht benebelt, zu den Therapien war ich dann zu müde und bin meistens eingeschlafen. Ich war einsam und verlassen, Besuch gehörte zu den einzigen Lichtblicken, die ich hatte. Ich habe mich gegrault vor dem Alleinsein, ich hatte nachts immer so grausame Träume. Ich schrie nachts immer, wenn man mich auf den linken Arm legte. Man hatte mir in U. den Arm überdehnt. Ich hatte sehr große Schmerzen. Einmal hat mich nachts, weil ich so laut geschrien habe, ein Pfleger brutal geschlagen. Ich hatte sehr große Schmerzen. Das ist mindestens dreimal in der Woche passiert, wenn der Pfleger Nachtdienst hatte. Lag ich auf dem Rücken, war ich die ganze Nacht ruhig. Die Leute haben mir trotzdem sehr starke Drogen gegeben. Schuld hatte die Klinikleitung!!

Axel Binder
»Obwohl oft nur kleine Erfolge sichtbar waren, spornten sie uns doch immer wieder an, mit unseren Übungen weiterzumachen.«
Dysarthrie und Dysarthrophonie nach Schädel-Hirn-Trauma im Alter von 17 Jahren

Diesen Artikel habe ich mit Hilfe meiner Mutter verfaßt.

Am 5. April 1991 wurde ich im Alter von 17 Jahren als Beifahrer im Auto eines Schulfreundes bei einem Unfall lebensgefährlich verletzt. Von den Ereignissen der ersten Monaten danach weiß ich nur aus den Erzählungen meiner Eltern. Zuerst kam ich mit dem Hubschrauber in die medizinische Hochschule H. Dort wurde ich in den ersten vier Wochen auf der Intensivstation versorgt. Mit einem Schädel-Hirn-Trauma und schweren Lungenverletzungen überstand ich die kritischen Wochen.

Vom Personal wurde ich liebevoll umsorgt, die Ärzte gaben meinen Eltern wenig Hoffnung, und wenn, ziemlich abwertende.

Zur Überbrückung wurde ich in das für uns zuständige Krankenhaus nach Uelzen gebracht. Dort mußte ich wieder auf die Intensivstation, da, bedingt durch die schweren Verletzungen, immer wieder Fieber und andere Komplikationen auftraten. Hier wurde ich sowohl von medizinischer Seite als auch vom Personal mit ganz viel Einsatz und liebevoller Pflege betreut.

Nach sieben Wochen genauer Beobachtung stellte mein Vater fest, daß ich ihn schon verstehen konnte. Auf seine Aufforderung: »Wenn du mich verstanden hast, schließe die Augen«, konnte ich es deutlich machen. Ein erstes Zeichen meiner Wahrnehmungen begann.

Als dann ein Platz im Langzeitkrankenhaus in Coppenbrügge frei wurde, kam ich dorthin, und meine Mutter begleitete mich. Nach den ersten Eindrücken war sie ziemlich enttäuscht, daß sie über eventuelle Vorgänge und Abläufe nur wenig Information erhielt.

* * *

Nonverbale Signale sind oft so wichtig!

Das erste halbe Jahr war ein ständiges Auf und Ab mit meiner Genesung. Es gab immer wieder Rückschläge, teils durch Unaufmerksamkeit und Nachlässigkeit des Personals, beispielsweise eine Beinverletzung durch scharfe Kanten am Bett, ein Sturz aus dem Bett durch Gleichgültigkeit und nachlässige Prüfung der Magensonde (aufgrund meiner Verletzung mußte ich künstlich ernährt werden).

Ich kam auf die Intensivstation nach Hameln, da im Haus selbst keine Möglichkeit bestand und bekam eine gute ärztliche Versorgung und liebevolles Personal.

Meine Eltern durften den ganzen Tag bei mir sein (ist nicht auf jeder Intensivstation möglich), denn zu dem Zeitpunkt (September 1991) habe ich schon vieles verstanden und konnte mich durch Augenschließen gut mitteilen.

Nach knapp einer Woche kam ich wieder zurück nach Coppenbrügge, es ging nur langsam aufwärts. Nach etwa sechs Wochen konnten wir, d. h. meine Mutter und ich, endlich den ersten kleinen Spaziergang mit dem Rollstuhl nach draußen in den Park machen.

Obwohl kaum merklich, waren doch winzige Fortschritte zu spüren. Zu Weihnachten machten wir dann den ersten Besuch nach acht Monaten zu Hause. Wir hatten 16 Tage frei. Es war für meine Eltern eine anstrengende Zeit, denn meine Spastik war so stark, daß ich oft über Stunden nur stöhnte und strampelte.

Starke Spastik schmerzt

Meine Mutter versuchte, mit viel Geduld die Flaschennahrung abzusetzen und mich mit Brei zu füttern. Da ich schon immer gern essen mochte, zeigte sich auch jetzt wieder mein Appetit. Das Trinken ging nur ganz vorsichtig mit einem Teelöffel, so daß die Sonde bis März 1992 noch für die Flüssigkeitszufuhr erforderlich blieb. Im Abstand von 14 Tagen durften wir dann nach Hause fahren, da meine Eltern mich selbst im Auto transportieren konnten. Ich konnte meine Freude schon recht gut zum Ausdruck bringen. Oft bekam ich Besuch von alten Freunden. Inzwischen konnte ich mich auch mit einer Buchstabentafel verständlich machen, es ging erst recht langsam, aber je beweglicher meine Arme und Hände wurden, um so besser klappte es. Dazu bekam ich vom Krankenhaus ein Schreibgerät gestellt, wo ich mit einer großen Tastatur Wörter, Sätze und sogar meinen ersten Brief eintippen konnte. Auf mein ständiges Fragen und Bitten, wann ich für immer zu Hause bleiben könnte (denn es fiel mir sehr schwer, immer wieder den Weg nach Coppenbrügge machen zu müssen), faßten meine Eltern den Entschluß, unser Haus rollstuhlgerecht umzubauen.

»Sprechen« mit Hilfe der Buchstabentafel und eines Schreibgerätes

* * *

Anfang November 1992 war es dann endlich soweit, ich durfte nach endlosen Monaten ganz zu Hause bleiben. Auch für Therapeuten war gesorgt, Krankengymnastik und Ergotherapie bekam ich durch Hausbesuche.

Durch weitere Informationen erfuhren wir von dem Logopädischen Reha-Zentrum in Lindlar. Dort war dann im Sommer

1993 mein erster sechswöchiger Aufenthalt. Es wurden ganz intensiv Mundmotorik und Stimme trainiert. Trotz der anstrengenden Maßnahmen hatten wir in der familiären Atmosphäre auch Gelegenheit, neue Kontakte zu knüpfen, Informationen auszutauschen und neue Freunde zu gewinnen. Da ich sehr aufgeschlossen bin, hatte ich keine Schwierigkeiten, auf fremde Menschen zuzugehen.

Zu Hause versuchten wir mit viel Motivation, das neu Gelernte weiter zu üben. Das wichtige war, daß wir zur Unterstützung eine Fachkraft für die Sprachtherapie brauchten. Dabei haben wir durch Empfehlung unsere Sprachtherapeutin kennengelernt. Sie unterstützt uns bis heute mit viel Verständnis und unermüdlichem Einsatz.

Das Jahr verging mit vielen Therapien und fleißigem Üben. Es folgten weitere Intensivmaßnahmen im Frühjahr und Herbst 1994 in Lindlar. Das Ziel war weiterhin das Training von Atmung, Stimme und Mundmotorik. Durch ganz gezielte Übungen gelang es, auch den Mundschluß besser zu kontrollieren und das bewußte Schlucken. Obwohl oft nur kleine Erfolge sichtbar waren, spornten sie uns doch immer wieder an, mit unseren Übungen weiterzumachen. Trotz Eifer und viel Mühe blieb die bewußte Stimmbildung ein Problem. Manchmal zweifelte ich, ob sich die Mühe überhaupt lohne, denn es gab auch Tage, an denen einfach nichts klappen wollte.

* * *

Ein neues Hobby

Inzwischen hatte ich allerdings ein Hobby, und das war das Schreiben am Computer. Es machte mir ganz viel Spaß, Briefe zu schreiben, und ich freute mich immer auf Antwort.

Im Herbst machte ich dann eine besonders nette Bekanntschaft. Ich lernte im Reha-Zentrum eine Praktikantin kennen, die in der Nähe ihr Pferd betreute, und wir durften sie dort einige Male besuchen. Ich begann meine Liebe zu Pferden zu entdecken, denn es war ein besonders treues Tier und ließ sich auch von mir streicheln. Dieses Erlebnis und die neugewonnene Freundschaft gaben mir immer wieder Antrieb, in das Reha-

Zentrum zu kommen. Natürlich standen die Therapien im Vordergrund, Mundschluß, Schluckübungen, Atemkontrolle und Stimme weiter aufzubauen, zu vertiefen und zu ergänzen. Außerdem war das Angebot von »Sprache als Kunst« ein angenehmer Ausgleich zu den anstrengenden Therapien. Auch die Krankengymnastik habe ich immer gern in Anspruch genommen. Im Anschluß der Intensivmaßnahmen begann im Mai immer die Vorbereitung für meinen Geburtstag. Es ist der schönste und wichtigste Tag des Jahres für mich, denn da besuchen mich viele alte Freunde und Bekannte, und das genieße ich ganz besonders.

Um einmal Abstand von den Therapien zu bekommen, machten wir im Oktober eine Woche Urlaub in Grömitz an der Ostsee. Hier konnten wir in einer rollstuhlgerechten Ferienwohnung ohne Streß und Termine bei herrlichem Wetter unsere freien Tage genießen.

Wir versuchten es im November 1995 mit einer weiteren Reha-Maßnahme im Neurologischen Zentrum in Bad Segeberg, wo überwiegend das körperliche Training im Vordergrund stand. Es wurde auch Reiten als Therapie angeboten, und es machte mir viel Spaß. Es ließ sich dann auch zu Hause eine Möglichkeit finden, um die Hippotherapie wahrzunehmen, sie dient besonders der Gleichgewichtsfindung.

Reittherapie dient dem Körpergefühl und der Gleichgewichtsfindung

Bei all den vielen Therapien und Reha-Aufenthalten versuchte ich, zwischendurch Kontakte mit Freunden zu halten und freute mich immer besonders, wenn ich zu »Feten« eingeladen wurde. Von meinen Eltern wurde ich dorthin gebracht und blieb oft ein paar Stunden allein dort, wobei ich mich recht wohl fühlte. Oft lernte ich somit auch neue Leute kennen und führe inzwischen mit vielen einen regen Briefwechsel.

Im April 1996 folgte der fünfte Aufenthalt in Lindlar. Er ist schon zu einem festen Bestandteil auf dem doch recht langen und mühsamen Weg meiner Behinderung geworden. Obwohl die Veränderungen oft nur gering sind, versuche ich mich doch immer wieder aktiv und fröhlich den neuen Aufgaben zu stellen. Die Schwerpunkte der Therapie lagen wieder im Bereich

Die rehabilitative Entwicklung erfolgt Schritt für Schritt

der mundmotorischen Übungen (Lippen, Zunge, Kiefer) und in dem Einsatz der Stimme mit Atemübungen. Bei der Krankengymnastik wurde weiterhin am Gleichgewicht gearbeitet. Mit meinen erlangten Erfolgen ging es frohen Mutes zu Hause weiter. Der Sommer wurde recht abwechslungsreich, mit einem ersten Urlaub im Hotel (nicht rollstuhlgerecht). Es kam das tägliche Treppensteigen dazu, da das Zimmer im ersten Stock lag. Für mich aber eine Herausforderung. Eine Woche war wieder im September in Grömitz gebucht, wo wir diesmal auch ein bißchen die Umgebung erkundeten.

Danach war dann im Oktober Bad Segeberg wieder für vier Wochen auf dem Plan. Das Angebot der Therapien war sehr umfangreich, und da ich schon ziemlich belastbar geworden war, konnte ich mehr Therapien als im Vorjahr wahrnehmen. Natürlich war auch die Hippotherapie wieder dabei. Im Laufe des Jahres hatte ich da schon gute Fortschritte gemacht und immer noch viel Freude daran. Insgesamt war nach der Intensivmaßnahme eine sichtbar größere Stabilität erreicht.

Aufgrund dieser guten Erfolge werden wir weiterhin die Intensivmaßnahmen zweimal im Jahr fortführen. Wir hoffen, daß uns durch die Gesundheitsreform diese Therapien nicht gestrichen werden.

Hardy Lenz

»und das alles, weil mein freund zu schnell gefahren war.«

Dysarthrie und Dysarthrophonie nach Schädel-Hirn-Trauma im Alter von 30 Jahren

am 26. 5. 1995 habe ich zusammen mit meinem freund thomas den 30. geburtstag gefeiert. da ich an diesem abend mein auto stehengelassen habe, wollte ich dieses nun den naechsten tag mit meinem freund frank abholen. auf dem weg dorthin passierte der unfall, der mein leben ab diesem zeitpunkt gravierend veraendert hat. ich bin mit dem hubschrauber nach bochum geflogen worden. ich hatte zu diesem zeitpunkt nur einen oberschenkeltrümmerbruch. am 10. 6. bekam ich dann eine lungenembolie und lag bis zum 22. 6. auf der intensivstation. dann kam ich auf ein normales zimmer. am 27. 7. wurde ich ins krankenhaus nach s. verlegt. durch eine zum teil falsche bettlagerung hat sich meine huefte versteift. ebenfalls habe ich die sprache verloren, bis heute.

am 07. 9. verschlug es mich nach braunfels. dort ging es mir besser. neben umfangreicher krankengymnastik standen auch sprachtherapie, computertraining und ergotherapie auf dem taeglichen uebungsplan. die hauptsache aber war der umstand, dass ich am wochenende immer nach hause durfte. es war zwar immer umstaendlich, was den umgang zu hause betraf. zum einen brauchten wir ein krankenbett, und dann stellte sich die frage, wie kann ich duschen. mittlerweile haben wir die dusche behindertengerecht umgebaut.

am 4. 4. 1996 kam ich dann nach hause. zwischendurch bekam ich krankengymnastik und auch sprachtherapie. ich wurde, da die einzelnen therapieplaetze an zwei unterschiedlichen orten waren, mit einem fahrzeug des roten kreuzes abgeholt. die krankengymnastin war echt gut, nicht zuletzt deshalb, weil sie sehr gut aussah. wir haben in der zeit viel spass gehabt. anders sah es mit meiner sprachtherapeutin aus. wir waren total nicht auf einer wellenlaenge. sie brachte absolut nichts aus mir heraus.

Wenn die »Chemie« zwischen Betroffenen und Helfern nicht stimmt

am 30. 6. verschlug es mich nach freiburg in die mooswaldklinik. hier war es spitze. sie muessen sich vorstellen, dass die klinik in einem dorint hotel untergebracht war, d. h., wir konnten neben den behandlungen den komfort eines luxushotels geniessen. Ich erhielt umfangreiche krankengymnastik, die behandelnde person war, wie bereits bei der gymnastik in bad marienberg, eine suesse maus. tja, glueck muss man haben. mein vater war ebenfalls so sehr begeistert, dass er sie mit nach hause nehmen wollte. daneben gab es auch noch die massage.

mein masseur hat mich ein paarmal mit ins kino genommen. eine besondere freude hat mir das schwimmen im eigenen thermalbad gemacht. zu diesem zweck habe ich verschiedene ringe aus styropor umgelegt bekommen. das wasser war einfach genial. mindestens 32° warm. so, nach dieser fuer mich angenehmen art der therapie, durfte ich wieder nach hause.

Eindrücke und Erlebnisse in der Ukraine

am 15.9.1996 bin ich mit meinen eltern in die ukraine geflogen. dort sollte mir, was die knochen angeht, geholfen werden. ich kann ihnen nur sagen, das war ein abenteuer. das fing schon am flughafen an. ich wurde von zwei starken des roten kreuzes in den flieger gehoben. im flieger selbst gab es keine schwierigkeiten. wegen meiner langen beine wurde in der ersten sitzreihe ein platz fuer mich reserviert. in kiew angekommen, traf uns fast der schlag. man hatte das gefuehl, die zeit waere stehengeblieben. die zimmer des sanatoriums waren total veraltet. mal gab es keine heizung, mal gab es keinen strom. ich sage ihnen, das war ein abenteuer. zu der behandlungsmethode sei nur kurz gesagt, dass sie fuer mich schmerzhaft war. es wurde an mir rumgebogen und eingerenkt. zudem war das essen echt beschissen, jeden morgen das gleiche. es war nur gut, dass wir uns noch einige lebensmittel mitgenommen hatten. mittags gab es nur eine duenne suppe, kartoffelpueree und fleisch (boese zungen haben behauptet, es waere auch hundefleisch dabeigewesen). zum nachtisch gab es meistens pfannkuchen mit gelee. und das passierte mir, wo ich doch fuer mein leben gern pfeffersteak mit pommes und salat esse. auf den alltäglichen spazierfahrten konnten wir feststellen, wie gut es uns doch im grunde genommen geht. man konnte glauben, die zeit sei stehengeblieben. kein teer auf den strassen, mangelhafte kanalisation. ich war heilfroh, als es am 29.9. wieder nach hause ging.

* * *

aber nichtsdestotrotz, auf die faule haut durfte ich mich nur kurz legen. denn bereits einige zeit später, naemlich am 2.10.1996, ging es ab in das reha-zentrum in lindlar. schon beim betreten

der appartements war mir klar, hier kann man sich wohl fueh-
len. die ansprechende einrichtung laesst keine wuensche offen.
alles bestens, dachte ich mir. und so war es auch dann. die
therapeuten, alle durch die bank, waren bemueht, mir die sprache wiederzugeben, die atmosphaere im haus mit allen ihren
mitarbeitern hinterliess bei mir den eindruck, in einer grossen
familie zu sein. es wurde mir aber bewusst, dass es noch vieler
therapiestunden bedarf, bis ich wieder sprechen kann.

so, nun bin ich wieder zu hause. eine sprachtherapie einmal
die woche ist viel zuwenig, aber bei uns sind therapeuten man-
gelware, ich bekomme noch krankengymnastik. einmal die
woche kommt er ins haus. im anderen fall muss ich etwa 15
Kilometer mit dem auto fahren. aber mir ist voll bewusst, dass
es noch einige zeit dauert, bis ich wieder laufen und sprechen
kann. hier lebt man, was therapieplätze angeht, hinter dem
mond.

und das alles, weil mein freund, vielmehr ist er es inzwischen nicht mehr, weil er mich die ganze zeit ueber nur ein
paarmal besucht hat, zu schnell gefahren war. in dem bruchteil
einer sekunde hatte er die gewalt ueber seinen neuen bmw
verloren. tja, das mit den freunden ist so eine sache, von meinem anfaenglich so grossen bekanntenkreis sind nur noch ein
paar, aber wirklich gute freunde uebriggeblieben. sie unternehmen sehr viel mit mir. sei es eine fahrt ins kino, im sommer an
den baggersee oder auch nur mal so, um einen gemuetlichen
abend zu verbringen. so, das waren sie im grunde genommen
schon alle. die anderen kann man in der beruehmten pfeiffe
rauchen. wie wichtig gerade in meiner situation freunde sind,
hat mir das heute, wo ich auf fremde hilfe angewiesen bin,
gezeigt.

Die Bedeutung guter Freunde in der Not

* * *

meine schwester simone versucht sich als ersatztherapeutin.
sie macht die sache wirklich gut. des weiteren habe ich noch
eine huerde zu nehmen, naemlich das entfernen meiner mark-
naegel, die sich immer noch in meinem bein befinden. das gibt

nochmals eine schwierige operation. aber auch diese huerde
werde ich tapfer ueberstehen. dass noch ein weiter weg vor mir
liegt, bis ich wieder laufen und sprechen kann, ist mir bewusst.
aber durch die hilfe meiner eltern und meiner schwester finde
ich meinen weg, naemlich gesund zu werden.

Familie Raffetseder
»Es lohnt sich, um jede Therapie-möglichkeit zu kämpfen. Man muß sich allerdings sehr bemühen, die kleinen Fortschritte zu sehen.«

Dysarthrie und Dysarthrophonie nach Schädel-Hirn-Trauma bei Mopedunfall im Alter von 12 Jahren

Bis zum 21. Mai 1992 waren wir, d. h. mein Gatte, meine
beiden Töchter (12 und 16) und ich, eine glückliche Familie.
Ich bin in einer Firma als Büroangestellte tätig, mein Mann ist
Schlosser von Beruf, und meine beiden Töchter waren noch
beide schulpflichtig. Mit 16 Jahren kaufte sich meine ältere
Tochter Monika ein Moped. An diesem 21. Mai wollte Regina
unbedingt mit ihrer älteren Schwester eine kleine Fahrt unternehmen. Gesagt, getan. Beide kamen aus ungeklärter Weise
zu Sturz. Monika erlitt dabei keine schlimmeren Verletzungen,
sie kam mit einigen Schürfwunden und einer Platzwunde am
Kopf davon. Regina dagegen erlitt enorme Kopfverletzungen,
obwohl beide einen Sturzhelm trugen. Am ganzen Körper waren keine Kratzer und keine Abschürfungen zu sehen. Wohl
aber ihr Kopf trug schwerste Schäden davon. Erwähnen möchte ich noch dazu, daß bei Regina die Brille, die sie beim Unfall
trug, nicht kaputtging. Der Notarztwagen wurde sofort verstän-
digt und brachte Regina in das nächste Krankenhaus. Hier

wurde Akut-Versorgung geleistet, und mit einem Hubschrauber wurde sie dann ins nächstgelegene Krankenhaus für Kopfverletzungen transportiert. Es folgten 14 Operationen in einem Zeitraum von drei Monaten. Die genaue Diagnose wurde wie nachstehend von den Ärzten festgestellt: *»SHT, epidurales und subdurales Hämatom temp. basal rechts, Hirnödem, frontobasale Fraktur, Liquorzirkulationsstörung«*; kurz gesagt: schwerste Schäden im Gehirn. Ihre massive Gehirnschwellung war fast nicht in den Griff zu bekommen. Es wurde ein Shunt gelegt, um die Gehirnflüssigkeit abzuleiten. Ich kann an diese Zeit nur mit Schrecken zurückdenken. Jeden Tag saßen wir auf der Intensivstation neben ihrem Bett und hielten ihre Hand. Wir bemerkten schon damals, daß ihre Herzfrequenz, wenn wir mit ihr sprachen, höher wurde. Manche Ärzte meinten schon zu diesem Zeitpunkt, daß Regina in ihrem Unterbewußtsein etwas von unserer Anwesenheit merkt. Die Aussagen von den Ärzten machten uns total fertig: Lebenslanges Liegen mit offenen Augen ohne Reaktion, totale Behinderung, Sterben usw. waren die Prognosen, die wir am Bett unserer Regina erfuhren.

Nach drei Monaten wurde Regina dann in eine kleine Reha-Station verlegt, die in der Nähe von unserem Heimatort ist. Dort wurden wir wieder total von den Aussagen der Ärzte entmutigt. Alles ging wieder von vorn los. Wir mußten lernen, die schlechten Prognosen einfach wegzustecken. Bald fing Regina dann zu lachen an, wenn einem Pfleger oder einer Schwester etwas mißlang. Anfang Dezember durften wir Regina für einen Tag mit nach Hause nehmen. Ich kann keinem mitteilen, wie groß meine Angst davor war. Zu diesem Zeitpunkt wußten wir noch nicht, ob sie ihre eigenen Eltern, ihre Schwester bzw. ihr Zuhause erkennen würde. Durch Zufall kamen wir darauf, daß sie sehr wohl alles wahrnimmt, nur keine Möglichkeit hat, es auszudrücken. Mein Gatte stellte sich in eine Ecke in der Küche, ich in die gegenüberliegende. Mit der Aufforderung: »Schau zum Papa«, konnte man an ihren Augen erkennen (den Kopf konnte Regina zu diesem Zeitpunkt noch nicht heben),

Der Shunt leitet Gehirnflüssigkeit ab

Wachkoma: Liegen mit offenen Augen ohne Reaktion

Lernen, die schlechten Prognosen wegzustecken

daß sie sehr wohl die genannten Personen anzuschauen versuchte. Die nächsten zwei Wochenenden durfte dann Regina für jeweils zwei Tage nach Hause. Nach dem ersten Tag daheim legte sich meine Angst.

* * *

Ich wurde immer mehr mit der Pflege meiner Tochter vertraut. Zu Weihnachten war sie dann eine Woche bei uns zu Hause anwesend. Den Kopf konnte sie zu diesem Zeitpunkt noch immer nicht selber heben bzw. halten, dies war nur mit einer Halskrause möglich. Sie lehnte in einem hohen Rollstuhl, der links und rechts mit Polstern unterlegt war. Diese Woche war für mich sehr anstrengend, aber wir waren traurig, als Regina wieder auf die Reha-Station zurückmußte. Ungefähr ein Jahr nach dem Unfall war dann mit Hilfe des inneren Plastikeinsatzes eines Baustellenhelmes die erste genauere Kommunikation möglich. Wir brachten einen Zeigestab an dem Plastikhelm an. Mit diesem Zeigestab (sie konnte nun den Kopf ein bißchen bewegen) zeigte sie dann auf Buchstaben bzw. auf Zahlen. Ich mußte die Buchstaben, auf die sie mit dem Zeigestab mit dem Kopf tippte, zu einem Wort zusammenlegen. So wurden wir überzeugt, daß sie rechnen konnte, alle Buchstaben erkennt, unsere Geburtsdaten sowie die von ihren Mitschülern noch im Kopf hat, englische Vokabeln erkennt usw.

Kommunikationshilfe: Mit Zeigestab am Plastikhelm tippt sie auf die Buchstabentafel

Dreizehn Monate nach ihrem schweren Unfall kam Regina dann im Juli 1993 nach Hause. Sie konnte die Arme und Füße nicht bewegen und saß bzw. lehnte im Rollstuhl, aber sie konnte nicht sprechen. Ich wollte meinen Arbeitsplatz aufgeben. Meine übrige Familie war dagegen, und so übe ich meinen Beruf noch immer aus. Meine Schwägerin übernahm während meiner Abwesenheit die Pflege. Das größte Problem war: Wir mußten für Regina eine Therapiemöglichkeit finden. Zur Physiotherapie mußten wir drei Jahre lang eine Strecke von 50 Kilometer zurücklegen, also 100 Kilometer für eine Therapie. Wir waren aber dankbar, daß wir diese dreimal in der Woche in Anspruch nehmen durften. Ganz schlimm war es, eine Lo-

Beratung und Aufklärung sowie Meinungs- und Erfahrungsaustausch helfen

gopädin zu finden, die ins Haus kam. Nach langem Suchen erklärte sich dann eine Logopädin bereit, einmal in der Woche eine Stunde mit Regina zu üben. Aus diesem Wochenrhythmus wurde dann ein Zweiwochentermin. Diese Logopädin gab selber zu, keine Erfahrungen mit Schädel-Hirn-Verletzungen zu haben. Da wir ja so wenig über die Krankheit von Regina erfuhren, entschlossen wir uns, nach Burgau zu fahren und dort an einem Angehörigen-Seminar für Apalliker teilzunehmen. Dort erhielten wir sehr viele Tips, wie wir unserer Regina helfen *Tips, Informatio-* können. Wir trafen auch andere Eltern und Partner, die ein sol- *nen und Ge-* ches Schicksal erfahren hatten. Die Probleme in so einer Runde *spräche helfen* zu diskutieren, das war eine sehr große Hilfe. In Österreich wurde immer gesagt, eine Besserung dieses Zustandes gibt es nur bis nach einem Jahr des Ereignisses. Endlich hörten wir in Burgau, daß eine Rehabilitation auch noch nach Jahren eintreten kann. Wir machten dann ein Jahr später wieder ein Aufbauseminar in Burgau. Dort lernten wir die Zeitschrift »NOT« von einer Selbsthilfegruppe kennen. Wir abonnierten diese Zeitschrift und lasen so manches über die Genesungsmöglichkeiten von anderen Patienten. In der Zwischenzeit konnten wir erreichen, daß Regina wieder in ihrer Stammschule einen sonderpädagogischen Unterricht erhielt. Mit ihrem Computer, einem Notebook und mit einer Behindertentastatur nahm sie an diesem Unterricht teil. Zweimal in der Woche durfte sie für drei Stunden die Schule besuchen. Mit einem Plastikfinger auf ihrem Zeigefinger der rechten Hand kann sie mühsam den Computer bedienen. Sie konnte so in der Schule etwas schreiben und zu Hause die Hausaufgaben verrichten, diese wurden dann auf dem Drucker ausgedruckt, die Blätter in einer Mappe gesammelt. In dieser Zeit machte Regina sehr große Fortschritte. Es war eine Freude, mit anzusehen, wie groß ihre Begeisterung war, wieder am Schulunterricht in verminderter Form teilzunehmen. Ihre Schulkollegen waren sehr nett und lieb, wieder andere mieden sie einfach. Einen ganz wesentlichen Beitrag leisteten auch die Lehrkräfte dazu, daß sich Regina in der Schule so wohl fühlte. Nach und nach kamen bei Regina

189

enorme Probleme mit ihrem offenen Mund; daß das Sprechen noch immer nicht möglich ist, müssen wir einfach akzeptieren. Unsere Kommunikation findet immer noch mit Hilfe der Buchstabentafel statt. Es ist natürlich sehr mühsam, die von ihr gezeigten Buchstaben zu Wörtern bzw. zu Sätzen zusammenzulegen. Als Hilfe verwenden wir auch einen kleinen Sprech-Computer.

Reintegration so schnell wie möglich

Das größte Problem ist noch immer die Nahrungsaufnahme. Nach verschiedenen Untersuchungen in einer Spezialklinik wurde uns mitgeteilt, daß es nur eine Möglichkeit gibt, Regina zu ernähren: die PEG-Sonde. Da aber Regina immer selber Wünsche über das Essen bekanntgibt, finde ich die Sonde nicht gut als Lösung. In unserer Verzweiflung konnte ich mich an eine Anzeige in der Zeitschrift »NOT« erinnern: Logopädie-Zentrum Lindlar. Mit einem Neurologen, der Regina vom Zeitpunkt ihres Unfalls an kennt, unterhielten wir uns schon vorher über so einen Reha-Aufenthalt. Als Antwort erhielten wir: »Das brauchen Sie sich nicht anzutun, da gibt es nicht mehr viel Besserung.« Zum Zeitpunkt dieses Gespräches traute ich mir noch nicht zu, mit Regina allein in dieses Logopädie-Zentrum zu fahren. Dieses ist ja von uns zu Hause 800 Kilometer entfernt. Doch entschloß ich mich eines Tages, in Lindlar anzurufen. Wir bekamen einen Termin und fuhren mit sehr gemischten Gefühlen nach Deutschland. Nach diesen sechs Wochen in Lindlar sahen wir wieder zuversichtlich der Genesung von Regina entgegen. Extrem angenehm war für mich, sechs Wochen mal nur unter Menschen mit solchen Schicksalsschlägen zu verbringen.

Fortschritte zeigen den Weg

In Lindlar hatte ich die Möglichkeit, bei diversen Patienten- bzw. Partnergesprächsrunden dies alles zu diskutieren. So manche Fortschritte konnten anhand der intensiven Therapie erreicht werden. Regina kann nun – Gott sei Dank – wieder im Sitzen gefüttert werden. Sie kann nun auch Kerzen aushauchen, in eine Flöte blasen, Wasser pusten usw. Enormen Auftrieb gaben uns die positiven Aussagen, die mir von Therapeuten bzw. von anderen Betroffenen zu Ohren kamen. Endlich durfte ich hören, daß selbst zwölf Jahre nach dem Ereignis noch Fortschritte zu erreichen sind. Traurig ist für mich, welchen Kampf man führen muß, um weiterhin Therapien zu erhalten und die Ärzte von den kleinen Fortschritten zu überzeugen.

Fortschritte können manchmal sehr klein sein

* * *

Trotz der vielen Sorgen und Mühen in den sechs Jahren seit dem Unfall kann ich jetzt zum Ausdruck bringen, daß es doch auch sehr viele Freuden mit Regina gibt. Es lohnt sich, um jede Therapiemöglichkeit zu kämpfen. Man muß sich allerdings sehr bemühen, die kleinen Fortschritte zu sehen. In den fünf Jahren, die nun Regina wieder in unserer Umgebung verbringen durfte, haben wir erreicht, daß Regina mit unserer Hilfe wieder gehen kann. Obwohl die Diagnose von einer Therapeutin hieß: »Ihre Tochter wird nie aus dem Rollstuhl kommen.« Und wir werden kämpfen, bis Regina allein gehen kann. Man muß sich immer vorstellen und vor sich hersagen, daß dies auch noch möglich sein kann. Genauso geben wir die Hoffnung nicht auf, daß auch die Sprache wieder zu erlernen sein wird.

Man muß sich oft bemühen, die kleinen Fortschritte zu sehen

Als zusätzliche Pflegeperson haben wir nun eine Mutter von einem Schulkameraden Reginas, die zu meiner Tochter extrem lieb und fröhlich ist. Gerade diese Fröhlichkeit tut Regina so gut, mein Lachen war sehr verschwunden, und ich muß dies wieder lernen. Erwähnen muß ich auch noch, daß Regina jetzt in der Lage ist, für zweieinhalb Tage die Einrichtung einer Lebenshilfe zu besuchen. Dies gibt ihr enormen Auftrieb, einmal was ohne ihre Eltern und Betreuungsperson zu machen. Sie teilt immer mit, daß dies nun ihr Arbeitsplatz ist.

Der Umgang mit unseren Freunden und Bekannten ist sehr gering geworden, es bleibt einfach keine Zeit, diesen zu pflegen. Will man irgendwo hingehen, braucht man immer sehr viel Zeit, Regina anzuziehen und sie mitzunehmen. Geht man allein, braucht man zu Hause immer eine Aufsichtsperson. Unser Bekanntenkreis ist jetzt eigentlich ein total anderer geworden: Familien mit solchen Schicksalsschlägen. Eigentlich kann ich auch feststellen, daß dieses Ereignis unsere Familie mehr zusam-

Dieses Ereignis veränderte unsere Gewohnheiten, unsere Sozialkontakte und unseren Familienzusammenhalt

mengeschweißt hat. Wir finden fast jeden Tag Zeit, am Abend bei einem Kaffee unsere Ereignisse vom vergangenen Tag auszutauschen. Enorm große Unterstützung gibt uns meine Schwester Christa, indem sie Regina nach ihrem Krankenhausaufenthalt zu Hause sehr viel besucht hat. Sie hat sich sehr viel mit ihr beschäftigt. Jetzt opfert sie jedes zweite Wochenende, und Regina darf dieses bei ihr verbringen. Vor fünf Jahren hätte ich so einen Tag zu Hause bei der Hausarbeit nicht genießen können. Jetzt bin ich sehr dankbar, daß ich mal ungestört die Arbeit machen kann. Wie schön ist es, wenn ich mit meinem Mann jetzt nur einen Tag irgendwo genießen kann. Vorher machten wir jedes Jahr Urlaub am Meer oder an einem See. Diese Urlaubswochen waren für mich sicher nicht so eine Erholung, weil ich alles mit anderen Augen gesehen habe. An manchen Tagen packt mich noch immer die totale Verzweiflung, und ich frage mich, wie lange das alles noch zu ertragen ist. Dann erinnere ich mich wieder an so manche Ratschläge, die man von fremden Leuten zu hören bekommt. Eigentlich muß man froh und dankbar sein, daß man gesundheitlich in der Lage ist, dies alles verrichten zu können.

Ganz wichtig ist, daß man dieses Schicksal annimmt und zur Kenntnis nimmt. Dies fällt mir selbst nach bald fünf Jahren noch sehr schwer.

Es ist gut, Hilfen in Anspruch nehmen zu können und zu dürfen

Frank Holtmann
»In den Häusern, in denen ich lag, bekam man keine Art von Aufklärung oder Information.«
Dysarthrie nach Schädel-Hirn-Trauma bei Autounfall im Alter von 28 Jahren

Was ich jetzt berichte, weiß ich hauptsächlich von Erzählungen meiner Angehörigen und aus den Berichten verschiedener Kliniken.

Mein Name ist Frank Holtmann, ich bin 1959 geboren. Nach einem nicht abgeschlossenen Jurastudium entschied ich mich, Schauspieler zu werden. Als ich 1987 zu Dreharbeiten in Marokko war, passierte folgendes: Auf dem Weg zu Nachtaufnahmen, es war der 29.10.1987, fuhr unser Jeep auf einen stehenden LKW. Fahrer und Beifahrer wurden dabei getötet. Ich wurde herausgeschleudert und erlitt Knochenbrüche sowie erhebliche Schnittverletzungen.

Am nächsten Morgen wurde ich von meinem Filmaufnahmeleiter und einem Kollegen abgeholt. Nachdem der Krankenwagen kam, fuhren wir Richtung Casablanca, um dort meine Verletzungen zu versorgen.

Während des Transportes mit diesem Krankenwagen hatte ich einen weiteren schweren Verkehrsunfall. Etwa drei Stunden nach diesem Ereignis erfolgte die Erstversorgung. Dies geschah alles am 30.10.1987.

Von da an lag ich im Koma, fünfeinhalb Wochen lang. Ich erlitt ein SHT III. Grades. Am 31.10.1987 wurde ich mit dem Flugzeug nach Berlin geflogen. Dort wollte mich keine Klinik als Patient haben. Im Januar 1988 wurde ich dann von einer Klinik in Malente übernommen und im Juni 1988 wieder nach Berlin verlegt. Mein Zustand: Wachkoma.

Meine erste Reha-Klinik war in Berlin, im September 1989, für zwölf Monate. Mein Körperzustand war erbärmlich, ich konnte mich kaum bewegen, die Spastik war sehr stark. Das Schlucken war sehr beängstigend. Meine Wahrnehmungen waren unkonzentriert, kindlich und euphorisch. Meine Sprachfähigkeiten waren gleich Null, so versuchte ich möglichst, so gut es mit der Spastik ging, alles aufzuschreiben.

In dieser Klinik wurde – wie in den anderen auch, die Logopädie nach einigen Wochen einfach abgesetzt. Begründung: mangelnde Motivation des Patienten. Es war nicht zu fassen.

Nichtkönnen wird oft mißverstanden als Nichtwollen!

Nachdem ich immer wacher wurde, war ich in der Zwischenzeit in sechs Kliniken gewesen. Nach der zehnten Klinik haben mir meine Angehörigen im März 1991 eine eigene, behindertengerechte Wohnung besorgt.

Zwölf Monate besuchte ich eine Tagesklinik, in der ich eine gute Therapie erhielt. Von September 1993 bis März 1994 kam ich in eine Reha-Klinik nach Hattingen – seit dieser Zeit habe ich wieder Erinnerungen.

* * *

Meine Angehörigen trainierten jahrelang geduldig weiter mit mir. 1995 erhielten wir durch den Verein »Schädel-Hirnpatienten in Not« die Information, daß es das Logopädische Reha-Zentrum Lindlar gibt, welches ich im Sommer 1996 für sechs Wochen besuchte.

Lindlar war für mich eine Erfahrung, die mit meinen vorherigen Reha-Maßnahmen und Erlebnissen unvergleichbar war.

Meine Sprachstörungen waren langsames, undeutliches, teilweise Konsonanten verschluckendes Sprechen. Dazu kam noch das unkontrollierte Atmen, das heißt, mir blieb nach ein paar gesprochenen Worten einfach die Luft weg. Nach der sechswöchigen Therapie – ich bin ganz ehrlich – wollte ich gar nicht mehr aufhören.

Meine Mutter führt, so gut sie kann, das Erlernte fort. Der Erfolg: Ich spreche und atme besser, was mich stark für meine Umwelt macht. Nach meiner jetzigen Reha will ich ganz sicher noch einmal nach Lindlar, und wenn ich das Gefühl habe, ich kann noch mehr erreichen, dann noch einmal.

Nicht erstarrte Sichtweisen der Schulmedizin, sondern Fakten zeigen auf, was möglich ist

Wenn ich zurückblicke, daß vor neun Jahren meiner Mutter gesagt wurde, daß ich nie wieder sprechen, sehen und laufen können würde, und falls ich jemals aus dem Koma komme, den Stand eines dreijährigen Kindes zurückbehalten würde, bin ich um so glücklicher, daß bis aufs Laufen keine von den Prophezeiungen wahr geworden ist. Bei der Beurteilung, daß ich nach zwei Jahren nicht mehr therapierbar sei, explodierte meine Mutter und sagte: »Jetzt fängt es erst richtig an.« Ja, sie hat die Geduld! Und hatte recht!

Was mich besonders getroffen hat, war, daß viele meiner alten Freunde mich vergaßen. Ich habe aber neue Freunde gefunden.

Ich werde auch mal einen Urlaub machen. Wir haben zum Glück, zehn Minuten Fußweg von unserem Haus, eine wunderschöne Laube mit kleinem Grundstück am Wasser.

Finanziell habe ich keine Sorgen, denn ich beziehe eine hohe Rente. Dadurch habe ich über die BG (Berufsgenossenschaft) gutes Pflegepersonal.

Dietmar Riegler
»Denn laut Diagnose der Ärzte dürfte Dietmar nämlich nur im Bett liegen und an die Decke starren.« –
Es schreibt die Mutter
Dysarthrie nach Schädel-Hirn-Trauma und zweimaligem Herzstillstand im Alter von 22 Jahren

Dietmar wurde 1971 geboren, wohnt in Österreich und war bis zu seinem Unfall Koch und Kellner. Seitdem wohnt er wieder bei seinen Eltern (45 und 50).

Der Autounfall ereignete sich am 8.8.1993 auf der Autobahn St. Pölten. Dietmar prallte mit hoher Geschwindigkeit gegen einen Baum, konnte sich selbst nicht mehr befreien. Er wurde nach anderthalb Stunden von der Feuerwehr befreit und war am Unfallort bereits klinisch tot. Dietmar wurde an der Unfallstelle reanimiert und kam anschließend ins Krankenhaus.

Anfänglich wurde eine schwere Gehirnprellung vermutet, später stellt sich jedoch heraus, daß diffuse Gehirnschäden die Folge des Unfalls waren. Daraufhin wurde eine Gehirnsonde gesetzt, der Hirndruck stieg trotzdem weiter an. Erst nach 14 Tagen wurde sein Zustand stabil. Danach folgten fünf Wochen Intensivstation – zahlreiche Operationen wurden durchgeführt.

Sechs Wochen nach dem Unfall sammelte sich wieder Flüssigkeit in der Lunge, daraufhin wurde wieder operiert, und bei dieser Operation kam es wieder zu einem Herzstillstand.

Innerhalb einer Woche erholte er sich so gut, daß er auf die Neuro verlegt wurde. Sein Zustand verschlechterte sich wieder zunehmend durch die Umstellung. Es folgten zahlreiche Fieberschübe, die zwei Monate lang anhielten, und erst durch die Intervention seiner Mutter wurde der Nagel im Oberschenkel entfernt – danach traten keine Fieberschübe mehr auf. Die Fieberschübe waren auch der Grund dafür, daß keine Therapie begonnen wurde.

Durch Schikanen der Ärzte verschlechterte sich der Zustand

Zahlreiche Schikanen der Ärzte machten die Situation fast unerträglich; sie stellten sich gegen die Besuche der berufstätigen Mutter außerhalb der offiziellen Besuchszeit. Gerade in einer Zeit, in der er seine Familie am allermeisten gebraucht hätte, verweigerten die Ärzte so ziemlich alles. Sein Zustand verschlechterte sich dadurch erheblich.

Aggressionsschübe können durch Medikamente nicht abgebaut werden

Durch Intervention der Mutter wurde er innerhalb einer Woche in eine Klinik zur Rehabilitation überwiesen. Drei Monate, in denen eigentlich nichts gemacht wurde. Die Aggressionsschübe sollten durch Medikamente abgebaut werden, dies war jedoch nicht der Fall.

In dieser Zeit kam es zu einem schweren epileptischen Anfall. Die Ärzte wollten Dietmar in ein Pflegeheim abschieben, seine Mutter weigerte sich jedoch beharrlich, und so kam er nach zehn Monaten nach Hause, wo er das erste Mal wieder lachte. Durch ständiges Trainieren und Zuwendung ging es von Tag zu Tag steil bergauf.

Keinen Erfolg brachte auch die Uni-Klinik, aufgrund der Befunde folgten nur noch weitere Schikanen: »Mit Dietmar ist nichts mehr zu machen.«

Im Januar 1995 kam er für einen Monat in die Landesnervenklinik nach Mauer. Erste Erfolge wurden erzielt – der erste Arzt, der ihn nicht für einen hoffnungslosen Fall hielt!

Zwei Jahre nach dem Unfall kann man nichts mehr erwarten, und die Rehabilitation, die Dietmar zu Hause hatte, kann kein Spital ermöglichen, so die Meinung der meisten Ärzte.

* * *

Doch die Familie gab die Hoffnung nicht auf und kämpfte weiter. Erst zwei Jahre nach dem Unfall stellten sich die ersten großen Erfolge ein. Er begann, mit dem Laufband zu trainieren, und nach einem halben Jahr konnte er mit Hilfe längere Strecken zurücklegen. Durch eine Selbsthilfegruppe erfuhren wir von einem speziellen Rehabilitationszentrum in Lindlar.

Mit großen Hoffnungen fuhren wir dorthin. Durch intensive Gespräche mit dem Leiter wurde uns das erste Mal erklärt, wie das Gehirn funktioniert und was die Beeinträchtigungen bewirken. Nach der mehrwöchigen Intensivtherapie zeichneten sich deutliche Erfolge ab. Die Übungen wurden uns genau gezeigt, und es ging so auch zu Hause immer steiler bergauf. Der Überraschungseffekt, der bei den behandelnden Ärzten, Logopäden und Ergotherapeuten einsetzte, war groß.

* * *

»Alte Freunde« von Dietmar verabschiedeten sich bald nach dem Unfall – was ihm blieb, war seine Familie, die sich intensiv um ihn kümmerte. Seine Mutter gab wegen des Unfalls ihren Beruf als Verkäuferin auf, damit sie sich noch viel intensiver um ihren Sohn kümmern kann. Da sich das ganze Familienleben um Dietmar drehte, änderte sich auch das Familienleben, Gemeinsamkeiten in der Partnerschaft gingen verloren, man konnte am gesellschaftlichen Leben nicht mehr teilnehmen, Freunde und Bekannte zogen sich zurück.

Veränderungen und neue Entwicklungen in der Familie

Zu Spannungen in der Partnerschaft kommt es immer wieder, doch eines bleibt, und das ist der enorme Zusammenhalt in der Familie, wo jeder dem anderen wieder Kraft gibt. Bedingt durch den Unfall, ist die Familie viel enger zusammengewachsen. Weil Dietmar jetzt einen kleinen Wortschatz zur Verfügung hat und weil er alles versteht, lassen sich »ehemalige Freunde« wieder blicken oder sprechen ihn zumindest wieder an.

Durch den Unfall ist die Familie enger zusammengewachsen

Regelmäßiger Urlaub für betreuende Familienmitglieder ist dringend erforderlich

Da in den Jahren die Kräfte fast erschöpft sind, wäre natürlich ein Urlaub dringend notwendig – doch daran ist nicht zu denken. Unterstützung gibt es zweimal wöchentlich von einer Raumpflegerin und zweimal wöchentlich von einem Studenten.

Bericht des Studenten von der Bundesakademie für Sozialarbeit, der Dietmar unterstützt

Im Februar 1996 begann ich mit der tageweisen Betreuung von Dietmar. Anfängliche Schwierigkeiten, da der Wortschatz von Dietmar doch sehr gering war, waren bald überwunden. Mein Einfühlungsvermögen ist dadurch sehr gestiegen, man achtet viel mehr auf die Mimik, Gestik – auf das Nonverbale, man merkt zum Beispiel, wann es Dietmar schlecht geht, wann er sich freut.

Man lernt, Mimik und Gestik zu beobachten

Mittlerweile kann er dies auch schon verbal ausdrücken. Das ständige Üben mit Dietmar empfinde ich keineswegs als Anstrengung, vielmehr als Bereicherung. Wird das Üben zu anstrengend für ihn, merke ich das; wenn seine Konzentration nachläßt, dann spielen wir zur Auflockerung eine Runde Ball, Karten, trinken Kaffee usw. Jene Übungen, die wir beide zusammen machen, sind uns von der Logopädin und von der Ergotherapeutin gezeigt worden. Dietmar und ich festigen sie durch das ständige Wiederholen. Aber es gibt auch genügend Dinge, die uns einfach so eingefallen sind, einfach weil ich gemerkt habe, daß es Dietmar Spaß macht.

Rehabilitation spielt sich »im Leben« ab

Lange Zeit haben wir geübt, bis wir das erste Mal wirklich in ein Café, Einkaufen und auf den Adventsmarkt gefahren sind. Dietmar hat sich riesig gefreut, er hat seinen Kaffee und die Cola allein bestellt und auch bezahlt. Zusammen malen und basteln wir auch – die Ergebnisse können sich wahrlich sehen lassen. Dietmar macht gewaltige Fortschritte – ich komme zweimal die Woche zu ihm –, jedesmal überrascht er mich wieder aufs neue. Natürlich gibt es auch Tage, da geht es Dietmar nicht gut, er hat Kopfweh und Mühe, sich zu konzentrieren. An solchen Tagen wiederholen wir ältere Übungen, spielen mehr mit dem Ball …

Wir passen uns einfach an, lassen uns nicht unterkriegen und haben noch jede Menge Spaß dabei.

Zur Zeit übt Dietmar gerade Zahlen, das Alphabet, er buchstabiert schon die ersten Wörter, und es geht ihm gut. Es gibt viele Menschen, die Dietmar dabei geholfen haben, denn jede noch so kleine Kleinigkeit ist der erste Schritt zu einem größeren Vorhaben und hilft enorm bei der Verwirklichung. Manchmal frage ich mich, was sich die Ärzte wohl denken würden, wenn sie heute Dietmar sähen, denn die Diagnose war wahrlich nicht aufmunternd für Freunde, Familienangehörige, Verwandte. Laut Diagnose der Ärzte dürfte Dietmar nämlich nur im Bett liegen und an die Decke starren. Nun gut, für mich ist es eine Bereicherung, das langsame Erwachen, wie seine Mutter es bezeichnet, einfach die Fortschritte, die Dietmar macht, zu begleiten. Aus dem Betreuungsverhältnis zu Beginn ist mittlerweile eine sehr wichtige Freundschaft für mich herangewachsen, die ich auf keinen Fall missen möchte.

Rehabilitative Arbeit kostet Mühe und macht Spaß

Hilde Stöcklmeyer, Fremdsprachensekretärin
»Für die Schädel-Hirn-Patienten muß noch sehr viel getan werden.«
– Es schreiben die Eltern
Sprach- und Kommunikationsstörung bei hirnorganischem Psychosyndrom als postapallisches Durchgangssyndrom, Herz-Kreislauf-Versagen infolge von Magersucht

Unsere Tochter Hilde ist im August 1960 geboren, ihre Schwester kam 1966 zur Welt. Hilde war ein sehr aufgewecktes Kind. Nach dem Kindergarten und der Grundschule kam sie aufs

Gymnasium. Mit dem Lernen hatte sie keine Schwierigkeiten. Ihre Hobbys waren Akkordeonspielen und Turnen. Sie war in allem sehr ehrgeizig.

Im Alter von ungefähr 16 Jahren bekam sie Magersucht. Wir haben es zuerst gar nicht bemerkt. Unser Versuch, sie in ärztliche Behandlung zu bringen, schlug fehl. Ihre Meinung war: »Ich schaffe das alleine.«

Nach dem sehr guten Abitur machte sie in Baden-Baden eine Ausbildung zur Fremdsprachensekretärin und bekam auch gleich eine gute Stellung. Ihr Gewicht schwankte in dieser Zeit zwischen 35–40 kg bei einer Größe von 1,72 m.

Am Morgen des 31.10.1987 hatte Hilde, die in einer eigenen Wohnung lebte, einen Zusammenbruch mit Herz-Kreislauf-Versagen. Sie muß längere Zeit so gelegen haben, denn als wir sie fanden, war sie bereits klinisch tot.

Der Hausarzt war schnell da, auch der Notarzt ließ nicht lange auf sich warten. Hilde wurde wiederbelebt und beatmet, so kam sie ins Kreiskrankenhaus in die Intensivabteilung.

Wir waren abwechselnd Tag und Nacht bei ihr. Der Chefarzt sagte, wir sollten ihre Lieblingsmusik spielen lassen, aber auch hierauf keine Reaktion. Als Hilde wieder selbständig atmete, kam sie zur Computertomographie. Nach dieser Untersuchung wurde uns mitgeteilt, das Gehirn sei tot, wir können nichts mehr erwarten, es sei ein apallisches Syndrom. Ein Wiedererlangen der Sprache oder sonstiger Fähigkeiten sei ganz ausgeschlossen.

Beim apallischen Syndrom ist das Gehirn nicht tot, sondern in seiner Funktion sehr stark gestört

Nach etwa fünf Wochen Intensivabteilung kam sie auf die Normalstation (Innere Abteilung). Es war ein kleines Zimmer, nicht sehr freundlich, aber wir waren allein mit ihr, und so konnte Tag und Nacht jemand von der Familie oder Freunden bei ihr sein.

In dieser schweren Zeit haben wir erfahren, was echte Freundschaft ist, das hat uns sehr viel geholfen. Ein Familienleben hatten wir in diesen Wochen und Monaten nicht mehr. Unsere jüngere Tochter S. hat sehr darunter gelitten. Mein Mann war fast jede Nacht im Krankenhaus, er ging dann morgens zur Arbeit und ich ins Krankenhaus. Einige Male dachten wir, es geht zu Ende, aber sie hat es immer wieder geschafft.

Eine Nacht in der Intensivabteilung werde ich nicht vergessen, es stand sehr schlecht um Hilde. Ich habe die ganze Nacht geweint und gebetet, daß Gott das Richtige für uns alle tun würde.

Dann kam ein sehr trauriges Weihnachtsfest für die Familie. Unsere Tochter S. hatte ein kleines Bäumchen geschmückt, und wir verbrachten den Heiligen Abend zusammen im Krankenhaus. S. spielte Weihnachtslieder auf dem Akkordeon, aber auch diese Töne konnten Hilde nicht aus dem Wachkoma herausholen. Zu später Stunde klopfte es an die Tür, ein gut befreundetes Ehepaar kam noch zu uns, damit wir an diesem traurigen Heiligen Abend nicht ganz allein waren. Die Gefühle, die da in einem hochkommen, kann man gar nicht beschreiben, mir kommen heute noch die Tränen, wenn ich daran denke.

Hilde bekam keinerlei Medikamente, nur Sondennahrung und Flüssigkeit. Sie war sehr unruhig und hat viel geschrien, auch in der Nacht. Mein Mann nahm dann ihre Hand und redete beruhigend auf sie ein, dann wurde es wieder besser. Das war für uns ein Zeichen, daß sie doch etwas in sich wahrnimmt.

Die Schreie wurden weniger, als ihr die Hände gestreichelt und beruhigende Worte gesagt wurden

Von seiten der Ärzte hieß es ja immer, sie hat keine Schmerzen, hört und fühlt nichts. Aber das stimmte alles nicht. Es wurde auch immer die ganze Situation am Bett der Kranken durchgesprochen, was uns sehr weh tat.

Wenn die Krankengymnastin kam, um sie durchzubewegen, hat Hilde sich gewehrt und geschrien, so daß diese wieder aufgehört hat.

* * *

Es kam der Tag, an dem uns geraten wurde, uns nach einem Heim umzusehen, weil sie ja nicht auf Dauer im Krankenhaus bleiben könne, da sie ein Pflegefall sei.

*Nicht Pflege-
heim, sondern
häusliche Pfle-
ge mit Rehabili-
tationsanspruch*

Von einer Rehabilitation war nie die Rede, auch keine Verlegung in eine Neurologische Abteilung. Wenn wir damals das Wissen von heute gehabt hätten, wäre manches vielleicht anders gekommen.

Da wir die Pflege wie Waschen, Lagern, Ernähren und Absaugen (Schluckreflex fehlte) erlernt haben in der Zeit, die wir im Krankenhaus zubrachten, entschlossen wir uns, Hilde mit nach Hause zu nehmen.

Wir bekamen von der AOK leihweise ein Bett mit Wassermatratze sowie die Geräte zum Ernähren und Absaugen zur Verfügung gestellt.

Am 6. 2. 1988 wurde Hilde entlassen. Sie wog damals noch 27,5 kg, laut Aussage der Ärzte ist man mit diesem Gewicht nicht mehr lebensfähig. Hilde mußte täglich mehrmals frisch gelagert werden, um ein Wundliegen zu verhindern. Die Gemeindeschwester kam täglich zum Waschen und Durchbewegen, abends nochmals zum Lagern. Unser Hausarzt hat sich gleich nach einer Logopädin umgesehen, was aber im ländlichen Raum sehr schwer ist, denn es gibt hier lange Wartezeiten.

Hilde lag mit offenen Augen im Bett. Hat sie etwas wahrgenommen? Angstvolles Schweigen war ihre einzige Reaktion. Nach einigen Wochen merkte man, daß ihr Blick doch etwas klarer wurde, nicht mehr so starr und ausdruckslos.

Jede Veränderung zum Positiven wurde von der ganzen Familie mit großer Freude wahrgenommen. Wir sind heute noch froh, daß wir Hilde mit nach Hause genommen haben, denn sie wäre sonst mit Gewißheit nicht mehr am Leben.

Im Spätsommer 1988 kam dann die Logopädin einmal wöchentlich ins Haus und versuchte, Hilde mit Fühlen und Tasten wieder etwas in die Wirklichkeit zurückzuführen.

* * *

In der Zwischenzeit konnte Hilde auch wieder schlucken, und wir versuchten, daß sie mit Babykost wieder etwas andere Nahrung zu sich nahm. Auch eine Krankengymnastin kam einmal wöchentlich ins Haus, um nach der Bobath-Methode mit ihr zu arbeiten. Es war sehr schmerzhaft, die Spastik im rechten Arm und den Händen wieder zu lösen. Später wurde dann das Sitzen und Stehen geübt.

Von der AOK bekamen wir leihweise einen Rollstuhl, so konnten wir mit ihr ins Freie, um neue Anreize zu schaffen.

Etwa nach einem Jahr konnte Hilde mit Hilfe wieder etwas gehen, so konnten wir jetzt zweimal wöchentlich zur Krankengymnastik in die Praxis fahren, hier konnte dann gezielter mit ihr gearbeitet werden.

Die logopädische Therapie fand jetzt ebenfalls in der Praxis statt. Wir versuchten natürlich, zu Hause mit ihr, so gut es ging, weiterzuarbeiten. Eine gute Freundin der Familie kam regelmäßig, über Jahre hinweg, um uns bei der Betreuung unserer Tochter zu helfen, was hohe Achtung verdient.

Auf Anraten unserer Logopädin versuchten wir im Spätsommer 1990 einen Platz in einer Reha-Klinik am Bodensee zu bekommen, was aber total schiefging. Von der AOK wurde uns zugesichert, daß ich als Mutter mit aufgenommen würde, da Hilde ja total unselbständig war, wie ein Kleinkind.

Als wir dort ankamen, hieß es von seiten der Klinik, es sei genügend Personal da, sie könnten mich nicht mit aufnehmen, ich sollte mir im Ort ein Zimmer suchen.

So war dieser Aufenthalt von Anfang an zum Scheitern verurteilt, da Hilde in allen lebenspraktischen Tätigkeiten total unselbständig war, auch kein Wort sprechen konnte, also rund um die Uhr auf Hilfe angewiesen war. Am zweiten Tag wurde mir dann mitgeteilt, unsere Tochter störe den Klinikbetrieb, wir sollten wieder nach Hause.

Bei einem Gespräch mit der Ärztin wurde mir dann klargemacht, daß wir mit Hilde in die Psychiatrie gehen müßten. Ich sehe das heute als eine Unverschämtheit an. Bei diesem zweitägigen Aufenthalt wurde soviel zerstört, was wir mit Mühe und Geduld aufgebaut hatten. Hilde ging von diesem Zeitpunkt an in kein Bett mehr. Wenn sie schlief, dann nur im Sitzen in einem Sessel, meistens aber lief sie die halbe Nacht in der Wohnung umher.

Fehlende Absprache zwischen Kostenträger und Leistungserbringer gehen zu Lasten des Zahlenden

Apallische Patienten sind keine psychiatrischen Patienten. Niemals!

Dieser Zustand dauerte über zwei Jahre, bis zu dem Zeitpunkt, als wir durch Zufall ein Logopädisches Reha-Zentrum gefunden haben, in dem wir aufgenommen wurden.

Der Leiter dieses Zentrums machte uns wieder Mut mit der Aussage: »Wir werden alles versuchen, um eine Verbesserung im Zustand Ihrer Tochter zu erreichen.«

Intensiv-Sprach-
therapie ist
vielseitig und
konzentriert auf
Entwicklungs-
schübe

Im Mai 1992 waren wir dann das erste Mal in diesem Zentrum. Der Tagesablauf ist sehr anstrengend für die Patienten, zwei bis drei Einzelsprachtherapien, Gruppen, Übungen mit Praktikanten, dazwischen Krankengymnastik, Ergotherapie, PPI (Psycho-physische Integration).

Bei diesem ersten Aufenthalt wurde mit Hilde viel mit Fühlen und Greifen gearbeitet, zum Beispiel schwer – leicht, weich – hart, nehmen – loslassen usw. Bei der Sprache hat sich nach den ersten Wochen nicht viel getan. Als wir jedoch wieder zu Hause waren, kam auf einmal wieder ein Wort nach dem anderen, was uns mit großer Freude und Dankbarkeit erfüllte.

Hilde war nach diesem ersten Aufenthalt ruhiger, ihrer Umwelt gegenüber aufgeschlossener und schlief auch wieder im Bett.

Sehr schwer sind auch heute noch das Erkennen und Wahrnehmen von Bildern sowie die Orientierung. Schreiben geht noch gar nicht, Lesen bei einzelnen Wörtern.

Bei jedem weiteren Aufenthalt in diesem Zentrum gibt es Fortschritte. Wir sind jetzt bereits das zehnte Mal dort. Die Aussage vieler Ärzte, daß nach zwei Jahren bei den Patienten nichts mehr kommt, kann hier eindeutig widerlegt werden.

Zu Hause geht es das ganze Jahr über weiter mit Ergotherapie, Krankengymnastik, wenn möglich Logopädie. Seit kurzem machen wir einen Versuch mit therapeutischem Reiten. Auch das früher erlernte Akkordeonspielen (das beim letzten Aufenthalt in diesem Zentrum wieder angebahnt wurde) macht ihr viel Freude, und sie übt eifrig.

Die größte Sorge der Angehörigen und Patienten ist natürlich: Wie geht es weiter, wenn Eltern oder Partner alt und krank werden und den Patienten nicht mehr versorgen können?

Für die Schädel-Hirn-Verletzten muß noch sehr viel getan werden, es fehlt an Heimen und Wohngemeinschaften mit Betreuern. Es sind in der Regel junge Menschen, die von diesem Schicksal betroffen sind, und die gehören in kein Altersheim. Dazu brauchen wir die Hilfe der Politiker und Krankenkassen. Diesen Menschen muß geholfen werden.

Junge Menschen nicht ins Altersheim

Ein Ende der Therapie ist noch nicht abzusehen. Wir hoffen, daß unsere Tochter noch weitere Fortschritte macht auf dem Weg zu mehr Selbständigkeit.

Dysarthrie und ihre Therapie

Dysarthrische Störungen betreffen den Sprechvorgang. Der dysarthrische Patient kann zwar nur unverständlich sprechen, hat aber im Gegensatz zum aphasischen Patienten keine Probleme mit dem Verstehen von Gesprochenem. Bei manchen dysarthrischen Patienten hat man den falschen Eindruck, daß sie nicht lesen können, weil sie ihre Lesefähigkeit nicht deutlich nach außen hin mitteilen können. Es wäre ihnen auch möglich zu schreiben, wenn die Motorik der Hand es zulassen würde.

Zu den Ursachen der Dysarthrie gehören unter anderem:
- entzündliche Prozesse im Gehirn (Meningitis, Multiple Sklerose),
- raumfordernde Prozesse (Tumoren),
- Gehirnverletzungen (Schädel-Hirn-Trauma),
- Gefäßprozesse im Gehirn (Schlaganfälle, Hirnblutungen),
- degenerative Prozesse (Verfall von Zellen, Geweben, Organen, z.B. bei amyotrophischer Lateralsklerose, Alzheimer-Krankheit, präseniler Demenz und Hirnatrophie),
- Zerebralparesen/Athetosen.

Dysarthrie ist eine Sprechstörung aufgrund von Lähmungen der am Sprechvorgang beteiligten Muskulatur oder deren Schwäche, was sich auf Atmung, Stimme und Sprechen auswirken kann.

Bei der Atmung kann es oft zur sogenannten Hochatmung (mit Brustkorbhebung) kommen. Oder der Patient neigt dazu, zu kurz zu atmen, so daß Luftmenge und -druck zur vollständigen Stimmbildung und zum Sprechen nicht ausreichen.

Die Stimmqualität ist meist verändert, man spricht dann von einer Dysarthrophonie. Betroffen können sein:

- Stimmklang,
- Lautstärke und
- Melodie der Stimme beim Sprechen.

Bewegungseinschränkungen der Sprechmuskulatur führen in den meisten Fällen zu einer undeutlichen Aussprache. Die Sprechgeschwindigkeit kann verlangsamt oder erhöht sein, und manchmal kommt es auch zu einer näselnden Sprechweise. Vielen Betroffenen ist es nicht möglich, ihre noch vorhandenen Fähigkeiten gezielt einzusetzen.

Der Patient kann seine verbliebenen sprechmotorischen Möglichkeiten verbessern und lernen, diese so gut wie möglich in verschiedenen Situationen anzuwenden. Dabei geht es vor allem um:

- Verbesserung der Haltung und der Muskelspannung,
- Verbesserung der Atmung, Stimme und Aussprache,
- Verbesserung der Mundmotorik,
- Verbesserung der Melodie beim Sprechen,
- Verbesserung der Eigenwahrnehmung,
- bei Bedarf Erarbeiten alternativer Kommunikationssysteme, z. B. Anwendung einer Buchstabentafel,
- Verhaltensmodifikation und/oder Kommunikationstraining.

Stottern – ein einziger Hürdenlauf?

Mathias Barth
»Die Sprache ist wie eine
Treppe. Es gibt viele Stufen,
die es zu erklimmen gilt.
Manchmal wird man müde und
muß verschnaufen, aber man
sollte nie mehr zurückgehen,
sondern immer weiter nach
vorn.«
*Meningitis im Alter von 3 Jahren,
Koma, Stottern*

Am 14. 6. 1985, einen Tag vor meinem dritten Geburtstag, bin ich mit meinen Eltern zum Baden gefahren. Am nächsten Tag fühlte ich mich schwach, aber dennoch bin ich mit meiner Mutti zum Kindergeburtstag meines Cousins gegangen. Am späten Abend bekam ich dann Fieber, welches immer mehr anstieg. Ich fing an zu phantasieren, meine Mutti sprach mich laut an, und ich erzählte immer, ob sie denn nicht den Elefant in der Schrankwand sitzen sieht.

Das war Anlaß für meine Eltern, sofort mit mir ins Krankenhaus zum Bereitschaftsdienst zu fahren. Dort wollten sie uns zuerst wieder wegschicken, aber meine Mutti bestand darauf, daß ein Kinderarzt mich untersuchen soll, da sie schon sämtliche Sachen unternommen hatte, das Fieber zu senken.

Als sie dann mit mir in die Kinderklinik kam, wurde ich ausgezogen. Dort wurde mit Entsetzen festgestellt, daß ich be-

Meningitis, eine lebensbedrohliche Krankheit

reits am ganzen Körper mit roten Pünktchen übersät war. Das war offensichtlich ein Zeichen für eine Meningitis. Kurz danach fiel ich für drei Wochen ins Koma.

Die Ärzte dort sagten zu meiner Mutter, daß es eine lebensbedrohliche Krankheit sei. Der behandelnde Arzt in der Klinik sagte nur, daß wir noch Glück hatten, weil meine Mutter so beharrlich gewesen und sofort mit mir in die Kinderklinik gekommen sei zur Untersuchung, sonst wäre ich bereits auf dem Rückweg nach Hause in ein Koma gefallen, aus dem ich nie wieder aufgewacht wäre. Normalerweise ist für solch eine Krankheit laut Aussagen der Ärzte drei bis vier Tage Koma normal. Ich bin nur für kurze Augenblicke in der zweiten Woche aufgewacht.

Erinnerungen an Wahrnehmungen im Koma

Ich kann mich noch erinnern, daß meine Mutti mich im Krankenhaus immer besucht hat und mir aus Märchenbüchern vorgelesen hat, obwohl ich im Koma lag.

Nach dem Koma waren viele Auffälligkeiten bei mir zu verzeichnen. Ich mußte zum Beispiel wie ein Baby wieder alles neu lernen. Ich wurde mit drei Jahren gewindelt. Dann konnte ich sehr schlecht laufen und auch ganz schlecht sprechen. Meine Mutter sagte immer, ich spreche, als ob ich einen Wolfsrachen hätte. Auch sprach ich nur ganz wenige Wörter, keine Sätze.

$$* * *$$

Meine Mutti ging dann sofort verkürzt arbeiten, so daß sie jeden Tag auch für mehrere Stunden in das Krankenhaus kam und sich mit viel Mühe mit mir beschäftigte. Auch als ich dann auf Urlaub entlassen wurde, mußte ich viele Übungen machen, um wieder so zu werden, wie ich einmal war.

Meine Mutti ging mit mir jede Woche einmal zur Sprachschule. Für zu Hause bekamen wir Übungsmaterial mit und mußten jeden Tag Übungen machen. Meine Mutter achtete stets darauf, daß dieses auch eingehalten wurde. Wir machten das mehr spielerisch, so daß ich das nicht immer mitbekam, und sie achtete auch darauf, daß ich immer in Sätzen sprach, um mich wieder normal mit anderen unterhalten zu können.

Das war oft sehr anstrengend, aber dafür verbesserte sich meine Sprache zusehends.

Als ich wieder in den Kindergarten ging, war es schwer für mich, mich zu verständigen. Ich bekam kaum Worte heraus. Mein Sprechen war so wie Stottern. Wenn ich mich bemerkbar machen wollte, hob ich immer die Hände oder zupfte am Arm. Dann wußten die Erzieher, daß ich etwas sagen wollte. Sätze habe ich nicht gesprochen, nur beim Üben mit meiner Mutter.

Ich erinnere mich auch, daß mich deswegen viele Kinder gehänselt haben und nicht mit mir spielen wollten.

Später entwickelte ich ein regelrechtes System, mit dem ich fähig war, mit anderen Leuten zu kommunizieren, ohne selbst viel dabei zu reden (Sprechschwierigkeiten überspielen).

Sprechschwie-rigkeiten über-spielen

Als ich sieben Jahre alt war, hatten wir die Sprache wieder soweit rehabilitiert, daß ich eingeschult werden konnte. Zur Sprachschule mußte ich weiter gehen. Gerade in der Grundschule war zu bemerken, daß ich immer kurz vor den Ferien jedesmal sehr schlecht gesprochen habe. In den Ferien habe ich mich dann wieder erholt, so daß es sogar zu einem fließenden Sprechfluß ohne Stottersymptome kam (erste bis dritte Klasse).

Bereits ab der vierten Klasse war ein fließender Sprechfluß in den Ferien nicht mehr zu verzeichnen, und es kam hinzu, daß ich zusätzlich noch beim Sprechen preßte. In der Grundschulzeit gab es auch Momente, in denen ich mich selbst von meinen Freunden wegen meiner Sprache ausgestoßen fühlte. Ich ließ es mir äußerlich nicht anmerken, aber meine Mutter merkte es doch. Sie sagte immer: »Richtige Freunde akzeptieren dich auch so, wie du bist!« Ich habe mich dann nur noch indirekt darüber geärgert.

Ab der dritten Klasse begann ich dann mit Judo. Mein großes Vorbild war C. van Damme. Durch das Judotraining wurde ich selbstsicher und erzielte viele Erfolge, so daß ich dadurch immer wieder Bestätigung und Mut faßte. Es gab auch Situationen, in denen ich mich damit indirekt wehren konnte (vor Kindern, die mir weh tun wollten). Außerdem kam es letztendlich

Bestätigung durch nicht-sprachliche Akti-vitäten

gerade durch meine Judoerfolge dazu, daß meine eigenen Mitschüler zu mir aufsahen.

Trotz Stotterns ein guter Schüler

Ab dem fünften Schuljahr ging ich dann auf das Gymnasium, weil ich trotz meiner Sprachschwierigkeiten ein sehr guter Schüler war. Neue Gesichter, neues Umfeld, neue Schüler, neue Lehrer – alles neu und fremd! Aber es gab da auch noch ein paar Kumpels aus meiner alten Schule, die mir über diesen Tatbestand hinweghalfen.

Auch hier wandte ich meine Technik des Überspielens an. Das heißt, mich im Unterrichtsgeschehen dezent zurückzuhalten, mich nur zu melden, wenn kurze Wörter erforderlich waren, ansonsten wußte ich die Antwort eben nicht!!!! Für die Lehrer war das dann ein Zeichen für Faulheit. Es gab sogar einen Lehrer, der mir nie Gelegenheit gab, zu sprechen, wenn ich etwas sagen wollte: »Na was, B.? Ach, laß sein, du bekommst es sowieso nicht raus!«...

Kommunikative Strategie im Umgang mit dem sprachlichen Handicap

In den Pausen lebte ich auf. Es fiel auch nicht besonders auf, weil sich auch die anderen nicht in Dialogen unterhielten, sondern eigentlich auch nur wortgruppenmäßig. Ich diskutierte indirekt mit; gab es zum Beispiel ein Thema, das mich interessierte, dann hörte ich aufmerksam zu und klinkte mich dann nur bejahend ein, so daß die anderen dachten, daß ich das Ganze erörtert hätte.

Meine Mutter war immer engagiert, mich in meinen Sprachproblemen zu unterstützen und mir zu helfen. Es gab zu Hause endlose Dialoge über meine Einstellung zum Sprechen. Sie machte mir immer wieder klar, daß ich nicht aufgeben dürfe und einen gewissen Willen entwickeln müsse. Ich müßte aber auch bereit sein, dies zu tun, auch wenn es schwerfällt. Der größte Fehler ist es, wenn man resigniert und sich mit dem abfindet, wie es ist, wenn es noch ein Fünkchen Hoffnung gibt, dieses zu ändern.

Nicht resignieren, wenn es noch einen Funken Hoffnung gibt!

In der siebten Klasse hatte ich dann verstanden, was meine Mutter damit meinte. Meine Einstellung zur Sache wurde besser, vielleicht auch, weil ich langsam im Hinterkopf hatte, was ich eigentlich einmal lernen soll. Ich will doch irgend etwas mit

Sport machen. Mein Ziel war es bzw. ist es, einmal auf die Universität in Leipzig zu gehen und Sportwissenschaften zu studieren.

Ich glaube, ab diesem Zeitpunkt gab es eine Wende in meiner Einstellung zur Sprache. Ich bemühte mich jetzt, auch wenn es länger dauerte als bei anderen Schülern, selbst zu reden und mitzuarbeiten. Ich hatte viel Willen, konnte ihn aber nicht umsetzen. Dadurch, daß ich so bestrebt war, ist es nur noch schlimmer geworden. Ich war ratlos, und meiner Mutter machte das sehr viel Sorgen, da ihr das mehr weh tat als mir.

Der Wille allein reicht nicht – es müssen Lösungen und Wege her

Auf Drängen meiner Mutter gab Frau Schreiber, die Sprachpädagogin von mir, uns einige Adressen von Reha-Einrichtungen, unter anderem von dem Logopädischen Behandlungszentrum in Lindlar. Dort meldete mich meine Mutter im März 1996 unter Protest meinerseits zu einem Vorstellungsgespräch an. Sie ließ mir in dieser Beziehung wenig Spielraum. Später war ich ihr dafür aber echt dankbar!!

* * *

Als der Tag herankam, diskutierte ich mit meinen Eltern die ganze Fahrt über, daß für mich feststeht, daß ich auf keinen Fall für längere Zeit nach Lindlar gehen würde. Schon zuvor hatte ich mich nämlich in der Broschüre, die uns zugeschickt wurde, belesen. In dieser kam zum Ausdruck, daß solch eine Rehabilitation mindestens vier Wochen bis sechs Wochen dauern würde, und das in meinen Ferien – auf keinen Fall!

Der Leiter des Zentrums machte mir verständlich, daß ich es versuchen sollte, meine Sprache in den Griff zu bekommen. Zuerst unterhielt er sich mit mir, und ich mußte dabei selbst reden. Dann schätzte er grob meine Schwierigkeiten ein. Er zeigte mir anhand von Videomitschnitten, wie mit Stotterern geübt wird, um Fortschritte zu erzielen. Es faszinierte mich, daß eine solche Therapie so erfolgreich sein konnte. Ich glaube, ab da begann ich darüber nachzudenken, mein Urteil über diese sechs Wochen zu ändern. Der richtige Sprung kam aber, als ich hörte, daß ich bereits drei Wochen vor Ferienantritt beginnen könne und mir somit drei Wochen für Erholung blieben.

Während der gesamten Zeit wurde mir klar, daß das Arbeiten an sich selbst auch eine reine Einstellungsfrage ist und ein starker Wille ebenfalls dazugehört. Mich faszinierte auch die bildliche Darstellung von Dr. M., als er sagte: »Die Sprache ist wie eine Treppe. Es gibt viele Stufen, die es zu erklimmen gilt. Manchmal wird man müde und muß verschnaufen, aber man sollte nie mehr zurückgehen, sondern immer weiter nach vorn!!« Das ist bei mir zum Leitsatz geworden, an den ich mich noch heute halte.

Für den Stottern-
den ist die
flüssige Sprech-
weise neu. Sie
bedarf der
operatorischen
Übungen in
vielen Sprech-
situationen

Die ersten beiden Wochen waren für mich sehr schwer. Ich war sehr müde und mußte viel schlafen, da mich die neue Sprechweise, in der ich übte, ungeheuer anstrengte. Bei der alten Sprechweise ist mir dies nicht aufgefallen. Aber ich gab mein Bestes, und ich wollte auch die Mühen meiner Eltern belohnen. Als mich meine Eltern das erste Mal besuchten, bekräftigten sie mich in meinem Unternehmen.

In der ersten bis zweiten Woche verspürte ich keine großen Erfolge und war bereits etwas enttäuscht. Aber meine Mutti baute mich immer wieder auf, und bereits ab der dritten Woche verbesserte sich meine Sprechleistung zusehends.

Die Zeit in Lindlar war für mich dennoch mehr Erholung als Anstrengung, denn man konnte dort viel unternehmen. Ich fand dort auch viele Freunde, die wie ich Schwierigkeiten mit der Sprache hatten. Für mich war das absolut aufbauend. Ich besuchte so viele Kurse, wie ich wollte. Gerade in der Gemeinschaft, fand ich, festigte sich meine Sprechleistung. Irgendwie fand ich das Ganze nicht belastend. Es wurde alles so zwanglos absolviert.

Als mich meine Eltern abholten, freute ich mich, ihnen meine Sprechkünste vorstellen zu dürfen. Die ganze Autofahrt über sprach ich und unterhielt mich. Sie sagten immer wieder: »Das war das schönste Geschenk, was du uns machen konntest.«

Zu Hause freute ich mich, meine Freunde zu besuchen. Alle waren erstaunt und konnten es gar nicht fassen, daß ich auf einmal so gut sprechen konnte. Vor allem ließ ich mich auch nicht unterbrechen, was alle früher immer gerne taten, wenn ich sprach.

Yvonne Herbert
»Man darf niemals aufgeben!«

Also: Ich habe mit etwa zwei Jahren zu stottern angefangen. Als ich größer wurde, begriff ich erst, daß ich stottere. Meine Eltern schickten mich in den Kindergarten. Ich fühlte mich sehr wohl in dem Kindergarten, hatte viele Freunde gefunden. Nach einiger Zeit mußte ich in einen Sprachheilkindergarten, dort gab es Kinder, die auch Sprachprobleme hatten.

Eigentlich war es wie ein stinknormaler Kindergarten. Mit sieben Jahren kam ich in die Schule, ich kam mit meinen Freundinnen in die gleiche Klasse. In der Schule stotterte ich immer noch, der Sprachheilkindergarten hatte also nichts gebracht. Meine Eltern, Verwandten und ich waren darüber sehr traurig.

Jahr für Jahr kam ich in eine höhere Klasse, sitzengeblieben bin ich nie wegen meines Stotterns. Als ich in der vierten Klasse war, entschied sich, ob ich auf das Gymnasium, die Realschule oder auf die Hauptschule kommen sollte. Von den Noten her konnte ich schon auf die Realschule, aber der Lehrer sagte, daß ich wegen meines Stotterns nicht auf die Realschule könnte, weil ich da sonst untergehen würde. Ich war sehr, sehr traurig. Am Anfang hatte mir der Lehrer gesagt, daß ich auf die Realschule komme, und dann doch nicht.

Von nun an hatte ich so einen Haß auf den Lehrer. Ich kam aber nicht allein auf die Hauptschule. An die neuen Schüler mußte ich mich erst gewöhnen.

Jahr für Jahr zog ich mich immer mehr zurück. Wenn mich jemand was fragte, hatte ich einen knallroten Kopf und bekam kein einziges Wort heraus. Es war ein Alptraum, ich mußte manchmal weinen vor Angst. Meine Freundinnen verließen

Stottern wird existentiell und wirkt direkt auf die Entwicklung

mich wegen des Stotterns nicht, sie blieben mir treu. Ich fühlte mich in der neuen Klasse wirklich wohl.

* * *

In einer Zeitung stand ein Artikel über das Rehabilitationszentrum Lindlar. Meine Eltern riefen dort an, und wir machten im November 1995 eine Besichtigung. Ich war damals zwölf Jahre alt. Es gefiel uns sehr gut. Also machten wir einen Termin im Sommer aus. Einen Tag vor den Schulferien fuhren mein Vater und ich nach Lindlar. Ich hatte schon ein bißchen Angst, aber ich war ja drei Wochen mit meinem Vater und drei Wochen mit meiner Mutter dort.

Es war ein regnerischer Tag. Endlich kamen wir an, wir gingen zur Verwaltung und holten unseren Schlüssel für das Appartement. Dann wurde uns alles Wichtige gezeigt. Nach der langen Fahrt waren mein Vater und ich sehr müde. Ich war sehr aufgeregt, dann war am Abend noch eine Gruppensitzung. Die Neuen mußten sich vorstellen, ich auch. Jede Woche bekamen wir einen neuen Plan. Ich freundete mich schnell mit einem elfjährigen Jungen an, er hieß Steffen, er war schon zum zweiten Mal in Lindlar. Zusammen spielten wir Federball, Verstecken, gingen auf den Spielplatz usw. Wir sind am gleichen Tag gekommen, aber er ist früher heimgefahren als wir. Steffen und ich gingen montags auch immer zusammen in eine Gruppentherapie, es hat sehr viel Spaß gemacht. Es gab nur wenig Kinder im Rehabilitationszentrum. Am Anfang sprach ich sehr wenig (fast gar nichts) mit den Leuten. In der zweiten Woche merkte man, daß ich schon ein bißchen besser sprechen konnte. In den Therapien übten wir einzelne Buchstaben, Sätze lesen, haben telefoniert, sind in das Dorf gegangen und haben Leute angesprochen, zum Beispiel: »Entschuldigung, wissen Sie zufällig, wieviel Uhr es ist?« Wir sind einkaufen gegangen, haben von mir Videos gemacht, Atmung gelernt usw.

Mir und vielleicht auch meinen Therapeuten/innen hat es viel Spaß gemacht. Aber es war eine lange Zeit, muß ich wirklich sagen. Jeden Tag habe ich gezählt, bis wir nach Hause fahren durften, auch wenn es mir dort sehr gut gefallen hat.

In der Schule machte ich im Unterricht mit. Dann wurde es mal wieder schlechter, mal wieder besser. Ich wußte ja, an was ich denken mußte, nämlich an LLD (Langsam, Laut und Deutlich). Vor dem Sprechen einatmen und beim Ausatmen sprechen. Oder meine zwei Videos anschauen, den Ordner von Lindlar in die Hand nehmen und von Anfang an noch einmal üben! Zur Zeit geht es wieder aufwärts. Also, ich rate allen, die stottern, laßt euch nicht von den anderen unterkriegen, kämpft, strengt euch an. Ich habe in Lindlar viel gelernt. Es klappt halt nicht immer, aber gebt dann **bitte** nicht auf. Ich laß manchmal auch nach, meine Eltern erinnern mich dann wieder. Ihr braucht **Mut**. Ich wünsche euch **viel Glück**! Und an alle Eltern, gebt ihr auch nicht die **Hoffnung** auf!

LLD = Langsam, Laut und Deutlich

Fritz Remaclus (Name geändert)
»Es ist nie zu spät, etwas gegen das Stottern zu unternehmen.«
Stottertherapie im Alter von 45 Jahren

Mein Sprachfehler geht wohl in die früheste Kindheit zurück. Von meinen Eltern hörte ich später, ich habe zu schnell und überhastet gesprochen. Konkrete Erinnerungen habe ich so etwa ab dem zwölften Lebensjahr. Erinnern kann ich mich an ganz bestimmte Situationen in der Schule: vorlesen, auswendig zu lernende Gedichte aufsagen oder auf Fragen der Lehrer antworten. Wie oft hatte ich dabei den Text oder die Antworten im Kopf, konnte sie aber entweder gar nicht oder nur stotternd aussprechen. Bei Worten, die mit einem Vokal beginnen, oder bei Worten mit Vorsilben, zum Beispiel »ge«-, »zu«-, »ver«-, meist in Verbindung mit doppelten Konsonanten, wie zum Beispiel *ge-k*leidet, *ver-pfl*ichtet), war meine Aussprache teilweise regelrecht blockiert, zumindest nicht flüssig. Solche Blockade- bzw. Stottererlebnisse aus der Schulzeit prägten sich ein. Sie waren begleitet vom Gelächter der Mitschüler. Die Lehrer wußten mit solchen Situationen nicht umzugehen. Einzige Ausnahme: Ein Lehrer empfahl mir einmal zu versuchen, vor jedem Wort, das ich nur stotternd hervorbringen konnte, unmerklich den Buchstaben »m« zu setzen. Nach einigen mehr oder weniger mißlungenen Versuchen gab ich dies jedoch auf.

* * *

Rückblickend muß ich sagen, daß zwar in der Jugend und im Erwachsenenalter eine allmähliche Besserung eintrat. Ganz verschwunden waren die Sprachfehler jedoch nicht. Merkwürdig auch, daß es in unregelmäßigen Abständen von einem Tag auf den anderen extreme Unterschiede im Sprechfluß gab. Warum, habe ich bis heute noch nicht herausgefunden, und es hat mir auch noch niemand schlüssig erklären können. Tage, an denen der Sprechfluß nahezu nicht blockiert oder unterbrochen war, waren »Highlights« und ein besonderer Genuß.

Strategie, um das Problemwort zu umgehen

Als Jugendlicher habe ich versucht, meinen Sprachfehler zu verbergen, und mir dazu, mehr oder weniger unbewußt, ein besonderes Sprechverhalten angeeignet: Sobald ein Problemlaut oder Problemwort während des Sprechens auftrat oder »bedrohlich« näherrückte, versuchte ich, von meinen Gesprächspartnern möglichst unbemerkt, in Sekundenschnelle auf problemlose Alternativ- oder Synonymworte umzuschalten, so daß der Eindruck einer scheinbar fließenden Sprechweise entstand. Diese Sprechweise hatte sich im Laufe der Jahre, mittlerweile sind es Jahrzehnte geworden, verfestigt. Ich wurde dann immer perfekter und hatte mir ein bestimmtes Repertoire von Worten und Wortkombinationen zugelegt, auf die ich während des Sprechens ausweichen konnte. In vielen Gesprächssituationen wurde ich so zum »nichtstotternden Stotterer«. Die Sprachfehler tauchten fast nur noch »im Kopf« auf. Dennoch habe ich stets versucht, kritische Gesprächssituationen, ob im beruflichen oder im privaten Umfeld, von vornherein zu vermeiden.

Der »nichtstotternde Stotterer«

Insgesamt prägte mein Sprechverhalten meine gesamte Persönlichkeit. Ich führe darauf mein mehr oder weniger introvertiertes Verhalten zurück und sehe darin eine Hauptursache für damit einhergehende psychische Belastungen.

Offenbar war in all diesen Jahren der Leidensdruck wohl doch nicht so groß gewesen, daß ich mich ernsthaft einmal um eine fundierte Diagnose und Therapie bemüht hätte. Im großen und ganzen kam ich ja noch ganz gut mit meinem »Sprachproblem« zurecht und hatte mich nahezu damit abgefunden.

* * *

Eine neue Situation ergab sich für mich noch einmal vor etwa fünf Jahren. Ich war damals bereits über 45 Jahre alt. Eine berufliche Veränderung, der ich mich nicht entziehen konnte und wollte, brachte es mit sich, daß ich kritische Gesprächssituationen, zum Beispiel in Besprechungen, Konferenzen nicht mehr wie bisher vermeiden konnte und mich dort behaupten mußte. Zudem brachte es die neue Aufgabe mit sich, daß ich Seminare leiten und Fachvorträge halten mußte.

Unter diesem neuen Druck faßte ich dann den spontanen Entschluß, mich endlich einer Sprachtherapie zu unterziehen. Nach meinem Gefühl fehlte mir auch nur ein kleiner Anstoß unter fachlicher Anleitung, um die bestehenden Sprachhürden zu überwinden. Diesen Anstoß erhoffte ich mir durch eine konzentrierte logopädische Therapie, sozusagen als »Crash-Kurs«. So leicht war es dann natürlich nicht, wie sich später herausstellte.

Aufgrund einer Anzeige in einer bekannten Wochenzeitung setzte ich mich telefonisch mit einem logopädischen Reha-Zentrum in Verbindung. Der Wunsch nach einer Therapie war plötzlich übermächtig. Nichts konnte mich mehr aufhalten. Alle »Formalitäten« waren binnen kurzer Zeit erledigt. Für meinen Arbeitgeber ging ich in »Kur«.

Die sechswöchige Therapie im Reha-Zentrum hat zu einer einschneidenden Verbesserung meiner Sprechweise, ja meines gesamten kommunikativen Verhaltens geführt. Es wäre übertrieben, zu sagen, daß sie einen hundertprozentigen Erfolg gebracht hätte. Mir wurde im Verlaufe der Therapie klar, daß in sechs Wochen nicht seit Jahrzehnten vorhandene Sprachfehler und eine über so lange Zeit angeeignete Sprechweise vollständig beseitigt werden konnten.

Neue Techniken müssen konsequent und regelmäßig geübt werden

Wenn ich auf die letzten vier Jahre seit meinem Aufenthalt im Reha-Zentrum zurückblicke, so war und ist es aus meiner Sicht für einen dauerhaften Therapieerfolg von entscheidender Bedeutung, die erlernten Techniken und Sprechübungen konsequent zu Hause fortzusetzen und regelmäßig zu üben. Diese Übungen sind zum festen Bestandteil meines Tagesablaufs geworden. Da ich grundsätzlich gerne lese, habe ich es mir insbesondere zur Gewohnheit gemacht, laut zu lesen. Auf diese Weise habe ich zum Beispiel Thomas Manns »Zauberberg« vollständig laut gelesen und bin zur Zeit mit Vergnügen bei Goethes »Faust«. Im übrigen glaube ich beim gegenwärtigen Lautlesen von Goethes »Faust« zu beobachten, daß der besondere Sprechrhythmus aufgrund sich reimender Verse den natürlichen Sprechfluß offenbar positiver beeinflußt als das fortlaufende Lautlesen eines normalen Textes. Zu Hilfe kamen mir auch sprechtechnische Übungen, auf die mich mein Sohn während seiner Schauspielausbildung aufmerksam machte. Eine Besserung glaube ich auch dadurch erreicht zu haben, daß ich in das von mir früher erlernte autogene Training spezielle Übungen eingebaut habe. So lautet eine gedankliche Formel während einer Übung: »Ich spreche frei und gelöst.« Sehr wichtig ist mir auch die Atmung. Hier hatte ich so ziemlich alles falsch gemacht, was man nur falsch machen konnte. Mit der richtigen Atemtechnik, insbesondere mit entspannter, fließender Ausatmung »aus dem Bauch heraus« kann ich heute so manche Blockaden oder Problemlaute bzw. -worte überwinden.

Es »fesselt« mich nach wie vor, meine Aussprache weiter regelmäßig zu üben. Das Nachholbedürfnis ist groß. Natürlich bleiben im Alltag Rückfälle nicht aus. Plötzlich ist wieder eine Blockade da oder das alte Sprechmuster zu erkennen. Bei solchen Rückfällen stelle ich dann immer wieder fest, daß

Die Anzahl der Übungen und die Dauer sind entscheidend

die täglichen Übungen nachgelassen hatten. Nicht nur das Üben an sich ist wichtig, entscheidend ist nach meiner Erfahrung auch die Dauer der Übungen. Der Zeitaufwand dafür ist sicher enorm und wird manchmal zur Last. Aber es lohnt sich. Bis zu einer Stunde täglich, an freien Wochenenden noch mehr, übe ich regelmäßig. Rückfälle, die immer seltener werden, sind Ansporn, die Übungen wieder zu intensivieren. Mit den Übungen befriedige ich nicht nur meine Lust am Lesen. Sie dienen der Kommunikation insgesamt. Ich kann immer öfter »mitreden«, trete meinem Gesprächspartner unbefangener gegenüber, was wiederum von Anfang an ein entspanntes Sprechen ermöglicht. Ich habe den Eindruck, daß mich meine Gesprächspartner von Anfang an »sympathischer« wahrnehmen. Damit ist der frühere Teufelskreis durchbrochen.

Um die Unterschiede in meinem Sprechverhalten von damals und heute festzustellen, muß ich mir inzwischen die Situation verdeutlichen, wie sie vor meinem Aufenthalt im Reha-Zentrum war. Erst dann wird mir bewußt, in welchem Maße sich mein Sprechverhalten hin zu einer natürlichen, entspannten Sprechweise verbessert hat.

Marcus Hennen, Systementwickler
»Es ist sehr viel Arbeit, sein gesetztes Ziel zu erreichen, aber man findet auch wieder sehr viel Selbstvertrauen.«
Stottern seit der Kindheit

Ich heiße Marcus Hennen, bin 25 Jahre alt, wohne in Duisburg und bin Systementwickler. Seit 21 Jahren stottere ich, mal mehr, mal weniger.

Im Alter von vier Jahren trat das Problem plötzlich, für uns

grundlos, auf. Meine Eltern waren natürlich sehr besorgt und
haben sich sehr für mich eingesetzt.

*Therapie-
müdigkeit*
Nachdem ich im Laufe meiner Kindheit von einer Therapie
zur nächsten gewechselt bin, gab es da eine Zeit, ich war etwa
zwölf Jahre alt, in der ich mir gesagt habe: »Es reicht!« Ich hatte
wirklich keine Lust mehr, meine Freizeit für dieses Sprachproblem zu opfern.

Nach einigen Jahren hatte ich dann wieder genügend
Selbstvertrauen, einen neuen Versuch zu starten. Irgendwann
las ich in einer Zeitung mal wieder einen Bericht über das
Stottern; er handelte von einer Einrichtung in Holland, die mit
der Del-Ferro-Methode arbeitete. Kaum drei Monate später war
ich schon dort, denn es hörte sich alles sehr vielversprechend
an und half auch. Ich war nach diesem zehntägigen Besuch in
Holland ein anderer Mensch. Ich muß allerdings eingestehen,
daß es bis dahin sehr harte Arbeit war. Nach einem halben Jahr
war leider wieder alles beim alten.

* * *

Als ich 20 Jahre alt war, eine Ausbildung hinter mir, das Abitur
geschafft hatte, dachte ich mir, es noch einmal zu versuchen,
und ich fing eine neue Intensivtherapie an. Es war im Juli 1992,
ein vierwöchiger Aufenthalt in einem logopädischen Rehabilitationszentrum. Als ich dort ankam, war ich ruhig, zurückhal-
tend, sehr schüchtern und traute keinem Menschen. In Verbindung mit dieser Therapie fielen mir natürlich die vielen anderen
Therapien ein, die nicht soviel gebracht hatten. Ich hatte Angst,
daß dies wieder der Fall sein würde. Nach vier Wochen war ich
allerdings dann wie ausgewechselt. Meine Eltern, Freunde und
Bekannten waren begeistert. Sie haben es zwar nicht gesagt,
doch ich hatte den Eindruck, daß jeder gedacht hat: »Marcus
kann ja doch sprechen!« Das hört sich jetzt vielleicht hart an,
doch meiner Meinung nach war es so. Während der Therapie
habe ich erlebt, daß Sprechen ohne Stottern wirklich richtig
spaßig ist. Wenn ich dann noch einmal »hängen«geblieben
bin, dann war es meistens nur deswegen, weil ich einfach zu

schnell gesprochen habe und alles aus mir rausholen wollte. Zum Abschluß dieser Therapie hielt ich einen Vortrag vor versammelter Mannschaft. Kaum zu glauben, es hat riesig Spaß gemacht, und ich habe fast nicht mehr gestottert.

Bei dieser Therapie habe ich wieder Selbstvertrauen gefunden, aber auch gemerkt, daß es sehr viel Arbeit ist, sein gesetztes Ziel zu erreichen. **Man darf einfach nicht aufgeben!** Ich habe öfter immer mal ein kleines Sprachproblem, an manchen Tagen ist es mehr, an anderen Tagen wieder weniger. Ich bin jedenfalls ein anderer Mensch geworden. Ich habe gelernt, daß es harte Arbeit ist und daß es nicht nur ausreicht, eine vierwöchige Therapie durchzuführen. Nur eines ist wichtig, man muß daran glauben, und man muß unterstützt werden. Von der Familie bis hin zu Institutionen, die einem den Aufenthalt in so einer Einrichtung ermöglichen können. Es war teilweise mit Behörden und Krankenkassen ein sehr harter Kampf, um Mittel zu erhalten, damit ein Aufenthalt finanziert werden konnte. Sehr viele Gespräche und Briefwechsel waren nötig, um nur einen kleinen Schritt voranzukommen. Dieses muß sich schnellstmöglich ändern.

Alte Sprechmuster treten nun noch mal mehr, mal weniger in Erscheinung

* * *

Man hat es als Stotterer nicht leicht im Leben. In Filmen werden Stotterer meist als dumm und blöd dargestellt. Daß es nicht so ist, wissen nur sehr wenige. Ein Beispiel: Als ich von der Grundschule auf die Realschule wechseln wollte, riet meine damalige Klassenlehrerin meinen Eltern: »Marcus kann auf keinen Fall auf die Realschule gehen. Mit dem Sprachproblem? Unmöglich!« Meine Eltern setzten sich – Gott sei Dank – durch, und ich schaffte natürlich die Realschule ohne größere Probleme. Ich bin zwar oft angesprochen worden, von Lehrern und Schülern, doch es lief eigentlich ganz gut. Meine mündlichen Noten ließen teilweise zu wünschen übrig, aber das mußte ich in Kauf nehmen. Bewerbungen bei Firmen waren auch immer sehr lustig, denn ich wußte bei Vorstellungsgesprächen oft sofort, ob ich genommen wurde oder nicht. Für viele Firmen ist das Stot-

Stottern kann entscheidend sein bei der Schullaufbahn-Beratung

tern ein Riesenproblem, und sie wollen damit in ihrem Betrieb nicht »belästigt« werden. Die Qualifikation war da, aber mit einem Sprachproblem war es oft unmöglich.

Nach der Realschule führte ich eine weitere schulische Ausbildung durch. Dort wurde ich von Freunden und von fast allen Lehrern akzeptiert, und das baute natürlich auf. Ein Lehrer behauptete zwar fest, daß Stotterer nie eine höhere Position im Beruf erreichen könnten und Bürojobs gar nicht in Frage kommen. Aber dem habe ich es jetzt schon gezeigt.

In diesem Jahr läuft alles wie geschmiert, im Berufsleben wie auch im privaten. Das Sprachproblem ist, obwohl ich es immer noch ein wenig habe, in weite Ferne gerückt, und ich arbeite weiter daran.

Thomas Schulz
»Man darf nie den Kopf in den Sand stecken und darauf warten, bis andere aktiv werden, das gilt leider auch für viele Ärzte und Therapeuten.«
Stottern nach Hirnblutung im Alter von 35 Jahren

Ich bin 37 Jahre alt, verheiratet und habe zwei Söhne (vier und acht Jahre alt). Von Beruf bin ich selbständiger Friseurmeister.

Symptome einer Hirnblutung

Es ist der 24. September 1995. Wir erwarten um 11 Uhr unsere Freunde aus Aschaffenburg mit ihren drei Kindern. Wir decken den Tisch, holen Getränke und machen eine Wunschpizza für die Kinder.

Es war genau 10 Uhr: Ich knetete gerade den Teig, als ganz plötzlich ein sehr starker Druck im Kopf entstand. Es drehte sich alles vor meinen Augen, mir wurde schwindelig und schlecht. Sofort war mir auch speiübel, ich konnte mich kaum noch auf den Beinen halten. Mit großer Anstrengung schaffte ich mich ins Schlafzimmer aufs Bett. So machte der Körper mit mir, was er wollte. Dann bekam ich Durchfall und mußte mich viele Male übergeben. Mein Rücken schmerzte so stark, daß ich nur mit hochgewinkelten Beinen liegen konnte. Der Kopf dröhnte, nach Stunden ging es etwas besser, nachdem ich Schmerzmittel eingenommen hatte.

Der Körper beruhigte sich, mit Schmerzmitteln waren die Kopfschmerzen auszuhalten. Da mein Hausarzt 15 Kilometer entfernt ist, wollte ich den hier im Ort ansässigen Arzt aufsuchen. Die Diagnose war ein Hexenschuß!

In den darauffolgenden Tagen habe ich sehr, sehr viele Tabletten pro Tag eingenommen. Da ich sonst keine Tabletten zu mir nehme, war die Wirkung sehr gut. Die nächsten anderthalb Tage waren fast schmerzfrei. Doch dann kam der erste Anfall: Mein linkes Bein ließ sich nicht mehr klar bewegen, und der Rücken schmerzte sehr. Nach weiteren eineinhalb Tagen im Bett ist es wieder besser geworden. Die nächsten drei Tage ging es mir immer besser. Deshalb ermutigte ich meine Frau, ihren beruflichen Termin in Köln wahrzunehmen. Doch dann fingen die Kopfschmerzen wieder an.

In der Nacht wachte ich auf. Mein Kopf; es waren Schmerzen, Wahnsinn!!! Ich war sehr laut im Bett und wollte aufstehen und irgend etwas gegen die Schmerzen machen. Da fiel ich ohnmächtig ins Bett zurück. Meine Kinder standen am Bett und haben mich geweckt. Mein Schädel tat Schläge, schmerzte so, daß er gefühlsmäßig zu platzen drohte. So lag ich im Bett, mein Zeitgefühl sowie mein Bewußtsein waren ausgefallen.

Weil ich sehr durstig war, ging ich in die Küche, um etwas zu trinken. Ich brach wieder ohnmächtig zusammen und lag am Boden. Meine beiden Söhne haben mich nochmals aufgeweckt, nachdem sie von meinem Lärm wieder wach geworden waren. So bin ich im Bett eingeschlafen, und am nächsten Morgen konnte ich mich fast nicht mehr bewegen. Der Kopf hatte sich etwas beruhigt. Aber der Körper ließ sich nur schwer, fast gar nicht mehr bewegen.

Die Heimtücke einer langsamen Entwicklung der Hirnblutung

Ich rief den ortsansässigen Arzt an und erklärte meine Beschwerden. Er erklärte mir, er habe die Praxis voll und könne nicht kommen, um mir zu helfen. Ich habe meinen Schwager angerufen. Er ist gleich bei mir gewesen. In meinem Körper kam das Gefühl langsam wieder. Mit viel Mühe und Anstrengung habe ich es geschafft, mit kleinen Schritten zu laufen. Wir fuhren zu meinem Hausarzt. In der Praxis erkannte man, wie schlecht es mir ging, und ich bin sofort untersucht worden.

Meinem Hausarzt, der mich seit zehn Jahren gut kennt, fiel mein verändertes Verhalten auf, besonders die große Verlangsamung. Er schickte mich zu einem Neurologen, dieser überwies mich nach einem EEG zur Computertomographie. Die Diagnose: Aneurysma – Gehirnblutung hinter dem linken Auge in sehr fortgeschrittenem Stadium, muß sofort operiert werden. Mein Schwager verständigte meine Frau.

Es erfolgte die Einweisung in die Neurologische Klinik. Nach einer Angiographie verlegte man mich in die Neurochirurgische Uni-Klinik. Die Operation dauerte mehrere Stunden. Es wurde ein Clip eingesetzt, der die Blutung stoppen sollte. Mein Körper nahm es an. Der 6.10.1996 war mein NEUER GEBURTSTAG!

Ich wurde aber weiter in einem künstlichen Koma gehalten. Am 9.10. zog ich mir den Beatmungsschlauch selbst heraus, was ja für meinen starken Willen spricht, sagt meine Frau! Am 16.10. wurde ich von der Intensivstation auf die normale Station verlegt. Ganz langsam kehrte mein Erinnerungsvermögen zurück. Später ging es nach einer weiteren neurologischen Klinik in eine Reha-Klinik. Ende Januar wurde ich dann endlich nach Hause entlassen.

* * *

Durch meine Krankheit litt ich nun unter einer Sprachstörung; ich stotterte. Ich suchte eine Logopädin zur Weiterbehandlung, was nicht einfach war. Es ist sehr belastend, wenn man plötzlich dem Stottern ausgeliefert ist. Aber das Verhalten der fremden Menschen macht einem bestimmt noch mehr Druck als das Stottern, mit dem man lernen muß zu leben.

Man will alles richtig machen und scheitert dabei oft an den eigenen Anforderungen. Zunächst wußte ich keinen Rat. Erst durch die Hilfe meiner Familie, Freunde und die intensive Arbeit mit meiner Logopädin gewann ich wieder Zuversicht. Meine Logopädin machte mich schließlich auf eine Intensiv-Sprachtherapie aufmerksam, die ich dann auch über mehrere Wochen wahrnahm. Dabei lernte ich, meine Sprechstörung mit anderen Augen zu sehen. Die Übungen halfen mir, viele Probleme zu bewältigen, und ich habe gelernt, daß man niemals an seinem Selbstwertgefühl zweifeln darf.

Man darf nie den Kopf in den Sand stecken und darauf warten, bis andere aktiv werden, das gilt leider auch für viele Ärzte und Therapeuten. Die Aufklärung wird sehr stiefmütterlich behandelt, und wenn man nach Hause entlassen wird, gibt es keine Betreuung mehr. Wir haben zum Glück die Kraft gehabt, selbst aktiv zu werden.

Wir wissen, daß ich sehr, sehr viel Glück hatte und daß mir ein zweites Leben geschenkt wurde. Mit diesem Wissen im Kopf gestalten wir unser Leben und handeln nach der Devise:

Herr, schenke mir die Gelassenheit,
Dinge hinzunehmen, die ich nicht ändern kann,
gib mir den Mut, Dinge zu ändern,
die ich ändern kann, und die Weisheit,
beides voneinander zu unterscheiden.
(F. Ch. Oettinger)

Andreas Reindl

»Ich rede seither soviel und manchmal so laut, daß ich immer wieder mal gebremst werden muß. Aber schließlich muß ich 30 Jahre Reden nachholen!«

Stottern seit der Kindheit

Im Alter von vier oder fünf Jahren fing ich an zu stottern. Der Grund dafür ist wohl im Elternhaus zu suchen, wobei ich eine Schuldsuche oder -zuweisung nicht für richtig halte und ablehne. Meine Mutter mußte arbeiten, da mein Vater das meiste Geld für Alkohol ausgab. Aufgewachsen bin ich bei meiner Tante und mußte wohl auf elterliche Zuneigung und Liebe weitestgehend verzichten.

Falsche Annahme, daß sich Stottern von selbst gibt

Die anfänglichen Symptome, soweit ich mich erinnern kann, waren Wiederholungen der Anfangsbuchstaben. Meine Mutter ging mit mir von Arzt zu Arzt, von Therapeut zu Therapeut. Die Hausärzte vertraten die vorherrschende Meinung, daß sich das Problem mit der Pubertät von selbst gibt. Trotzdem wurden mir immer wieder Therapien, wie Spiel-, Sprech- und Leseübungen, verordnet. Die behandelnden Ärzte und Therapien wechselten immer wieder, und diese wurden meist mit der gleichen Aussage beendet: »Wir können nichts mehr tun, das gibt sich mit der Zeit!« Jedesmal war der Frust hinterher größer und die Symptome schlimmer.

Symptome, die A. Reindl beim Sprechen zeigte

Gegen Ende der Hauptschule wurde aus dem gelegentlichen Hängenbleiben ein verkrampftes Sprechen. Die Symptome verschlimmerten sich wie folgt: Sprechen mit angehaltenem Atem, wobei sich Bauch-, Schulter-, Nacken- und Gesichtsmuskeln zusehends verkrampften. Hinzu kamen heftige Schüttelbewegungen des Kopfes. Ein sehr gepreßtes, unverständliches Sprechen mit langen Pausen (Blocks) war die Folge.

Einen besonderen Einfluß auf die Sprache hatte die Lehrzeit (mit etwa 16 Jahren). Aus dem anfänglich ach so großen Verständnis für meine sprachlichen Probleme wurde nach der Probezeit (ein halbes Jahr) ein bisher nicht gekanntes Spießrutenlaufen.

Aussagen wie: »Du spielst uns etwas vor« oder »Mach, daß du normal redest – auf Idioten wie dich können wir verzichten« gehörten noch zu der harmloseren Sorte. Dies steigerte sich im Laufe der dreieinhalb Jahre Ausbildung bis zu Handgreiflichkeiten. *Hänseleien zerstören das Selbstbewußtsein bis zum Nullpunkt*

Mein Selbstbewußtsein wurde zu dieser Zeit bis auf den Nullpunkt zerstört. Aus diesem Grunde wollte ich die Lehre abbrechen, wofür meine Eltern kein Verständnis hatten. Besonders mein Vater reagierte mit einem heftigen Wutausbruch auf den Wunsch. Diese Situation verschlimmerte mein Reden noch mehr. Die Verkrampfungen steigerten sich, wobei mit der Zeit ein Vorneigen des ganzen Oberkörpers während des Sprechversuches dazukam. Deshalb versuchte ich, nach Möglichkeit nur noch schriftlich zu kommunizieren.

Zur gleichen Zeit (zwischen dem 16. und 19. Lebensjahr) ging ich einmal wöchentlich zur Therapie, in der nur autogenes Training geübt wurde. Nachdem der Therapeut immer wieder versprach: »Bis Weihnachten kannst du normal sprechen«, alles aber immer schlimmer wurde, warf ich letztendlich mit 19 Jahren das Handtuch und verabschiedete mich in Gedanken von allen Ärzten und Therapien! Ich versuchte, mich mit meinem Problem abzufinden und damit zu leben. *Therapiemüdigkeit und Therapiefrust durch Mißerfolge*

Nach der Ausbildung wechselte ich sofort den Arbeitsplatz. Von da an versuchte ich mein Stottern mit Arbeit zu kompensieren. Ich fing morgens früh an und hörte abends spät auf, die Arbeit am Samstag und Sonntag wird selbstverständlich. Dadurch versuchte ich die Anerkennung zu finden, die ich wegen meines Stotterns nicht bekam.

Kurz nach dem Wechsel suchte ich mir eine eigene Wohnung und zog von zu Hause aus, was sehr befreiend war. Dieses Gefühl hielt nicht lange an. Meine damalige Freundin trennte sich nach drei Jahren von mir. Eigentlich lief alles gut, wir wollten bald zusammenzuziehen und hatten auch schon Heiratspläne. Sie beendete unsere Beziehung aber dann mit der Begründung: »Ich kann dich nicht heiraten. Stell dir vor, wir sind in der Kirche, und du mußt ›ja‹ sagen. Du bringst ja kein Wort heraus!« Das war eine sehr große Enttäuschung für mich.

Wer stottert, wird nicht ernst genug genommen

Nach einem dreiviertel Jahr in der neuen Firma erfuhr ich, daß ich unter Tarif bezahlt wurde und forderte mehr Lohn. Dieser Wunsch wurde vom Chef abgelehnt mit dem Kommentar: »Was willst du eigentlich? Sei froh, daß du Arbeit hast. Ich habe dich sowieso nur aus Mitleid eingestellt.« Das war der nächste Schlag ins Gesicht innerhalb von kürzerer Zeit, und ich war am Boden zerstört. Nachdem ich mich wieder aufgerappelt hatte, suchte ich mir schnellstmöglich eine neue Arbeit. Ich fand einen Job als LKW-Fahrer, der mir auch Spaß machte.

* * *

Von da an, mit etwa 21 Jahren, lief mein Leben eigentlich »normal«. Mit 24 Jahren lernte ich meine heutige Freundin kennen. Sie brachte mir von Anfang an viel Verständnis entgegen und nahm mir im Laufe der Jahre viele beschwerliche Gänge ab.

Mit 30 Jahren wechselte ich den Hausarzt. Er suchte einen neuen Behandlungsansatz und überwies mich zum Neurologen, der die üblichen Untersuchungen des Gehirns ohne Befund durchführte. Wieder einmal der Hinweis: »Damit müssen Sie leben!« Um die Symptome zu lindern, verschrieb er mir aber Tabletten (für Epileptiker!?). Nach auftretenden erheblichen Gedächtnislücken setzte ich sie nach Absprache mit meiner Freundin wieder ab.

Mit etwa 33 Jahren lernte ich einen pensionierten evangelischen Pfarrer kennen. Da er in der Nachbarschaft der Mutter meiner Freundin wohnt, wußte er von meinem Problem. Durch sie bietet er mir seine Hilfe an mit dem Hinweis, daß ich mich von selbst bei ihm melden muß. Leider findet sie nicht gleich den Mut, mich daraufhin anzusprechen, und es vergeht ein weiteres halbes Jahr, bis ich davon erfahre.

Durch Tiefenentspannungsübungen möchte er die Verkrampfungen lösen, und wir führen ernsthafte Gespräche über mein Sprachproblem. Alles ist sehr positiv, und ich fühle mich zum ersten Mal richtig verstanden. Er gibt mir einige Denkanstöße zum Umgang mit dem Stottern und regt mein Selbstbewußtsein und den Wunsch zum Weitermachen an. Nach einigen unregelmäßigen Treffen über etwa ein knappes Jahr hinweg empfiehlt er mir, mich an ein logopädisches Therapiezentrum zu wenden.

Offene Gespräche können Denkanstöße geben

Nach Gesprächen mit meiner Freundin und trotz Skepsis meinerseits mache ich einen Termin für ein Beratungsgespräch aus. Dafür benötige ich ein Rezept für eine logopädische Beratungssitzung, welches ich mir von meiner Hausärztin ausstellen lassen wollte. Der Termin bei der Hausärztin wurde wieder einmal zur Enttäuschung. Nachdem ich ihr die Lage erklärt habe, gibt sie mir einen weiteren Termin, damit sie zwischenzeitlich das Info-Material lesen kann. Aber bei meinem nächsten Besuch sagt sie nach kurzem Überfliegen der Broschüre, daß ich doch eigentlich zum Psychiater müßte. Sie versucht, mir das Ganze auszureden, aber ich lasse mich nicht abwimmeln. Daraufhin bekomme ich eine Überweisung zum HNO-Arzt mit dem Hinweis, daß sie nicht kompetent genug sei. Also mache ich einen weiteren Termin (es geht immer noch nur um das Rezept für ein Beratungsgespräch!!!). Das gleiche Spiel: Problem erläutern, Info-Material abgeben, neuen Termin machen, damit der Arzt Zeit hat, sich zu informieren. Dann aber erlebe ich eine Überraschung: Er hat sich wirklich schlau gemacht, sogar einen Kollegen befragt, und er nimmt mich ernst. Ich erhalte das Rezept.

Fehleinschätzung und Fehlberatung durch Kompetenzmangel

* * *

Ich beantrage eine sechswöchige stationäre Sprachtherapie. Es kommt postwendend die kategorische Ablehnung durch die Kasse ohne Nennung von Gründen. Nachdem meine Freundin telefonisch nachhakt, werden die Gründe genannt: Nach den Unterlagen hätte ich in den letzten zehn Jahren keinerlei ambulante Therapie in Anspruch genommen und müßte deshalb erst einmal diesen Weg gehen. Wir versuchen, dem Sachbearbeiter klarzumachen, warum man irgendwann keine Energie mehr hat, sich auf Therapien einzulassen, von denen man genau weiß, daß sie nichts bringen. Die Lebens- oder Leidensgeschichte der Jugend wird vor diesem Sachbearbeiter ausgerollt, um sein Verständnis zu bekommen, aber er verschanzt sich

Gegen die Arroganz der bürokratischen Macht ankämpfen

hinter seinen Vorschriften und besteht auf seiner vorgeschlagenen Lösung. Falls diese dann tatsächlich nichts bringen sollte, wäre er bereit, wieder einen Antrag auf stationäre Behandlung anzunehmen! Mit einer Dringlichkeitsbescheinigung des HNO-Arztes und weiterer Beharrlichkeit unsererseits gelingt es uns, einen Vorstellungstermin beim sozialmedizinischen Dienst zu erreichen. Dieser Termin verläuft wider Erwarten sehr positiv, denn die Ärztin hat sich auch über das Therapiezentrum erkundigt und unterstützt unser Vorhaben. Nach einem persönlichen Gespräch mit dem Abteilungsleiter der Krankenkasse erhalte ich die Genehmigung für einen stationären Aufenthalt von sechs Wochen. Dieses »Hickhack« mit den Ärzten und der Krankenkasse verzögerte mein Vorhaben um etwa ein halbes Jahr und kostete mich fast meinen ganzen Mut und meine Entschlußkraft, die ich anfangs hatte.

* * *

In dem logopädischen Therapiezentrum machte ich eine ganz neue Erfahrung. Durch den stationären Aufenthalt mit eigenem Appartement konnte ich mich voll auf mich und meine Therapie konzentrieren. Die ersten Erfolge waren durch die Intensität der Sitzungen und das herzliche Miteinander schon bald sichtbar. Mein Selbstbewußtsein steigerte sich von Tag zu Tag, wenn auch kleinere Rückschläge hin und wieder zu Frust führten. In Absprache mit dem Reha-Zentrum wurde eine Verlängerung auf acht Wochen beantragt und sofort genehmigt.

In der ganzen Zeit konnte ich mir ein bisher nie gekanntes Sprechen aneignen. Ich bin zwar nicht symptomfrei, aber einen riesigen Schritt weiter, vor allem endlich einmal in die richtige Richtung. Gegen Ende aber kamen wieder Zweifel in mir auf: Was wird werden, wenn ich wieder zu Hause bin? Wird alles durch den Streß und alte Gewohnheiten zunichte gemacht werden? Wie werden meine Freunde und Kollegen reagieren? Wie hoch ist ihre Erwartungshaltung? Die Angst vor einem Rückfall wurde immer größer.

Zu Hause angekommen, stellte ich nach einigen Tagen erstaunt fest, daß mein erlerntes Sprechen bleibt, und trotz manchmal auftretender Blocks ist meine Freude riesengroß. Auch von meinen Mitmenschen bekomme ich immer wieder Positives über mein Sprechen zu hören. Einen etwas nervig-spaßigen Beigeschmack hat das Ganze doch, aber eher für meine Freunde als für mich: Ich rede seither soviel und manchmal so laut, daß ich immer wieder mal gebremst werden muß. Aber schließlich muß ich 30 Jahre Reden nachholen!

Seit November 1996 bin ich wieder, einmal pro Woche, in logopädischer Behandlung. Mit kleinen Schritten geht es jetzt weiter, und mit jedem positiven Erlebnis wächst die Zuversicht auf ein normales, flüssiges Sprechen.

Eine der wichtigsten Fragen: Wie sieht der Transfer des Gelernten in die Alltagskommunikation aus?

Marco Keiser

»Meine Sprachprobleme sind bis auf einen kleinen Rest beseitigt. Und mit dem kleinen Rest kann ich dank der Arbeit der Therapeuten sehr gut umgehen.«

Stottern seit der Kindheit

Mein Name ist Marco Keiser, ich bin 19 Jahre alt, lebe in einem kleinen Dorf in Ostfriesland und befinde mich im zweiten Ausbildungsjahr zum Krankenpfleger.

Meine sprachlichen Probleme begannen im Alter von vier Jahren. Zu diesem Zeitpunkt bin ich mit meinen Eltern und meiner etwa zwei Jahre älteren Schwester von meinem Geburtsort bzw. Geburtshaus fortgezogen in ein fünf Kilometer entferntes Dorf. Für mich war das eine sehr große Entfernung, zumal ich alle meine bisherigen Spielkameraden verlor. Meine Eltern haben uns zwar häufig in die »alte Heimat« gebracht, aber die Trennung war nun einmal da. In unserem neuen Wohnort gab es für mich weit und breit keine Kinder passenden Alters.

Fast gleichzeitig begann mich eine recht seltene Erkrankung heimzusuchen, in der Fachsprache Morbus Perthes genannt. Es handelt sich dabei um eine Hüfterkrankung, die das Laufen fast unmöglich macht. Die Behandlung dauerte fast zwei Jahre, von denen ich ein Jahr im Rollstuhl verbrachte, da meine Beine eingegipst waren. Bis auf eine Beinverkürzung wurde ich geheilt.

Wie schon eingangs erwähnt, begannen in dieser Zeit meine sprachlichen Schwierigkeiten. Es fing damit an, daß ich Worte, die mit »k« begannen, nicht mehr herausbringen konnte. Alle guten Ratschläge meiner Eltern waren nutzlos. Die Probleme weiteten sich aus bis zum starken Stottern.

Als ich den Kindergarten im Nachbarort besuchte, wurde der Leidensweg größer, weil die Lacher der anderen Kinder bei jedem »Stottern« zunahmen. Nach einigen Wochen verweigerte ich mit Händen und Füßen den weiteren Besuch des Kindergartens. Meine Eltern haben mich dann zu Hause behalten.

Hänseleien verstärken den Leidensdruck

Das ging natürlich nicht mehr, als ich zur Schule mußte. Dort hat es schlimme Erlebnisse gegeben. Wie heißt es unter Erwachsenen immer: Kinder können grausam sein! So war es auch bei mir. Nachäffen und Auslachen waren an der Tagesordnung. Jeden Unterrichtstag sah ich mit Unbehagen entgegen. Am schlimmsten waren natürlich vorzulesende Texte oder ähnliches.

Offene Gespräche können Denkanstöße geben

Eines Tages haben meine Eltern die Klassenlehrerin gebeten, das Thema »Stottern« doch einmal vor der gesamten Klasse zu besprechen. Das hat sie dann auch in meinem Beisein getan. Sie hat meine Behinderung verglichen mit Seh- oder Hörproblemen. Meine Mitschüler waren recht verständig, und von diesem Zeitpunkt an war meine Schulzeit etwas erträglicher.

Meine Eltern, denen mein Stottern ebenso weh tat wie mir, haben sich mit dem Thema ausgiebig auseinandergesetzt. Bereits kurz nach den ersten Symptomen haben sie mich zweimal wöchentlich über einen Zeitraum von sieben Monaten zu einem Logopäden in die nächste Kreisstadt gefahren, der auf spielerische Weise versuchte, mich zu therapieren. Mir war damals gar nicht klar, was ich bei dem Mann sollte. Auf sein Anraten hin haben mir meine Eltern gesagt, er würde mit mir Spiele üben. Mein Kommentar war damals: »Aber ich kann doch schon spielen.«

* * *

Der Erfolg blieb aus, die sprachlichen Probleme wurden immer stärker. Um sie zu überspielen, entwickelte ich eine eigene Art, mich den Mitmenschen zu präsentieren, indem ich übertrieben herumalberte und so richtig den »Kasper« heraushängen ließ.

Ein weiterer Therapieversuch wurde unternommen, als ich sieben Jahre alt war. Eine Logopädin des Paritätischen Wohlfahrtsverbandes stand einmal wöchentlich zur Verfügung. Auf diesen freien Platz mußten wir fast ein Jahr warten. Mit mir wurden noch drei weitere Jungen behandelt. Diese Behandlung dauerte etwa ein Jahr. Gebracht hat sie mir nicht viel, außer daß mir Wege aufgezeigt wurden, die schwierigsten »Hänger« zu vermeiden bzw. zu überbrücken.

Mehrere Sitzungen bei einem Psychologen brachten mich und meine Eltern auch nicht weiter. Er versuchte, die Ursachen in meiner jungen Vergangenheit zu finden, was meiner Meinung nach nicht viel brachte

Mißerfolge führen zu Resignation

Ich lernte notgedrungen, mit dem Problem zu leben. Wenn es also irgendwie möglich war, habe ich geschwiegen. Meine Lehrer – bis hin zur Realschule – haben sich recht fair verhalten und mich im Mündlichen geschont, wenn es möglich war. Als die Schulzeit endete und die Berufsausbildung anstand, meinten meine Eltern, man sollte noch einen Therapieversuch unternehmen. Ein Ausbildungsplatz zum Krankenpfleger war mir glücklicherweise sicher.

Durch das Gesundheitsamt wurde mir eine Einrichtung genannt, in der auch Sprach-Intensivtherapie bei Stotterern durchgeführt wird. Ich beantragte eine mehrwöchige Therapie, die mir auch gewährt wurde.

Zu Beginn meines Aufenthaltes dort sind meine Eltern noch ein paar Tage mit mir zusammen geblieben, um mir die ersten Schritte in eine gewisse Art von Selbständigkeit zu erleichtern.

Bereits in den ersten Tagen habe ich im Zentrum Anschluß an »Gleichgesinnte« gefunden. Die Gemeinschaft aller im Reha-Zentrum empfand ich als sehr schön und auch hilfreich. Nicht zu vergessen die Therapie an sich. Sie im einzelnen zu schildern führt natürlich zu weit. Mir wurde jedenfalls eine große Belastung abgenommen. Meine Sprachprobleme sind bis auf einen kleinen Rest beseitigt. Und mit dem kleinen Rest kann ich dank der Arbeit der Therapeuten sehr gut umgehen. Mein Leben macht mir wieder Spaß, und ich genieße das Zusammensein und die Kommunikation mit anderen Menschen, speziell im Beruf, tagtäglich.

Stottern und seine Therapie

Stottern ist ein Phänomen, das die Kommunikation zwischen dem Stotternden und einer flüssig sprechenden Person erheblich beeinträchtigt. Das stotternde Sprechen verwirrt dadurch, daß der Sprechfluß an ungewollten Stellen unterbrochen ist. Es kommt zu Verzögerungen, Unterbrechungen oder Dehnungen des Redeflusses.

Der stotternde Sprecher selbst nimmt seine Art zu sprechen deutlich wahr. Er spürt, wie die Atmung stockt, wie sich die Atemmuskulatur verkrampft und sich der Hals zuschnürt. Er spürt, wie die Zunge »festklebt« und die Mundmuskulatur erstarrt oder sich bestimmte Artikulationsbewegungen rasend schnell wiederholen, obwohl er das gar nicht will und dagegen anzugehen versucht. Er spürt, daß sein Sprechen den Schweiß treibt, und hört deutlich, welch eigenartige Laute er produziert. Da er so sprechen können möchte wie die anderen, bemüht er sich, Wege zu finden, um nicht mehr aufzufallen.

Stottern ist ein Sprechstil, der bei jedem Stotternden anders ist, daher erscheint es auch nicht richtig, vom Stotterer an sich zu sprechen. Die Auffälligkeiten dieser Sprechstile sind:

Den Stotterer »an sich« gibt es nicht, sondern nur individuelle Sprechstile

- Krampfartige und unkontrollierte Wiederholungen von Lauten, Silben und ganzen Wörtern. Dies nennen wir *klonisches Stottern*, bei manchen Betroffenen kommt es auch zu einer eigenwilligen Sprechmelodie.
- Blockartiges, plötzliches Verstummen vor oder in einem Wort oder Satz oder ein Langziehen der Lautbildung. Bei dieser rhythmischen Eigenart sprechen wir von *tonischem Stottern*.
- Oft kommen begleitend *gestische und mimische Normabweichungen* in Form von Kopfbewegungen, Muskelverkrampfungen an verschiedenen Körperstellen, Bewegungen von Armen und Beinen usw. hinzu.
- Körperliche Erregungszustände, wie z. B. Schweißausbrüche (besonders vor dem Sprechen), als Ausdruck von Erwartungs- und Versagensängsten.

Aufgrund der Erwartung, im nächsten Moment zu stottern, entwickeln viele Stotternde bestimmte Sprechstrategien, um »schwierige« Laute, Wörter, Sätze usw. zu umgehen. Sie wählen Ersatzformulierungen oder Fülllaute (»ääh«), Flickwörter (»na ja«) oder schieben Floskeln (»will ich mal sagen«) in die Äußerungen ein.

Zur Umgehung des Stotterns lassen sich die Stotterer viel einfallen

Zu der Frage nach den Ursachen des Stotterns gibt es als Antwort eine Vielzahl von zum Teil sehr unterschiedlichen Theorien.

Die Medizin vermutet, daß hirnorganische Störungen in der Feinkoordination von Atmung, Stimme und Artikulation Ursa-

Die Ursachen des Stotterns

che für das Stottern sind. Gehäuftes familiäres Auftreten weist unter Umständen auch auf dispositionelle Ursachen hin.

Aus psycholinguistischer Sicht können wir den verzögerten Sprechbeginn, länger andauernde Artikulationsstörungen oder vermehrte Schwierigkeiten beim Erwerb der grammatischen Regelstrukturen als Ursachenfaktoren annehmen.

Aus lerntheoretischer Blickrichtung entwickelt sich das Stottern durch Lernen. Interessant ist in diesem Zusammenhang die Tatsache, daß die meisten Angaben über den Zeitpunkt des Stotterbeginns auf eine Phase der Sprachentwicklung im Alter von etwa drei bis fünf Jahren hinweisen.

Entwicklungsbedingtes »Verhaspeln« in einer bestimmten Sprachentwicklungsphase können wir bei fast allen Kindern in bestimmten Situationen beobachten. Jedes Kind zeigt im Laufe der Sprachentwicklung und der damit verbundenen gleichzeitigen neuronalen Strukturierung des Gehirns auf allen Gebieten wie Motorik, Sensibilität, Wahrnehmung, Denken, Kommunikationserfahrung usw. sogenannte Dissynchronisationen und Disharmonien in den Koordinationsmechanismen, die für den Sprechablauf notwendig sind. Diese verschwinden meist nach kurzer Zeit von allein, wenn die kooperierenden Hirnbereiche wieder im Einklang miteinander arbeiten.

Wichtige Faktoren aus dem Umfeld des Kindes

Ein psychologischer Ansatz erklärt die Ursache des Stotterns so, daß sich dieses haspelnde Sprechen dann zum Stottern entwickeln kann, wenn vor allem die Bedingungen im Umfeld des Kindes eine bestimmte Konstellation haben. Dazu gehören etwa:

- geringe Selbstsicherheit,
- eine zu niedrige Frustrationstoleranz bei sich und bei der Umgebung,
- zu hohe Erwartungen an die Sprachproduktion des Kindes oder
- andere psychologische Einflüsse innerhalb des familiären Umgangs, wie z. B. unangemessenes Erziehungsverhalten mit sprachlicher Überforderung.

Wenn wir nun die Entwicklung des Stotterns betrachten, so bedienen wir uns einer lernpsychologischen Sichtweise. Sie geht davon aus, daß Lernen stark von der Zielsetzung dessen beeinflußt ist, was das Kind mit seinem Verhalten erreichen will. Anders gesagt: Ich lerne das am liebsten und schnellsten, was mir in diesem Moment den größten emotionalen Zugewinn beschert.

Lernen wird vom Ziel beeinflußt

Wie entwickelt nun das Kind aus dem gehaspelten Sprechen sein manifestes Stottern? Dadurch, daß es positive Reaktionen auf sein Sprechverhalten erhält, wenn seine rhythmische und motorische Spracheigenart und sein damit verbundenes kommunikatives Verhalten bei jeder Wiederholung verstärkt wird. Das kann beispielsweise das sorgenvolle Reagieren der Eltern oder Verwandten auf das Verhaspeln sein, wobei das Kind das Sorgenvolle als Ausdruck der Zuwendung erlebt, die als besonders schön empfunden wird. Diese besondere Aufmerksamkeit immer dann, wenn gehaspelt wird, kann zu einer Vestärkung des Haspelns führen, das heißt, das Kind lernt, daß es nach Haspeln Zuwendung erhält. Und das kann möglicherweise zu einer Verstärkung dieses Haspelns führen.

Das schöne Gefühl der Zuwendung beim Haspeln: Basis für das Stottern

Die häufige Wiederholung des Haspelns mit unkoordinierten sprechmotorischen Abläufen beim Atmen, bei der Stimmbildung und beim Artikulieren führt jedoch dazu, daß sich genau dieses Verhalten eingewöhnt und sich zu automatischen Sprechhandlungen entwickelt, aus denen sich das Kind nach Wochen oder Monaten willentlich und bewußt nicht mehr selbst befreien kann. Zwei an sich voneinander unabhängige Bereiche, nämlich das Bedürfnis nach Zuwendung, Liebe und Nähe einerseits und die neuronale, wachstumsbedingte Koordinationsstörung in den Sprechfunktionen aller Bereiche werden miteinander verknüpft, und es entwickelt sich ein gewohnheitsmäßiges Verhalten, das enorme Konsequenzen für die Entwicklung der Persönlichkeit und sein späteres Leben haben kann.

Das Bedürfnis nach Nähe und Zuwendung verbindet sich mit Koordinationsstörungen der Sprechfunktionen in allen Bereichen

Das Kind spürt langsam, daß es bei den anderen mit seinem Sprechen Reaktionen hervorruft. Sie hänseln, imitieren, verlachen. Diese Reaktionen registriert das Kind immer deutlicher als gegen sich gerichtet und entwickelt Krankheitsbewußtsein. Auch die Eltern erkennen, daß ihr Kind Stotterprobleme hat, und viele geraten in Nöte, denn sie wissen nicht, wie man darauf eingehen soll. Das Kind beginnt, bestimmte Personen und Situationen zu meiden, denn es möchte sich nicht schämen müssen; es entwickelt Strategien, sich sprachlichen Leistungserbringungen zu entziehen, z. B. ans Telefon zu gehen. Viele Stotternde tendieren zur sozialen Isolation und reduzieren die eigenen Sprachanteile in alltäglichen Gesprächssituationen zusehends bis hin zum Schweigen.

Ausweichstrategien schaden

Ist der Erfolg dieser Ausweichstrategie das Ausbleiben der Blamage, in aller Öffentlichkeit stottern zu müssen, so wird auf der anderen Seite ein hoher Preis dafür bezahlt. Das seltene Sprechen führt nämlich im Laufe der Zeit dazu, daß die Stotternden kaum Sprechroutine entwickeln. Und die ist notwendig für die Entwicklung ganz normaler Umgangsformen mit anderen Menschen, z. B. in Diskussionen, in Konfliktsituationen oder im Durchsetzen eigener Ansprüche im Berufs- oder Privatleben. Der Stotternde gerät in einen Teufelskreis aus Wollen und Vermeiden.

Stottern prägt sich mit der Zeit als sprechmotorisches Muster in Form eigenartiger Atem-, Stimmbildungs- und Artikulationsbewegungen tief ein.

Jeder Nichtstotternde kann seine sprecherischen Ausdruckshandlungen, wenn er will, verändern. So auch der Stotternde. Mit Hilfe einer gezielten Stottertherapie kann er es schaffen, seinen gestotterten Sprechstil in einen Sprechstil ohne Stottern umzuwandeln.

Direkte und indirekte Therapieformen

In der Therapie des Stotterns unterscheiden wir direkte von indirekten Therapiemethoden.

In indirekten Therapieverfahren wird über das Problem des Stotterns gesprochen. Sie zielen auf die Akzeptanz der Sprechstörung und den Abbau von Flucht- und Vermeidungsverhalten und helfen bei der Auseinandersetzung mit der eigenen Person.

In der Gruppentherapie werden unter gruppendynamischen Bedingungen Gespräche über Eigen- und Fremdwahrnehmungsergebnisse, zur Selbsteinschätzung und über Erfahrungen mit dem gestörten Sprechen geführt.

Direkte Therapiemethoden streben durch gezielte Veränderungen sprechmotorischen Verhaltens die systematische Erarbeitung flüssigerer und fließender Sprechweisen an. Das erfolgt über spezielle Atem-, Stimm- und Sprechübungen, z. T. auch über Verfremdungstechniken wie z. B. gedehntes Sprechen.

Eine Therapie des Stotterns sollte etwa folgende Struktur haben:
1. Gespräch über die Geschichte des Stotterns,
2. Untersuchung und Beschreibung der Symptomatik,
3. Lernen, die eigenen Symptome bewußt wahrzunehmen und zu analysieren,
4. Einsatz direkter Therapiemethoden zur konkreten motorischen Veränderung von Verhaltensweisen im Funktionskreis Atmung, Stimmbildung und Artikulation,
5. je nach Therapienotwendigkeit indirekt ansetzende Verfahren (Gespräche, Entspannung),
6. kleine Vorträge und Gespräche in der »Öffentlichkeit«; Rollenarbeit; Sprachanwendung im Geschäft usw.

Stottertherapie verfolgt das Ziel, mit dem Stotternden neue Sprechmuster und Sprecherfahrungen zu erarbeiten und die daraus resultierenden Ergebnisse weitergehend in der Kommunikation seines Alltags anzuwenden.

Andere Sprech- oder Stimmstörungen

Familie Kramer und Cordula
»Bessere Koordination von Ärzten, Logopäden, Pädagogen und Krankenkassen könnte vielen Betroffenen hilfreich sein.«
Sprachentwicklungsstörung durch Schwerhörigkeit

Der Geburt unseres dritten Kindes sahen wir wegen einer Rötelninfektion in der zehnten Schwangerschaftswoche mit Sorge entgegen. Dem Rat, die Schwangerschaft abbrechen zu lassen, folgten wir nicht. Wir fühlten uns nicht befugt, in dieser Weise über das uns anvertraute Leben zu entscheiden. Gegenüber unserer Umgebung schwiegen wir, um jeglichen Druck von außen zu vermeiden.

Als unsere Tochter zur Welt kam, schien zunächst alles in Ordnung zu sein. Es fiel allerdings auf, daß das Baby nicht sofort schrie. Man beruhigte uns aber.

Unser Kinderarzt führte alle vorgeschriebenen Untersuchungen recht sorgfältig durch. Wir legten Wert darauf, keinen Untersuchungstermin zu verpassen. Schon im vierten Monat wurden bei unserer Tochter Hörbehinderungen festgestellt. So haben wir schon in ihrem ersten Lebensjahr die HNO-Klinik aufgesucht. Ärzte und Schwestern begegneten Cordula mit Verständnis und Sachkenntnis. Jedoch waren die langen Wartezeiten in nicht gerade adäquaten Räumen sehr anstrengend.

Auslöser: eine Rötelninfektion der Mutter während der Schwangerschaft

Das Mittelohr ist in Ordnung. Die Schädigung des Innenohres bewirkt jedoch eine an Taubheit grenzende Schwerhörigkeit.

Schon bald wurde Cordula auch im Kinderneurologischen Zentrum untersucht. Die Diagnose (verlangsamte Entwicklung, autistische Züge) hat uns zunächst sehr betroffen gemacht. Später sahen wir, daß sie richtig war.

* * *

Bedauerlich fanden wir, daß die verschiedenen Experten (Audiologen, Neurologen, Pädagogen u. a.) bei Diagnose und Therapie zuwenig Hand in Hand arbeiten. Unbegreiflich erscheint uns, daß die Leistungen des Kinderneurologischen Zentrums nur zum Teil von den Krankenkassen übernommen werden.

Im Kinderneurologischen Zentrum erhielt Cordula logopädischen Unterricht. Wenig förderlich war etwas später die konkurrierende Haltung von Schwerhörigenpädagogen und Logopäden.

Als Cordula schließlich den Kindergarten und danach die Gehörlosenschule in Euskirchen besuchte, entfiel der logopädische Unterricht ganz – vor allem aber aus praktischen Gründen. Denn Cordula war Fahrschülerin und mußte einen weiten Weg mit dem Bus zur Schule zurücklegen. Zusätzlicher Unterricht neben Fahrt und Schule hätte sie überstrapaziert.

In der Schule legte man großen Wert auf die Gebärdensprache. Cordula kann diese zwar verstehen, gebraucht sie aber selbst nicht. Das mag daran liegen, daß Eltern und Geschwister untereinander die Lautsprache gebrauchen. Wo es nur geht, äußert Cordula ihre Wünsche in der Lautsprache. So benennt sie die Speisen bei Tisch, wenn sie etwas möchte. Wenn sie müde ist, sagt sie »schlafen«. Allerdings ist ihre Artikulation undeutlich und die Entwicklung der Sprache deutlich verzögert.

Wir glauben aber nicht, daß die Sprachentwicklung in einem bestimmten Alter abgeschlossen ist und dann »nichts mehr läuft«, auch wenn zuweilen so argumentiert wird.

Bei Cordula ergaben die Untersuchungen der Hörfähigkeit am Ende der Schulzeit bessere Ergebnisse als die während des Kleinkindalters. Als Cordula die Schule verließ, galt sie als mittelgradig schwerhörig.

In der sozialen Entwicklung (Hausarbeit, Einkaufen, Wandern, Reisen) hat Cordula große Fortschritte gemacht. Nun sind auch Fernsehsendungen interessant für sie. All dies wirkt sich auf ihre sprachliche Entwicklung aus.

* * *

Eine logopädische Intensivtherapie im Jahre 1995 in Lindlar hat Cordula sichtlich gefördert. So antwortet sie jetzt auf Fragen und begrüßt Personen. Leider ist der Standard des logopädischen Unterrichts wie in Lindlar zu Hause nicht durchzuhalten. Es gibt zwar viele, zum Teil auch recht spezialisierte Logopäden, es ist aber sehr mühsam, jemanden zu finden, der fähig und bereit ist, Patienten wie Cordula zu behandeln. Wir danken allen, die uns bisher geholfen haben.

Hilfreich wäre eine bessere Koordination aller Heilberufe

Bessere Koordination von Ärzten, Logopäden, Pädagogen und Krankenkassen könnte vielen Betroffenen hilfreich sein. Ein erster Schritt in diese Richtung ist die Verbesserung der gegenseitigen Information.

Auch bei Nichtbehinderten kann eine verbesserte Information über die Behinderten zu Verständnis und Freundlichkeit führen.

Familie Querner
»Die meisten Informationen über Rehabilitationsmöglichkeiten mußten wir uns selbst beschaffen. Wir wurden nur unzureichend informiert.«

Anarthrie und Initiativlosigkeit als postapallisches Durchgangssyndrom nach Hirninfarkt

Unser Sohn B., geb. 1960, hat am 28. 2. 1988 einen Hirninfarkt erlitten, kann seither nicht mehr sprechen und ist rechtsseitig gelähmt. B. stand kurz vor dem erfolgreichen Abschluß eines Universitätsstudiums.

Der Hirninfarkt kündigte sich einige Tage vorher durch Kopfschmerzen, Fieber und Erbrechen an, deretwegen mehrere Ärzte aufgesucht wurden, die aber keine zutreffende Diagnose stellten. Der am 28. 2. herbeigerufene Notarzt veranlaßte die sofortige Krankenhauseinweisung. Nach erster fachärztlicher Untersuchung folgte die Verlegung ins Universitätsklinikum, um eine Computertomographie durchzuführen. Erst Stunden später zeigte eine Angiographie die Ursache des Infarktes: ein Aneurysma. Eine Operation unterblieb zunächst.

Am 25. 4. wurde ein Shunt angelegt. Das Aneurysma wurde am 20.5. operativ entfernt. Unter intensiver krankengymnastischer, logopädischer und beschäftigungstherapeutischer Betreuung stellten sich kontinuierlich Erfolge ein. B. war bereits in der Lage, die ersten Laute zu bilden.

Am 14. 7. trat ein Status epilepticus auf. Aufgrund des Ergebnisses der neuerlichen Computertomographie wurde ein Hämatom, dessen Entstehung unklar blieb, in einer Notoperation ausgeräumt. Ein nochmaliger epileptischer Anfall, der durch eine neu aufgetretene Blutung ausgelöst wurde, machte am

20. 7. 1988 eine weitere operative Hämatomausräumung erforderlich.

Die Rehabilitation gestaltete sich nach diesen Blutungen sehr schwierig und zeigte keine Fortschritte, so daß Ende 1988 von der Uni-Klinik die Aufnahme in ein Pflegeheim angeraten wurde. Doch zunächst konnte B. für viereinhalb Monate in ein Krankenhaus mit einer speziell auf Rehabilitation eingerichteten Station verlegt werden. Nachdem sich auch dort keine wesentlichen Fortschritte zeigten, kam B. in ein Spezialkrankenhaus und blieb dort 16 Monate bis September 1990. Trotz intensiver krankengymnastischer und ergotherapeutischer Behandlung konnte die starke Antriebsminderung nicht abgebaut werden, auch zeigte sich bei sprachtherapeutischer Behandlung keinerlei Besserung der Aphasie. Im Laufe des Krankenhausaufenthaltes stellte B. die orale Nahrungsaufnahme vollends ein und mußte ausschließlich über eine PEG-Sonde ernährt werden.

Er stellte die orale Nahrungsaufnahme vollends ein. Ernährung erfolgte dann über die PEG-Sonde

***

Eigeninitiative war und ist gefragt

Die meisten Informationen über Rehabilitationsmöglichkeiten mußten wir uns selbst beschaffen. In der Universitätsklinik wurden wir nur unzureichend informiert und erhielten auch keine zweckdienliche Beratung, selbst die Verlegung in ein Krankenhaus mit Langzeittherapie wurde von uns selbst initiiert. Wertvollen Rat und Hilfe haben wir durch Mitglieder einer Selbsthilfeorganisation bzw. durch Angehörige anderer Betroffener erfahren.

***

»Schädel-Hirn-Patienten in Not«

In einer Zeitschrift entdeckten wir 1991 einen Artikel, in dem über ein neu eingerichtetes logopädisches Rehabilitationszentrum berichtet wurde. Wir haben uns sogleich an das Zentrum gewandt und B. dort im Dezember 1991 vorgestellt. In der Zeit vom 10. 5. bis 1. 7. 1992 wurde eine Intensivtherapie durchgeführt. Dieser erste Aufenthalt brachte einen großen Erfolg, denn die Nahrungsaufnahme, die zuvor ausschließlich über eine PEG-Sonde möglich war, konnte nach intensivster Eßtherapie und Stimulierung auf normale Kost umgestellt werden. Es war B. zwar noch nicht möglich, allein zu essen, er war stets auf fremde Hilfe angewiesen, aber nach gut einem Jahr gelang es ihm selbst, die Nahrung zum Mund zu führen.

Unsere Bemühungen, für einen weiteren Aufenthalt in dem Reha-Zentrum eine Wohnkostenübernahme bei der Krankenkasse zu erreichen, scheiterten. Die Kasse schlug statt dessen einen Aufenthalt für eine neurochirurgische Rehabilitation vor. So gelangte B. im Frühjahr 1995 für acht Wochen nach H. Leider verlief der Aufenthalt dort in jeder Hinsicht enttäuschend, der ärztliche Abschlußbericht stellt wörtlich fest: »Trotz zahlreicher therapeutischer Maßnahmen kam es zu keiner Verbesserung der neurologischen Defizite.«

Da auch die hiesigen behandelnden Ärzte einen wesentlichen Rückschritt feststellen mußten – B. wurde in H. wieder überwiegend über die PEG-Sonde ernährt –, hat die Krankenkasse nach unserem dringenden Vorsprechen und aufgrund dieser Befunde im Herbst 1994 erstmalig die vollen Kosten für einen sechswöchigen Aufenthalt in der Reha-Klinik übernommen. Die intensive therapeutische Betreuung brachte wesentliche Verbesserungen, die im häuslichen Bereich bei wöchentlich ein bis zwei Therapien nicht zu erreichen waren.

Zu erwähnen ist noch, daß bei B. von 1991 an eine Schädelakupunktur mit Laser jeweils im Abstand von einigen Wochen durchgeführt wird, die ebenfalls zur Verbesserung des Gesundheitszustandes geführt haben können. Die Lähmung des rechten Arms Anfang 1996 konnte durch Anlegen von Seriengipsen merklich zurückgebildet werden, insbesondere wurden die Finger beweglicher.

Schädelakupunktur mit Laser

* * *

Nach Fertigstellung eines behindertengerechten Hausneubaues durch die Eltern wurde B. in häusliche Pflege genommen. War zunächst noch die Hilfe der Sozialstation nötig, konnte die Pflege nach und nach voll von den Eltern übernommen werden. Nach kurzer Eingewöhnungszeit gelang es, Therapeuten

Rückkehr nach Hause und häusliche Pflege durch die Eltern

zu finden, die bereit waren, Behandlungen im Hause durchzuführen, insbesondere Krankengymnastik. Die logopädische
und ergotherapeutische Therapie gestaltete sich schwierig, allein schon aus dem Grund, weil zuwenig Therapeuten und damit nur ein bis zwei wöchentliche Stunden zur Verfügung standen. Zweieinhalb Jahre lang konnte Ergotherapie zusammen
mit Musiktherapie durchgeführt werden.

Vom 1. 5. 1995 an wurde B. im Rahmen der Eingliederungs-
hilfe nach dem BSHG (Bundessozialhilfegesetz) in eine Fördergruppe aufgenommen, die er fünfmal wöchentlich von 8.15 bis
15.15 Uhr besucht. Er wird von einem Fahrdienst abgeholt und
zeitweilig auch nach Hause gebracht. Diese Fördergruppe besteht aus acht Gruppenangehörigen mit verschiedenen Behinderungen und einer vollbeschäftigten Leiterin. Dort ist keine
individuelle Therapie möglich, jedoch hat sich die Förderung
in der Gruppe bei B. positiv auf sein allgemeines soziales Verhalten ausgewirkt.

Für die Fahrten, die mit B. notwendig sind, reichte ein normaler PKW nicht aus, da B. sehr große Schwierigkeiten beim
Aufstehen und Hinsetzen hat. Wir haben daher ein Kraftfahr-
zeug angeschafft und speziell umrüsten lassen, so daß B. mit
seinem Rollstuhl über eine absenkbare Rampe von hinten hin-
einfahren kann. Zuschüsse zu diesen (erheblichen) Kosten waren nicht zu erhalten, da B. nicht im Erwerbsleben steht und
seine Behinderung auf eine Erkrankung zurückzuführen ist. B.

Finanziell voll verfügt im übrigen über keinerlei Einkünfte und hat auch keine
auf die Familie Ansprüche an einen Rentenversicherungsträger, da er als Stu-
angewiesen dent während der Semesterferien zwar im Erwerbsleben ge-
standen hat, aber nicht versicherungspflichtig war. So ist B.
auch finanziell voll auf seine Eltern angewiesen, selbst die Bei-
träge für seine Krankenversicherung (einschließlich Pflegever-
sicherung) müssen von seinen Eltern aufgebracht werden.

Hertha Wallasch

»Niemand sollte seine Situation als unveränderbar akzeptieren.«

Stimmbandlähmung mit Stimmlosigkeit und Atemproblemen nach Beschädigung des Stimmbandnervs bei Schilddrüsenoperation

Als ich aus der Narkose nach einer Schilddrüsenoperation erwachte, kam der Arzt zu mir und sagte: »Wir haben versehentlich Ihren rechten Stimmbandnerv durchschnitten. Sagen Sie mal ›Amerika‹!« In meinem frisch operierten Hals spürte ich Druck, Kratzen, Rascheln. »Amerika« klang schwach und unsauber, trotz größter Anstrengung. Ich wollte Fragen stellen, aber das war sehr problematisch. Der Chirurg fuhr fort: »Wir haben den Nerv zusammengenäht. Es kann sein, daß er wieder zusammenwächst, aber nach der Literatur ist das nicht möglich.« Ich war noch im Wachraum, wollte mich von nun an von meiner Operation erholen, und jetzt das Entsetzliche. Ein bei der Operation »angekratzter« Nerv »erholt« sich wieder, und die Stimme nimmt keinen Schaden, das hatte ich schon gehört. Doch wenn der Nerv zerschnitten wird, kann das Stimmband nicht mehr bewegt werden. Wie soll dann Stimme möglich sein? Ich war geschockt. Panische Angst überkam mich, nie mehr richtig sprechen zu können.

Schlechte Beratung läßt Panik entstehen

In den nächsten Tagen im Krankenhaus wurde ich beruhigt: »Warten Sie ab.« Bei der Entlassung aus dem Krankenhaus entschuldigte sich der Operateur für seinen Fehler: »So etwas kann leider vorkommen. Noch bevor wir richtig begonnen hatten, war es auch schon passiert. Sie bekommen Stimmtherapie. Warten Sie ein Jahr ab. Wir hoffen, daß der Nerv zusammenwächst.« Ich war verzweifelt. Was würde auf mich zukommen? Wie sollte ich die quälende Ungewißheit ein Jahr aushalten – und dann? Ich war ungeduldig. Meine Familie machte sich große Sorgen, wie es mit mir weitergehen würde.

Bisher war die Stimme für mich wie für jeden anderen Menschen auch etwas ganz Selbstverständliches; sie funktionierte stets einwandfrei, aber ich hatte über deren Wichtigkeit nie nachgedacht. Ich wollte mich nicht damit abfinden, ausgeschlossen zu sein von jeglicher Kommunikation. Ich wollte weiterhin Tag für Tag alle Erledigungen ausführen können, dazu brauchte ich unbedingt meine Stimme, und ich wollte telefonieren, lachen und singen. Ich war 55 Jahre alt. Im Beruf stand ich nicht mehr; aber ich kümmerte mich um alles, was für Familie und Haus im täglichen Leben zu tun war.

Ich wollte nicht verzweifeln, wollte hoffen und nicht aufgeben. Ich wollte meine Stimme wiederhaben. Ich war bereit, alles dafür zu tun, jede Anstrengung in Kauf zu nehmen, koste es, was es wolle. Ich versuchte nach Kräften, einige leise, behauchte, krächzende Töne zustande zu bringen. Der Druck in meinem Hals hatte noch nicht nachgelassen. Das Klingeln des Telefons war nun für mich ein Alptraum.

Meine Sprachheilpädagogin machte mir Mut: »In drei Wochen müßten Sie wieder sprechen können.« Die Übungen führte ich gründlich aus und tat oft mehr, als erforderlich war.

Doch nach einem Monat war meiner Stimme anzumerken, daß die Bemühungen nicht vergebens waren, aber zufriedenstellend war der Zustand für mich noch nicht. Jede Formulierung mußte ich mir genau überlegen, um Worte einzusparen. Ich gewöhnte mir Tricks an. Im Supermarkt an der Kasse konnte ich »bitte« und »danke« einsparen, indem ich freundlich nickte.

Der Facharzt für Phoniatrie im Krankenhaus und meine HNO-Ärztin am Ort sahen bei den Untersuchungen ein gelähmtes rechtes Stimmband. Ob, wann und wie ich wieder sprechen können würde, das konnte mir niemand sagen. »Singen werden Sie nicht mehr können.«

* * *

Eines Tages erzählte mir meine Freundin von einem Interview im Radio. Einer Frau war das gleiche widerfahren wie mir, aber sie hatte in einem logopädischen Sprachheilzentrum durch intensives Training ihre Stimme wiedererlangt. So etwas ist möglich? Warum hat mir das noch niemand gesagt!

Es ließ mir keine Ruhe. Was war dran an diesem Reha-Zentrum? Ach, Wunder gibt es nicht. Über die Rundfunkanstalt bekamen wir weitere Auskünfte. Man vermittelte mir die Adresse der Frau im Radio, deren Stimmband auch bei einer Operation verletzt worden war. Ich nahm Kontakt zu ihr auf. Sie sagte mir, daß die übliche Stimmtherapie bei ihr nicht ausreichend war und daß sie deshalb eine Sprachheiltherapie in einem logopädischen Rehabilitationszentrum in Anspruch nahm. Wenn es bei dieser Frau klappt, dann muß es auch bei mir funktionieren, dachte ich mir. Von ihrer erfolgreichen Behandlung zu hören tat mir sehr gut, ich schöpfte Mut. Das würde ich auch schaffen.

Informationen von Leidensgenossen

Der Facharzt für Phoniatrie hatte Unterlagen von diesem Haus, aber dorthin schickte er seine Patienten nicht. »Warten Sie ab.« Damit mußte ich rechnen. Der Patientin aus dem Radio war es ebenso ergangen. Bei der Krankenkasse unterbreitete ich mit meiner kläglichen Stimme dem Abteilungsleiter für Leistungen meinen Therapiewunsch und unterrichtete ihn von den Erfahrungen und dem Erfolg der Radio-Patientin. Meine inzwischen angeforderten Unterlagen des Reha-Zentrums legte ich ihm vor. Von dieser Einrichtung in privater Trägerschaft war nichts bekannt. Es wurden Erkundigungen bei der Krankenkasse eingeholt, und ich bekam – einen zusagenden Bescheid! Das machte mich sehr froh und stark.

Der Leiter des Zentrums erstellt mit seinem Therapeuten-Team für jeden Patienten individuell einen Therapieplan. Für mich bedeutete das, daß ich fast täglich je eine Einzelübungsstunde bei einer Sprachheilpädagogin und bei einer Logopädin hatte. Während der Einzelsitzungen ist bei allen Patienten auch eine Studentin oder ein Student anwesend, mit der oder mit dem die Übungen hinterher noch wiederholt wurden.

Ich lernte, daß die richtige Atemtechnik ganz wesentlich dazu beiträgt, Stimme und Sprache zu produzieren. Die Patienten hatten ein anstrengendes Übungsprogramm zu absolvieren; aber mit der Aussicht auf Erfolg nahm ich das natürlich gern auf mich. Außerdem war die Arbeit mit den engagierten Therapeuten sehr motivierend.

Die Gruppenstunden standen meist unter einem bestimmten Thema, zum Beispiel »Aktivitäten«, »Aktuelles« oder auch »Spiele«, »Kunst«. Wir beschäftigten uns mit einem Thema und wurden ermutigt, Stimme einzusetzen, Sprache anzuwenden. Ein Erfolg stellt sich nicht immer von heute auf morgen ein. Es bedarf großer Anstrengungen und dauert unter Umständen sehr lange, aber intensives Training ist nicht vergebens.

Stimm- und Sprachübungen auf Video aufgenommen

Die Patienten hatten die Möglichkeit, in ihrem Appartement ihre auf Video aufgezeichneten Stimm- und Sprachübungen zu kontrollieren. So konnten Fortschritte und Fehler gut erkannt werden.

Bei einem Facharzt für HNO-Erkrankungen wurde eine Stroboskopie gemacht und auf Videocassette aufgenommen. Ich konnte den Erfolg meiner Trainingsbemühungen hören: Mein linkes, bewegliches Stimmband arbeitete mit dem rechten, gelähmten zusammen, so entstand Stimme. Es machte mich glücklich, daß sich meine Stimme immer besser anhörte. Der Druck im Hals und das Kratzen waren nicht mehr vorhanden.

Niemals die Situation als unveränderbar akzeptieren

Ich freue mich, daß ich einen guten Erfolg hatte. Kein Patient sollte seine Situation als unveränderbar akzeptieren, wenn er plötzlich seine Sprache und Stimme verliert oder diese nur sehr eingeschränkt zur Verfügung hat.

Allen Menschen, die mir geholfen haben, mein Ziel, eine gute Stimme zu haben, zu erreichen, bin ich dankbar. Die Investition hat sich gelohnt.

Norman Galle

»Seine Entwicklung nach überstandener Krankheit setzt alle Ärzte in Erstaunen. Sie sprechen von einem kleinen Wunder.« –

Es schreiben die Eltern Olivia und Steffen Galle
Hirnschädigung durch bakterielle Meningitis im Alter von zwei Jahren

Norman wurde am 16. 2. 1987 in Hoyerswerda in Sachsen geboren. Norman war ein Wunschkind, gesund und kräftig. Seine Entwicklung verlief normal, wobei eine gewisse Anfälligkeit gegen Erkrankungen der oberen Luftwege bis in den Lungenbereich nicht zu übersehen war und trotz intensiver ärztlicher Bemühungen nicht dauerhaft behoben werden konnte.

Plötzlich erkrankte er am 8. 5. 1989 an einer besonders heimtückischen Form der bakteriellen Meningitis. Diese Krankheit führt u. a. sehr schnell zum Versagen der Kreislauf-, Herz- und Lungenfunktion und damit der so wichtigen Sauerstoffversorgung des Gehirns.

Bakterielle Meningitis ist heimtückisch

Der schnellen Überführung in das städtische Klinikum Cottbus, einer treffsicheren Erstdiagnose und dem sofortigen, komplexen Einsatz der zur Verfügung stehenden medikamentösen und gerätetechnischen Mittel sowie einem hervorragendem Team von Ärzten und Stationspersonal verdankt Norman sein Leben.

Es wurde ihm nach elf Tagen Koma und einem Kampf auf Leben und Tod im wahrsten Sinne des Wortes ein zweites Mal geschenkt. Wenn irgend möglich, wird deshalb der 19. Mai wie ein zweiter Geburtstag begangen.

Norman überlebte eine Krankheit, die zu 80 Prozent tödlich verläuft, jedoch leider mit sichtbaren Schädigungen des Steuer-

*Meningitis:
Sichtbare Schä-
digung des
Steuer- und
Bewegungs-
apparates, des
Gleichgewichts-
sinns und der
bereits entwik-
kelten Sprache*

und Bewegungsapparates, des Gleichgewichtssinnes und Störungen im Sprachbereich. Das schlimmste aber war, nicht mehr laufen zu können. Die ersten Bemühungen der Rehabilitation konzentrierten sich deshalb verständlicherweise auf seine allgemeine körperliche Kräftigung.

In dieser Situation war es trotz ärztlicher Zustimmung sicher ein Wagnis, drei Monate nach überstandener Krankheit im August 1989 einen gemeinsamen Campingurlaub an der Ostsee zu machen. Zu aller Freude und Überraschung bekam Norman das dortige Reizklima sehr gut, und es stellten sich bereits erste körperliche Fortschritte ein.

*Die positive
Einstellung der
Förderung
gegenüber
wirkt sich
begünstigend
aus*

Begünstigend wirkten sich dabei Normans positive Einstellung zu den Fördermaßnahmen (physiotherapeutisch und logopädisch), sein unbedingtes Wollen und ein nie erlahmender Bewegungsdrang aus. Die ersten selbständigen Schritte waren somit auch der Wiederbeginn eines Lebens auf eigenen Füßen – ohne Rollstuhl.

Norman besuchte vom dritten bis zum siebten Lebensjahr wochentags eine aus der Vorwendezeit bestehende Fördereinrichtung mit dem Ziel der weitgehenden Rehabilitation. Die Ergebnisse waren ermutigend, vor allem im körperlich-physischen Bereich. Im sechsten Lebensjahr erlernte er das Radfahren ohne Stützräder. Die Ärzte waren sprachlos.

* * *

Bei aller Freude über diese Entwicklung beobachteten wir aber sorgenvoll sein großes Defizit im sprachlichen Bereich. Alle noch so großen Bemühungen im Elternhaus und in der Fördereinrichtung brachten nicht den gewünschten Erfolg. Lag es am Ansatz, an der Methodik oder der Intensität, oder waren hier schon die befürchteten Grenzen erreicht?

In die allgemeine Ratlosigkeit über das weitere Vorgehen, vor allem im Hinblick auf Normans 1994 beabsichtigte Einschulung, erfuhren wir 1993 rein zufällig vom Logopädischen Rehabilitationszentrum in Lindlar. Eine Arbeitskollegin, vertraut mit Normans Sprachbehinderung, entdeckte den entscheidenden Hinweis in einer medizinischen Fachzeitschrift.

Wir erkannten darin sofort unsere Chance, unverzüglich erfolgte die erste telefonische Kontaktaufnahme, um einen Vorstellungstermin zu vereinbaren. Ein langes und vertrauensvolles Gespräch führte neben neuen Erkenntnissen und neuem Optimismus auch zur Entscheidung für eine Sprachtherapie.

In diesem Punkt erhielten wir jedoch sehr schnell einen Dämpfer, denn nicht nur wir, auch die zuständige Krankenkasse erkannte sehr schnell, daß jede Leistung auch ihren Preis hat. Mit Ablehnungen, Hinhaltetaktiken und bürokratischem Kleinkrieg wurde die Bereitstellung der notwendigen Mittel um fast ein Jahr verzögert.

Heute sind an dieser Stelle alle Bremsen gelöst, was sich in einer zuvorkommenden Bereitschaft zur Bewilligung weiterer Therapien zeigte.

Neben dem nie erlahmenden Kampfgeist der Eltern waren es dann die überzeugenden Therapieergebnisse, die diesen Sinneswandel bewirkten. Und diese Ergebnisse waren nach sechswöchiger, sehr intensiver Behandlung 1994 nicht zu übersehen.

Die Aussprache verbesserte sich wie von selbst, deutlich daran zu erkennen, daß ihm die Artikulation bisher unaussprechbarer Buchstaben und Worte sowie eigene Satzbildung gelangen. Mit der Eigenwahrnehmung dieser Fortschritte, und wir haben diese durch viel Lob und Anerkennung versucht zu fördern, begann ihm das alles zusätzlich auch noch richtig Spaß zu machen. Das ist für eine solch umfangreiche und konzentrierte Behandlung sehr wichtig. Diese erste Therapie war ein unbestreitbarer Erfolg.

Anstrengung muß sich durch positive Erlebnisse und ehrliche Anerkennung auszahlen!

Kurz danach wurde Norman sogar eingeschult. Aus heutiger Sicht war der Zeitpunkt der Therapiedurchführung, ursprünglich gar nicht so geplant, äußerst günstig gewählt. Eine wichtige Erkenntnis, die bestimmend für eine weitere Therapie im Folgejahr war (Sommerferien 1995). Mit ihr wurde das bereits Erreichte weiter gefestigt.

Wie geht es Norman heute, kurz vor seinem zehnten Geburtstag, und wie verlief seine Entwicklung nach der Einschulung?

Wenn Umfeld und Rahmenbedingungen stimmen, dann gibt es keinen Stillstand

Als Schüler einer Förderschule für Körperbehinderte fällt es oft noch schwer, die schulischen Anforderungen zu erfüllen. Aber wie er sich in seine Aufgaben »kniet«, ist bewundernswert. Da Norman sehr kontaktfreudig ist, sich auf jeden Unterrichtstag freut, fleißig mitarbeitet und zu Hause übt und das schulische und familiäre Umfeld stimmen, hat es in seiner Entwicklung nie Stillstand gegeben.

Seine körperliche und geistige Entwicklung nach überstandener Krankheit setzen alle Ärzte, die ihn seit dieser Zeit kennen, immer wieder in Erstaunen. Sie sprechen von einem kleinen Wunder. Norman wird in seiner Umgebung voll akzeptiert. Er ist ein Hansdampf in allen Gassen und möglichst überall dabei.

Stimmstörungen und ihre Therapie

Stimmstörungen sind hör- und spürbare Fehlfunktionen der im Kehlkopf an der Stimmproduktion beteiligten Muskeln. Sie machen sich meist in individuellen Formen der Heiserkeit, Stimmlosigkeit, stimmlichen Kraftanstrengung und Stimmschwäche sowie des Räusperzwangs bemerkbar.

Bei jeder Art von Stimmstörung ist das gesunde Funktionieren der Kehlkopfmuskulatur ganz individuell beeinträchtigt. Das kann zum einen organische Gründe haben, wie etwa eine Stimmbandlähmung nach Verletzung des Nervus recurrens (z. B. nach einer Schilddrüsenoperation) oder die operative Entfernung des Stimmbandes. Auch eine durch Allergie hervorgerufene Schleimhautbelastung auf den Stimmbändern oder Polypen- und Knötchenbildung können organisch bedingte Stimmstörungen auslösen. Es gibt aber auch sogenannte funk-

Organische und funktionelle Stimmstörungen

tionell bedingte Stimmstörungen. So kann es sein, daß der HNO-Arzt bei bleibender Heiserkeit oder Stimmschwäche einen mangelhaften Verschluß der Stimmritze diagnostiziert, ohne Entzündungen oder krankhafte Veränderungen am Stimmorgan zu sehen. Die Ursachen dafür sind sehr vielschichtig und individuell sehr verschieden. Faktoren, die als Ursache in Frage kommen, lassen sich im Bereich der tatsächlichen Belastung der Stimme im Alltag, z. B. durch jahrelanges Überstrapazieren der Stimmbänder, im Bereich der psychisch bedingten körperlichen Grundspannung, z. B. generelle Über- oder Unterspannung, wie auch im Bereich der Ansprüche und Erwartungen der eigenen Stimme gegenüber finden. Wir erleben immer wieder, daß sich Stimmstörungen durch das Angewöhnen ganz bestimmter einseitiger Stimmbildungsmuster manifestieren können.

Die zwei Stimmbänder, die sich im Kehlkopf durch harmonische Schwingungen ca. 150- bis 300mal pro Sekunde aufeinander zu- und voneinander wegbewegen, zergliedern den Luftstrom beim Ausatmen in Luftwellen und wandeln ihn dadurch in Schallwellen um. In gesundem Zustand und bei guter Stimmqualität bewegen sie sich ohne Verspannungen und schmerzfrei und erzeugen durch den vollständigen Verschluß der Stimmritze einen klaren Ton.

Stimmprobleme gehen meist mit Unwohlsein, Schmerzen, Atembeschwerden und/oder Kommunikationsschwierigkeiten einher, die sich bei der Bewältigung der Sprechaufgaben im Berufs- und Privatleben oft sehr deutlich bemerkbar machen.

Die Stärke einer Stimmstörung hängt nicht nur vom Grad der Schädigung oder der Heiserkeit ab, sondern auch von der Bedeutung, die wir der Stimme und dem Sprechen in unserer Lebenssituation zuschreiben, und dem daraus resultierenden Leidensdruck.

In der Stimmtherapie gibt es drei große Arbeitsfelder. Das erste ist die *Atemschulung,* in der ein physiologisch wünschenswertes Atemmuster erarbeitet und eingeübt wird, auf dem dann die

Arbeitsfelder der Stimm- therapie

Stimmarbeit, das zweite Feld, aufbaut. Hier werden Stimmübungen zur Lockerung und Kräftigung der Kehlkopfmuskulatur und zur Verbesserung des Zusammenspiels der Stimmbänder durchgeführt. Der Stimmgestörte lernt, seine Stimme durch verbessertes Zusammenwirken der Atmungs- und Kehlkopfaktivität allmählich zu verbessern und seine »neue« Stimme in das Sprechen zu integrieren. Dies ist Aufgabe des dritten Arbeitsfeldes. Hier werden *Sprechübungen* wie lautes Lesen, Gespräche führen, Rollentraining (z. B. als Lehrer oder Moderator einer Diskussion) usw. durchgeführt.

Je nach Stimmstörungsbild und individueller Problematik werden aus den Arbeitsfeldern ganz gezielt Inhalte ausgewählt und – auf den Patienten bezogen – im Laufe des Therapieprozesses miteinander verbunden.

Die Stimmtherapie kann ambulant und stationär durchgeführt werden.

Der Vorteil der ambulanten Stimmtherapie, ein- bis dreimal wöchentlich, liegt darin, daß sie sich bei leichten Stimmstörungen ohne größere Umstände in den heimischen Wochenplan eingliedern läßt.

Der Vorteil der stationären Stimmtherapie in einer stimm- oder sprachtherapeutischen Fachklinik liegt darin, daß bei schwerem Stimmleiden Spezialtherapien durchgeführt werden, mit denen sich die erwünschten rehabilitativen Effekte in kürzerer Zeit erzielen lassen.

Ziele der
Stimmtherapie

Ziele der Stimmtherapie sind die Verbesserung der Stimmbildung, der bessere Gebrauch der Stimme im Berufs- und Privatleben und die Alltagstauglichkeit der Stimme mit Stabilität, die sich in der generellen Belastbarkeit in einer größeren Zufriedenheit des Patienten äußert.

Die Stimmtherapie kann dann abgeschlossen werden, wenn der Betroffene mit seiner Stimme im Alltag umgehen kann und mit seinem Stimmgebrauch zufrieden ist.

Anmerkungen zur Sprachtherapie

Was ist Sprachtherapie?

Logopädie bedeutet Sprachtherapie. In diesem Buch werden die Begriffe »Logopädie« und »logopädisch« gleichgesetzt mit »Sprachtherapie« und »sprachtherapeutisch«.

Sprachtherapie ist ein konzentrierter Lernprozeß, in dem Geist, Seele und Körper zeitgleich angesprochen und gefordert sind. Sprachtherapie zielt auf das Neu- bzw. Wiedererlernen sprachlicher, sprecherischer, stimmlicher und/oder kommunikativer Fähigkeiten. Dabei spielt die gute Qualität der zwischenmenschlichen Beziehung und des gegenseitigen Vertrauens zwischen Patient und Therapeut bzw. Institution eine tragende Rolle. Das Verständnis für den anderen und die fachlich-therapeutische Qualität und Transparenz der Maßnahme sind die für das Ergebnis entscheidenden Faktoren einer effizienten Zusammenarbeit von Patient und Therapeut.

Zur Sprachtherapie gehören:
- Aphasietherapie,
- Dysarthrietherapie,
- Kommunikationstherapie,
- Artikulationstherapie,
- Stimmtherapie,
- Stottertherapie,
- Therapie der kindlichen Sprachstörung,
- Kau- und Schlucktherapie und
- Atemtherapie.

Sprachtherapie ist die geplante und kontrollierte Durchführung von Sprachheilmaßnahmen in dafür vorgesehenen Einrichtungen. Sie wird überwiegend in Einzelsitzungen durchgeführt, in denen der Patient mit dem Therapeuten allein arbeitet. Außerdem werden logopädische Gruppensitzungen angeboten, in denen mehrere Patienten gemeinsam unter der Leitung ihres Therapeuten störungsspezifisch oder themenorientiert lernen.

Sprachtherapie wird in logopädischen Praxen meist ambulant, üblicherweise ein- bis dreimal wöchentlich durchgeführt. Auch in vielen neurologischen oder geriatrischen Krankenhäusern wird Sprachtherapie teilstationär im Rahmen der Behandlungen neuronaler Grunderkrankungen angeboten.

Sprachtherapeutische Fachkliniken sind auf Sprachstörungsbereiche spezialisiert oder führen spezielle Verfahren der Sprachtherapie durch.

Sprachtherapie, die effizient sein will, muß den motivationalen Aspekt in den Vordergrund jeder fachlichen, didaktischen und methodischen Überlegung und Entscheidung rükken. Je größer die Motivation des Patienten, desto größer die Bereitschaft, Neues aufzunehmen und zu vertiefen, zu üben und in der Kommunikation anzuwenden. Ohne Motivation des Patienten ist ein effektives und damit erfolgreiches Arbeiten nicht zu erwarten.

Sprachstörung bedeutet nicht nur den Verlust von sprachlichem Werkzeug, das in der Therapie wieder ersetzt werden soll; Sprachverlust ist mit einem Identitäts- und Persönlichkeitsverlust gleichzusetzen, den es in der Sprachtherapie ebenfalls auszugleichen gilt.

Kriterien einer erfolgversprechenden Sprachtherapie

Aktive Mitarbeit durch Transparenz des Vorhabens

1. Die aktive Mitarbeit des Patienten wird angeregt durch vorherige Klärung des gemeinsamen Vorhabens und durch Vereinbarungen über das gemeinsame Vorgehen in bezug auf Therapieinhalte, -wege und -maßnahmen.

2. Der Therapeut gibt dem Patienten sachlich klare, inhaltlich passende und verständliche Informationen, um ihm den Einstieg in die für ihn wahrscheinlich vollkommen fremde Thematik einer Sprachstörung und deren Therapie zu ermöglichen.

Aufklärung über die fremde Thematik

3. Der Therapeut bemüht sich um positive Gestaltung der Beziehungen zwischen ihm und dem Patienten. Dazu dienen die Verhaltensmerkmale, die beim Patienten eine erhöhte Bereitschaft zur Mitarbeit hervorrufen: Freundlichkeit, positive Wertschätzung, Engagement, Konsequenz. Das spürt der Patient und freut sich auf die Zusammenarbeit.

Das Therapeut-Patient-Verhältnis sollte Freude machen

4. Neben der Freude an der Zusammenarbeit steigert letztlich der eigene Erfolg die Motivation. Sie ist der Motor des Therapiegeschehens, der das therapeutische Lernen verstärkt. Die Motivation steigt dann auf ein Höchstmaß, wenn die Bemühung des Patienten ihn von Therapieschritt zu Therapieschritt zu einem schnell erkennbaren, guten Ergebnis führt. Das erkennbar gute Ergebnis – immer im Verhältnis zur Schwere der Störung und zur Gesamtproblematik gesehen – sollte Ziel jeden therapeutischen Vorgehens sein.

Steigerung und Erhalt der Motivation durch Erfolge

5. Neben der Einsicht in den Sachzusammenhang, einer guten Arbeitsatmosphäre und Motivation benötigen wir auch günstige Arbeitsbedingungen, um günstige Voraussetzungen für die Konzentration und für eine hohe Arbeitseffektivität zu schaffen. Angenehme und anregende äußere Rahmenbedingungen, wie Ruhe und Abgeschiedenheit von störenden Geräuschen sowie ansprechende Räumlichkeiten sind genauso wichtig wie ein breites Medienangebot an Lese- und Arbeitsmitteln (Zeitschriften, Bücher, multimediale Geräte) und eine verläßliche Terminplanung.

Günstige äußere Arbeitsbedingungen

6. Der Patient spürt selbst am besten, was ihm nützt, daher kann und darf sich die Therapie an seinen Wünschen und Zielsetzungen orientieren. Darum sollte er auch Gelegenheit haben, seine neuen Erfahrungen mit bestimmten Übungen, Techniken, Prinzipien usw. mit dem Therapeuten zu erörtern. Der Patient darf sich als Mitgestalter der Therapie verstehen und die durchgeführten Maßnahmen in seiner neuen Rolle offener und zuweilen auch kritischer beurteilen. Jeder Therapeut beachtet die persönlichen Äußerungen und Reflexionen des Patienten und verbindet sein Konzept mit dessen Wünschen.

7. Erreicht der Patient die sprachlichen Fähigkeiten, die er zu Beginn der Therapie als Zielvorstellung beschrieben hat, dann kann die Behandlung vom Patienten und vom Therapeuten als erfolgreich gewertet und beendet werden. Sind wesentliche Teilziele erreicht, können sich beide auch in einer Konsensdiskussion darüber einigen, die Therapie zu unterbrechen, nach anderen Prinzipien fortzuführen oder zu beenden.

In der Therapie neurologisch bedingter Sprachstörungen ist nach Ablauf einer vorher festgelegten Zeit Einvernehmen darüber zu erzielen, ob und in welchem Umfang und in welcher Form (ambulant, im Intervall, intensiv) die Therapie fortgeführt werden soll. Ausschlaggebend für die Fortsetzung der Therapie ist die Motivation des Patienten. Sein starker Wille zum Weitermachen erhöht die Aussicht auf Erfolg und ist daher auch ein wichtiges Entscheidungskriterium für die Verschreibung weiterer Therapien durch den Arzt sowie für die weitere Übernahme der Therapiekosten durch die Kostenträger.

Kreatives Üben als Grundlage einer erfolgreichen Rehabilitation

Jede neu erarbeitete sprachliche Leistung muß eingeübt werden, damit sie sicherer wird und im Laufe der Zeit in Fleisch und Blut übergeht. Dazu werden die Therapieübungen so gestaltet, daß die neuen Fähigkeiten immer höheren Belastungen ausgesetzt sind und diesen standhalten können. Der Betroffene erbringt seine »neuen« sprachlichen Leistungen zunehmend in immer veränderten Situationen. Das konsequente und gezielte Anwenden in vielen Lebenslagen hat dann zur Folge, daß die neue Leistung Bestand hat und der Therapieeffekt Langzeitwirkung zeigt.

Konsequentes und gezieltes Üben sichert langfristigen Therapieerfolg

Während der täglichen Übungssitzungen zu Hause sollte das Üben so gestaltet sein, daß es den Betroffenen nicht demotiviert und frustriert, sondern ermutigt, das Gelernte bzw. Reaktivierte immer wieder durchzuarbeiten und die neue Sprachgestaltungsordnung möglichst oft anzuwenden.

Das ungestörte Einüben neu erworbener Fähigkeiten mit viel Spaß, Motivation und Erfolgserlebnissen, aber ohne Druck und Überforderung führt schneller zu einer Zunahme und Verstärkung der Neuvernetzungen zwischen den angesprochenen neuronalen Arealen des Gehirns wie auch zur Verstärkung der neuangelegten Verbindungen. Die vielen feinen, vereinzelt gespannten Verbindungen vereinen sich dann im Laufe ihrer Anwendung zu dichteren »Netzen« und werden damit insgesamt leistungsstärker. Das Lösen von Aufgaben wird leichter. Die Netzverbindungen werden damit auch resistenter gegen psychische Störeinflüsse bzw. Anforderungen im Alltag.

Ideal ist es, wenn der Betroffene Gelegenheit bekommt, seine neuen sprachlichen Fähigkeiten in der alltäglichen Kommunikation immer deutlicher auszuprobieren und zu trainieren. Das verleiht ihm Sicherheit und schafft größeres Selbstvertrauen, welches ihn wiederum Kraft für die nächsten Übungen schöpfen läßt.

Überforderungen, wie etwa das Kommunizieren in größeren Gesellschaften, sollten allerdings auf jeden Fall vermieden werden. Statt dessen sind kleine Gesprächsrunden mit höchstens vier Personen oft sehr sinnvoll und anregend; hier kann der Betroffene seine wiedererlernten Fähigkeiten konzentriert einbringen.

Nicht das »Pauken« einer Versprachlichung ist der Weg, sondern das stete Ausschöpfen und Erproben der erworbenen Fähigkeiten des Betroffenen. Das Üben soll Sensibilität und Wachheit wecken, zum Einsatz von Kreativität, Phantasie und eigenen Strategien ermuntern und Ausdauer beim Gebrauch der neuen Fähigkeiten fördern. Durch den häufigen Einsatz des Gelernten soll schließlich eine weitestgehende Automatisierung neuer Fähigkeiten erreicht und damit deren Anwendbarkeit im Alltag gewährleistet werden.

Lernerfolg als Garant für therapeutische Motivation

Wir alle wissen aus eigener Erfahrung, daß die grundlegende Voraussetzung für Motivation der Erfolg ist – und daß umgekehrt Mißerfolg die Motivation stark beeinträchtigen kann.

Erfolg ist die positive Bewertung der Ergebnisse eigener Bemühungen. Der Patient spürt, daß ihn das, was er in der Therapie lernt, in Richtung auf sein Ziel voranbringt – und das ist erklärtermaßen die zufriedenstellende Verbesserung der Kommunikationsfähigkeit.

Erfolg macht Spaß, gibt Kraft und macht mutig. Motivation wiederum ist die Energie, die erforderlich ist für die Mühen, die man auf sich nehmen muß, bevor sich der Erfolg einstellt. Spaß und Motivation sind ideale Voraussetzungen für ein erfolgreiches logopädisches Lernen, auf Patienten- wie auf Therapeutenseite.

Die Beurteilung, ob es sich um einen großen oder kleinen

Erfolg handelt, ist stets abhängig von der Geschwindigkeit, dem Grad der Wiedergewinnung ehemaliger Fähigkeiten und von der Akzeptanz der (eventuellen) sogenannten Reststörung. Sie ist auch in Abhängigkeit von dem Zeit- und Kraftaufwand sowie dem Durchhaltevermögen und der Ausdauer zu sehen.

Die Motivation bei Therapiebeginn sollte in ihrer Qualität und Stärke unbedingt erhalten bleiben bzw. gesteigert werden.

Erlebt der Patient in kurzen Abständen viele Erfolge, so führt dies zum Erhalt und zur Stärkung der Arbeitsmotivation in der Therapie. Darüber hinaus ist der schnelle Erfolg wichtig, um bei demotivierten Patienten eine Neuorientierung ihrer Motivation zu bewirken.

Durch Abwechseln zwischen konzentrierter Aktivität und notwendiger Entspannung wird eine Überforderung des Patienten vermieden. Dabei entsteht eine Arbeitsdynamik, bei der die Konzentration immer besser auf die Lösung therapeutischer Aufgaben gerichtet werden kann.

Motivierende Lernerfolge in der Sprachtherapie werden durch Beachtung und Umsetzung dreier wichtiger Lernkategorien untermauert:

Drei wichtige Lernkategorien: Einsicht, Erfahrung und Übung

- Einsicht,
- Erfahrung und
- Übung.

Der Patient gewinnt durch Information und Beratung Einsicht in die Zusammenhänge, und dies sorgt für mehr Verständnis und größere Toleranz und Offenheit, vielleicht auch für therapeutische Neugier und Handeln.

Positive Erfahrungen, die der Patient bei der Arbeit mit seiner Sprache bzw. an seiner Stimme macht, bestätigen ihm, daß er auf dem richtigen Weg ist. So wird er in seinem Handeln bestätigt und dazu motiviert, auf diesem Weg fortzufahren.

Üben ist das A und O, um in sprachlichen Handlungen (Verstehen, Lesen, Sprechen, Schreiben) sicher zu werden. Ohne Übung steht der Rehabilitationserfolg in Frage.

Intensiv-Sprachtherapie

Sprachtherapie im ambulanten Bereich wird üblicherweise mit ein bis drei Sitzungen von jeweils einer dreiviertel Stunde wöchentlich in sprachtherapeutischen Praxen vor Ort durchgeführt. Neuere Erkenntnisse belegen, daß die Geschwindigkeit der Rehabilitation schubartiger Entwicklungsprozesse durch eine deutlich gesteigerte Therapiefrequenz auf täglich bis zu zwei bis drei Therapiesitzungen und zwei Übungsphasen mit Partner und/oder technischen Hilfsmitteln wie Video oder Computer erheblich gesteigert wird. Der rehabilitationsdidaktische Ansatz der Intensiv-Sprachtherapie zielt auf eine effiziente und optimale Ausschöpfung möglichst vieler Lernpotentiale des Rehabilitanden. Vielseitigkeit und Attraktivität der Therapieinhalte und -verfahren spielen dabei für die Motivation die entscheidende Rolle. Es geht in der Sprachtherapie um die Entwicklung bestimmter Fähigkeiten und die Gewinnung neuer Erfahrungen im Umgang mit den neu erarbeiteten sprachlichen Mitteln. Das geschieht beispielsweise in Form der ausführlichen Erläuterung der Hintergründe einer Sprachstörung, des Erlernens symptomabbauender Verhaltensprogramme und des ganz systematischen Trainings der neu erarbeiteten, sprachlich-kommunikativen Fähigkeiten.

Therapie wird zum »Full-time-Job«

Der Inhalt der Intensiv-Sprachtherapie ist die sprachlich-kommunikative Rehabilitation mit (Re-Integration in die Gesellschaft. Dazu gehören das konsequente Erlernen sprach-, sprech- und stimmsystematischer Fähigkeiten sowie deren Anwendung im kommunikativen Umgang mit den Mitmenschen.

Inhalte der Intensiv-Sprach-therapie

Wirksame Voraussetzungen für therapeutischen Erfolg sind auch optimale äußere Rahmenbedingungen. Diese ermöglichen die Durchführung eines individuell auf den Patienten abgestimmten Lernpensums.

Hochkonzentrierte Mitarbeit des Rehabilitanden erfordert eine motivierte Einstellung und Bereitschaft zur Therapie, ehrgeizige Ziele und emotionale Unterstützung durch sein familiäres und soziales Umfeld.

Seine positive Einstimmung auf die Therapieprozesse wird neben spürbaren Erfolgserlebnissen und erkennbaren Leistungszugewinnen in wenigen Wochen durch eine lernfördernde Umgebung unterstützt. Räumliches Umfeld, das gesamte Ambiente mit vielen Annehmlichkeiten, wie beispielsweise die freundliche Wohnunterbringung, sowie das kommunikative Training und Anwenden der Lernergebnisse während und außerhalb der Therapiezeiten sind wichtige lernbeeinflussende Faktoren.

Die Sprachstörung wirkt sich ganzheitlich auf den Menschen in seiner sozial-kommunikativen Umgebung aus (s. a. Kap. »Die Folgen von Sprachstörungen«). Deshalb gehören neben den klassischen symptom- und sprachsystematisch orientierten Therapiemaßnahmen, wie Stimmtherapie, Sprach- und Sprechbehandlung, auch intensive Beratung und Aufarbeitung der Probleme, die den sprachgestörten Menschen und seinen Partner belasten. Auch krankengymnastische und ergotherapeutische Maßnahmen sind je nach Notwendigkeit fester Bestandteil der Therapie. Gruppengesprächsrunden dienen der gedanklichen Vertiefung in problemlösende Konzepte sowie dem Üben der Versprachlichung eigener Gedanken. Dazu werden Inhalte behandelt, die im engeren und weiteren Sinne Sprache thematisieren (Sprechprozesse, Kommunikation, Gehirnfunktionen, Atmung; Diskussionen über Therapieansätze, Verhaltenskonzepte, Tagesgeschehen usw.). Der Aufbau eines neuen Selbstbewußtseins im Umgang mit der neuen Sprache, Selbständigkeit und Kommunikationsfähigkeit im beruflichen und privaten Alltag sind ausdrückliche Ziele der Intensiv-Sprachtherapie!

Ziele der Intensiv-Sprachtherapie: neues Selbstbewußtsein, Selbständigkeit, Kommunikationsfähigkeit

Aufgrund der ungewöhnlich hohen Intensität der Lernarbeit benötigen die Rehabilitanden in den Freiräumen zwischen den Therapien angemessene und ungestörte Ruhezeiten und -gelegenheiten in dafür vorgesehenen Räumlichkeiten. Dies gilt in gleichem Maße für die pflegenden und kotherapeutisch tätigen Begleiter.

Diese Form der Intensiv-Sprachtherapie wird seit 1991 im

Logopädischen Behandlungs- und Rehabilitationszentrum in Lindlar durchgeführt. Die Therapieergebnisse belegen, daß die oben beschriebenen rehabilitationsdidaktischen Prinzipien nicht nur umsetzbar und praktikabel sind, sondern daß sie auch dem individuellen Interesse der Rehabilitanden in höchstem Maße entgegenkommen und von diesen angenommen werden.

Was kann ich tun...?

...wenn mein Kind nicht richtig spricht?

In ihrer sprachlichen Entwicklung durchlaufen Kinder bestimmte Phasen des Spracherwerbs, sie lernen, Sprache zu hören, zu verstehen und selbständig zu gebrauchen. Dies verläuft in normalen Bahnen, wenn sie in ihrem unmittelbaren Umfeld sprachliche Modelle und Anregungen zur Kommunikation erhalten. Deshalb sind deutliches Vorsprechen und regelmäßiges Miteinandersprechen so wichtig. Zuviel Fernsehen unterdrückt oft die Möglichkeit zu selbständiger sprachlicher Aktivität.

Zu häufiges Fernsehen unterdrückt die Möglichkeit eigener Sprachaktivität

Die Geschwindigkeit der Sprachentwicklung ist von Kind zu Kind unterschiedlich. Weicht sie stark von der anderer Kinder ab, sollte eine umfassende sprachtherapeutische Beratung vorgenommen werden, die die Ursache klären kann. Dies gilt beispielsweise,

- wenn ein Kind mit drei Jahren noch nicht spricht,
- wenn es mit drei Jahren noch keine richtigen Sätze bildet, also in seinem Grammatikerwerb große Störungen zeigt,
- wenn es in diesem Alter immer noch unverständlich artikuliert und bestimmte Laute ausläßt oder durch andere ersetzt oder
- wenn es z. B. nur in Einwortsätzen spricht.

Da ein gesundes Gehör und eine normale hirnorganische Entwicklung Voraussetzungen für einen normalen Spracherwerb sind, sollten bei auffälliger Sprachentwicklung möglichst früh das Gehör beim Hals-Nasen-Ohren-Arzt untersucht und beim Kinderarzt die notwendigen Leistungstests zur Überprüfung der Hirnfunktion durchgeführt werden. Eventuell sind auch psychologische Untersuchungen erforderlich.

Jede auffällige Verzögerung und Störung der Sprachentwicklung muß behandelt werden, um größere Folgeschäden im Leben des Kindes zu vermeiden. Behandlungen werden in logopädischen bzw. sprachtherapeutischen Praxen, in Sprachheilkindergärten sowie regional in Sprachheilambulanzen (Träger sind die Sozialämter) angeboten. In vielen Bundesländern gibt es Sprachheilgrundschulen, in denen sprachgestörte Kinder neben dem Unterricht therapeutisch gefördert werden.

...wenn mein Kind anfängt zu stottern?

Meist eine normale Phase der Sprachentwicklung

Fast jedes Kind durchläuft in seiner Sprachentwicklung mit etwa drei bis fünf Jahren eine Phase, in der das Zusammenspiel von Denken und Sprechen in Unordnung gerät, was sich in Verhaspeln oder Wiederholungen zeigt. Das ist ganz natürlich und gehört zur Ausreifung des Gehirns und der sprachlichen Leistungen. Diese Phase kann individuell verschieden Tage oder wenige Wochen dauern.

Es handelt sich dabei nicht um Stottern. Gehen Sie bitte nicht darauf ein, sondern sprechen Sie mit Ihrem Kind ganz normal weiter. Weisen Sie ggf. auch die Großeltern sowie alle übrigen Personen seines Umfeldes auf diesen Sachverhalt hin.

Sollte sich die sprachentwicklungsbedingte Eigenart jedoch nach etwa drei Monaten noch nicht gelegt haben, sollten Sie eine sprachtherapeutische Fachberatung aufsuchen. Sie finden sie z. B. bei niedergelassenen Sprachtherapeuten oder in einem Sprachheilkindergarten. Holen Sie mindestens zwei Meinungen ein.

...wenn ich ständig heiser bin oder meine Stimme nachläßt?

Wenn Sie ständig heiser sind bzw. wenn Ihre Stimme nachläßt, sollten Sie zuerst zum Hals-Nasen-Ohren-Arzt gehen, der Sie über die medizinischen Ursachen der Störung aufklären können sollte. Als Auslöser kommen Krankheitsprozesse, unsachgemäße Stimmanwendung oder eine Überanstrengung der Kehlkopfmuskulatur, z. B. bei Sprechberufen, in Frage. Die Medizin hilft bei Krankheitsprozessen, und die Stimmtherapie ergänzt die medizinische Therapie. Bei funktionellen Stimmstörungen ohne organische Veränderungen kann nur die Stimmtherapie weiterhelfen.

... wenn ich mit der Atmung Probleme habe?

Die Atmung läßt sich durch qualifizierte Unterweisung verbessern. Wenden Sie sich an eine sprachtherapeutische Praxis mit Mitarbeitern, die auf Atemtherapie spezialisiert sind bzw. darin viel Erfahrung haben.

... wenn ich einen aphasischen Menschen nicht verstehe bzw. von ihm nicht verstanden werde?

Der aphasische Gesprächspartner hat Probleme, seine »innere« Sprache nach außen hin mitzuteilen (s. a. Kap. »Aphasie und ihre Therapie«). Dabei fehlen ihm einige wichtige Fähigkeiten zum Sprachverständnis und zur Sprachproduktion.

Drängen Sie den Betroffenen nicht zu einer sprachlichen Handlung, und behandeln Sie ihn auch nicht wie ein Kind, denn das setzt ihn entweder unter Druck, verunsichert ihn oder macht ihn wütend. Geben Sie ihm ganz viel Zeit, seine Aussage zu formulieren und mit Worten oder Gesten klarzumachen, was er sagen möchte. Geben Sie ihm bei Bedarf ein Blatt Papier für Notizen und Zeichnungen. Lassen Sie sich nicht von den

Setzen Sie den Aphasiker nicht unter Druck!

oft sehr mißverständlichen Äußerungen des Betroffenen verunsichern. Versuchen Sie in diesen Fällen durch Rückversicherungen wie »Möchtest du dies?« oder »Meinst du es so?« zu überprüfen, ob Sie richtig verstanden haben.

Sollten Sie den Eindruck haben, daß er *Sie* nicht versteht, dann versuchen Sie auf andere Weise, d. h. mit anderen Formulierungen, mit viel Gestik und Hilfsmitteln wie Bildern, Zeichnungen oder Gegenständen, ihm das Verstehen zu erleichtern.

... mein(e) Angehörige(r) im Koma liegt?

Patienten im Koma oder Wachkoma können sich nicht oder nur minimal mitteilen. Viele Patienten, die aus dem Koma oder Wachkoma wieder erwacht sind, berichten jedoch, viel von dem, was um sie herum geschehen ist, mitbekommen zu haben. Sie erinnern sich an Gespräche, an die Menschen, die sie besucht haben und an die Qualen, die sie durchlebt haben, weil sie sich nicht haben mitteilen können.

Unterhalten Sie sich ganz »normal« mit dem Komapatienten!

Es ist daher sehr wichtig, sich mit dem Komapatienten »normal« zu unterhalten, ihn mit Ihrer Stimme, Ihren Gedanken und Gefühlen zu konfrontieren und dadurch anzuregen. Diese Stimulation kann rascher dazu führen, daß er selbst immer wieder versucht, auf Ihre Äußerungen zu reagieren. Die Reaktionen können sich in Muskelbewegungen, in kleinsten mimischen oder gestischen Reaktionen, aber auch in lautstarken Äußerungen wie Schreien zeigen.

Komatöse Patienten nehmen Reize von außen wahr. Die immer neue Konfrontation mit diesen Reizen fördert die Bildung neuer neuronaler Verbindungen in der Informationsverarbeitung des Gehirns. Nur stetes Anbieten ermöglicht es dem Patienten, hinzuzulernen und selbst wieder aktiv zu werden.

...wenn ich mich über sprachtherapeutische Möglichkeiten und Angebote beraten lassen möchte?

Leider müssen wir feststellen, daß die üblichen Ansprechpartner, wie Ärzte und Kostenträger, oft unzureichend über die Palette der Sprachstörungen und ihre Therapiemöglichkeiten informiert sind.

Solange dies der Fall ist, empfehlen wir folgendes Vorgehen: Lassen Sie sich von Ihrem Hausarzt ein Rezept über eine sprachtherapeutische Beratung wegen Ihrer Sprachstörung ausstellen. Mit diesem Rezept suchen Sie dann eine logopädische Praxis auf und lassen sich sprachtherapeutisch untersuchen und beraten. Wir empfehlen darüber hinaus, ggf. privat in eine weitere Beratung durch eine andere logopädische Praxis zu investieren. Sie erhalten dadurch eine breiter gefächerte Information und einen vergleichenden Einblick in das Verhalten der Therapeuten.

Holen Sie sich eine zweite Meinung ein

Lassen Sie sich das therapeutische Konzept erklären. Stellen Sie Fragen, und prüfen Sie genau, ob man auf Ihr Problem eingeht und Sie Vertrauen entwickeln können, denn das ist die Grundlage einer erfolgreichen Sprachtherapie.

...wenn ich eine Sprachtherapie aufnehmen möchte?

Damit die Krankenkasse die Kosten einer Sprachtherapie übernimmt, muß ein Arzt (Hausarzt, Hals-Nasen-Ohren-Arzt, Neurologe) die Sprachstörung aus medizinischer Sicht diagnostizieren und durch Ausstellen eines Rezeptes für behandlungsbedürftig erklären. Bitten Sie ihn daher um dieses Rezept.

Sollte die genaue Beschreibung Ihrer Sprachstörung Schwierigkeiten bereiten, können Sie sich zunächst an eine logopädische (sprachtherapeutische) Praxis wenden. Dort werden Sie ausführlich beraten. Auf Anfrage kann man Ihnen ein Gutachten über Ihre besondere Sprachproblematik erstellen, das Sie dann bei Ihrem Haus- oder Facharzt vorlegen können, um das Rezept zu bekommen.

...wenn ich mich über die Qualität einer therapeutischen Maßnahme erkundigen will?

Suchen Sie das Beratungsgespräch mit dem Praxisinhaber oder mit dem Leiter der Einrichtung, und lassen Sie sich das Therapiekonzept erklären. Qualitätskriterien sind:
- gute Arbeitsatmosphäre,
- verläßliche Terminplanung und Einhalten vereinbarter Termine,
- regelmäßiger Gedankenaustausch über Therapieergebnisse und -maßnahmen zwischen Patient und Therapeut.

...wenn ich mit der ärztlichen Beratung hinsichtlich meiner sprachlichen Rehabilitation nicht zufrieden bin?

Leider müssen wir oft feststellen, daß Sprachprobleme in ihrer Gesamtproblematik nicht ernst genug genommen werden. Darüber hinaus ist erkennbar, daß das Rehabilitationspotential des/der Betroffenen von der traditionellen Schulmedizin oft unterschätzt wird. Viele Mediziner ziehen die Möglichkeit einer Sprachtherapie gar nicht erst in Betracht.

Patienten müssen oft um ihr Recht kämpfen

Wenn Sie sich nicht ausreichend beraten fühlen oder kein Rezept für eine logopädische Untersuchung in einer sprachtherapeutischen Praxis erhalten, dann sprechen Sie mit Ihrem Arzt ein offenes Wort darüber, und bringen Sie dazu ggf. Informationsmaterial über Sprachtherapien mit.

Sollten Sie auch damit keinen Erfolg haben, so wechseln Sie am besten den Arzt. Sie können sich in einer logopädischen Praxis auch über Mediziner beraten lassen, die Ihnen weiterhelfen.

...wenn ich eine Sprachtherapie nicht bewilligt bekomme?

Grundsätzlich haben Sie Anspruch auf therapeutische Leistung, wenn diese medizinisch erforderlich ist. Wenn Ihr Haus- oder Facharzt also ein Rezept über zehn logopädische Sitzungen wegen Ihrer Sprachstörung ausstellt, so erklärt er damit die diagnostizierte Sprach-, Sprech-, Stimm- oder Kommunikationsstörung aus medizinischer Sicht zu einer Sprachkrankheit, die behandelt werden muß.

Die Krankenkassen sind durch den Gesetzgeber verpflichtet, vor der Übernahme der Therapiekosten die haus- oder fachärztliche Notwendigkeitserklärung durch den Medizinischen Dienst der Krankenkassen überprüfen zu lassen. Dessen Entscheidung ist dann für die Krankenkasse bindend. Lehnt Sie also die Bewilligung ab, so beruht diese Entscheidung auf der gutachterlichen Stellungnahme des Medizinischen Dienstes. *Bleiben Sie* Wir empfehlen, zunächst gegen den ablehnenden Bescheid *hartnäckig!* schriftlich Widerspruch einzulegen und dabei ausführlich zu erläutern, warum die sprachtherapeutische Maßnahme für Sie von so großer Bedeutung ist.

Sollten Sie damit keinen Erfolg haben, so raten wir, sich beim Medizinischen Dienst der Krankenkassen vorzustellen und das Anliegen noch einmal persönlich vorzutragen.

Bleibt auch dieses Gespräch ergebnislos, dann beschreiten Sie den Rechtsweg, der eine weitere medizinische Begutachtung in Aussicht stellt.

273

Erfahrungsgemäß führen persönliche Gespräche jedoch weiter als zeitraubende Rechtsstreitigkeiten.

...wenn die Wartezeiten auf eine Sprachtherapie zu lang sind?

Wenn eine Praxis in Ihrer Nähe überlastet ist oder sprachtherapeutische Angebote generell fehlen, sollten Sie die Fahrt zu weiter entfernten Praxen nicht scheuen. Damit sich der zeitliche und finanzielle Aufwand auch lohnt, sollte die sprachtherapeutische Einzelsitzung dann mindestens 60 Minuten dauern. Mit dem Therapeuten sollten Sie abstimmen, daß Sie ausreichendes und ansprechendes Übungsmaterial mit nach Hause nehmen und dort weiterbearbeiten können. Darüber hinaus empfehlen wir, daß eine Begleitperson an der Sitzung teilnimmt und sich Anweisungen für kotherapeutisches Arbeiten zu Hause geben läßt. Weitere und vertiefende Übungen können auch mit Hilfe eines Computers und entsprechender Programme sowie mit sprachtherapeutischen Videos (z. B. Logovid) selbständig durchgeführt werden.

Eine Begleitperson sollte Anregungen für kotherapeutische Arbeiten bekommen

...wenn ich mit einer sprachtherapeutischen Maßnahme unzufrieden bin?

Wenn eine laufende Sprachtherapie nach rund zehn Sitzungen keinerlei Wirkung zeigt und/oder wenn Sie die Lust an der Therapie verlieren, weil Sie glauben, daß sie nicht effektiv genug ist, dann schauen Sie sich nach einer anderen sprachtherapeutischen Praxis um.

In vielen Fällen ist auch eine stationäre Intensiv-Sprachtherapie angebrachter als eine ambulante Maßnahme mit nur ein bis zwei Sitzungen pro Woche. Logopädische Intensivtherapie hat den Vorteil, daß sich in relativ kurzen Zeiträumen von vier bis sechs Wochen schubartige Entwicklungen erreichen lassen.

...wenn ich einen Pflegedienst in Anspruch nehmen möchte?

Rufen Sie Ihre Kranken- oder Pflegekasse an, und erfragen Sie die ambulanten Pflegedienste. Fragen Sie dabei auch nach der Preisvergleichsliste. Bei der Auswahl eines ambulanten Pflegedienstes können Ihnen folgende Fragen helfen, die Angebote kritisch zu prüfen:

- Besteht ein Versorgungsvertrag mit Ihrer Krankenkasse? *Testfragen*
- Welche Leistungen werden zu welchen Kosten im Pflegevertrag angeboten?
- Welche Leistungen sind für Sie tatsächlich erforderlich?
- Werden die einzelnen Leistungen und die dadurch entstehenden Kosten von der Pflegekasse oder vom Sozialamt übernommen?
- Rechnet der Pflegedienst direkt mit dem Kostenträger ab?
- Werden verbindliche Termine und Leistungen mit Ihnen vereinbart?
- Gehört der Pflegedienst einem Berufsverband an?
- Ist eine Pflege rund um die Uhr auch an Sonn- und Feiertagen gewährleistet?
- Ist jederzeit (auch nachts) ein Notdienst abrufbar?

Außerdem können folgende Hinweise von Nutzen sein:

- Achten Sie darauf, daß das Personal nicht ständig wechselt und daß Sie zwischen Pflegekräften wählen können (z. B. männl./weibl.).
- Achten Sie auf eine tägliche und genaue schriftliche Fixierung aller Pflegeleistungen in Ihrer Wohnung.
- Leisten Sie grundsätzlich keine Blankounterschriften auf den Formularen für die abzurechnenden Leistungen!

Weitere ausführliche Tips und Hinweise finden Sie im »Ratgeber für Behinderte« von Franz Bauer, erschienen im Verlag Gesundheit, Berlin, ISBN 3–333–01010–0.

...wenn ich wieder Auto fahren möchte?

In der Akutphase nach einem Schlaganfall, d. h. für etwa ein Jahr, sowie nach Hirnerkrankungen oder schweren Kopfverletzungen gilt der Betroffene in der Regel als fahruntauglich. Führt er trotzdem ein Fahrzeug, dann besteht im Schadensfall unter Umständen kein Versicherungsschutz.

Wenn Sie sich Ihre Fahrtauglichkeit erneut bestätigen lassen möchten, können Sie von einem Neurologen ein medizinisches Gutachten erstellen lassen, bei dem u. a. Ihr Reaktionsvermögen, die visuelle Auffassungsgeschwindigkeit sowie Konzentration und Orientierung getestet werden.

Sie können sich dazu auch an den TÜV wenden, der Ihnen entsprechende Untersuchungen anbietet und Rat erteilt. Auch auf neurologische Probleme spezialisierte Fahrlehrer können Ihnen in einigen Fahrstunden wieder Sicherheit geben und Sie gut beraten.

...wenn ich mich einsam fühle?

Sprachprobleme führen oft zu Unsicherheit im Umgang mit den Mitmenschen. Dabei spielt das Einsamkeitsgefühl eine große Rolle. Es ist das Ergebnis eines Entwicklungsprozesses, der durch im allgemeinen negative Erfahrungen mit der eigenen Sprachstörung in der Kommunikation mit anderen eingeleitet und oft beschleunigt wird. Scham, Frustrationen, Versagensängste und der Verlust des Selbstwertgefühls verfestigen die Tendenz zur Isolation.

Es gibt viele Wege, um aus einem solchen Teufelskreis herauszukommen. Ein besonders empfehlenswerter ist sicherlich die gezielte Sprachtherapie. Die Arbeit am Symptom führt zu Verbesserungen, diese wiederum zu mehr Kompetenz, Mut und Offenheit.

Gezielte Sprachtherapie gegen Einsamkeit

In Deutschland gibt es heute ein recht vielfältiges Angebot an Selbsthilfegruppen, in denen Sie Ihre Erfahrungen mit anderen austauschen können. Darüber hinaus geben verschiedene Institutionen Adressen von Betroffenen weiter, mit denen Sie privat in Kontakt treten können.

...wenn ich behindertengerechte bauliche Veränderungen vornehmen möchte?

Das Thema Bauen und Wohnen ist breitgefächert und bedarf genauer Vorüberlegungen. Schauen Sie sich nach einem Architekten um, der auf dem Gebiet des behindertengerechten Bauens erfahren ist.

Vor einer Beratung mit ihm sollten Sie Ihre konkreten Wünsche und Vorstellungen sammeln, um mit einem Grundkonzept in das Gespräch zu gehen. Stellen Sie sich vor, wie das neue Zuhause im Endzustand aussehen soll, welche Funktionen gewährleistet sein müssen, wie Sie die Räumlichkeiten nutzen wollen, wie die innere und äußere Gestaltung sein soll usw.

Die Finanzierung der Maßnahmen bieten üblicherweise Bausparkassen, Banken und Hypothekenbanken sowie Lebensversicherer. In vielen Fällen gibt es Zuschüsse oder Vollfinanzierungen durch Kostenträger, z. B. Berufsgenossenschaften oder Gemeinde-Unfallversicherungen.

Einen guten Überblick zu diesem Thema gibt Ihnen der »Ratgeber für Behinderte« von Franz Bauer, erschienen im Verlag Gesundheit, Berlin, ISBN 3–333–01010–0.

Weiterführende Informationen

...wenn ich die Pflege-versicherung in Anspruch nehmen möchte?

Pflegebedürftig ist, wer über mindestens ein halbes Jahr lang täglich bei notwendigen Verrichtungen erhebliche Hilfe Dritter benötigt und ständig unter Beaufsichtigung stehen muß. Wenden Sie sich an Ihre Pflegekasse, mit der Sie über Ihre Krankenkasse in Kontakt treten können. Die dortigen Sachbearbeiter werden Ihnen alle notwendigen Informationen geben und die formalen und praktischen Schritte einleiten.

...wenn ich auf sprachtherapeutische Hausbesuche angewiesen bin, weil der Weg zur Praxis eine Überforderung bedeutet?

Jeder schwer oder nicht transportfähige Betroffene, für den der Weg zu einer logopädischen (sprachtherapeutischen) Praxis unzumutbar ist, kann sich über den Arzt Hausbesuche verschreiben lassen, die auf dem Rezept als erforderlich vermerkt werden. Nehmen Sie dann mit einer logopädischen Praxis Kontakt auf, und fragen Sie, ob diese auch Hausbesuche durchführt. Auch solche Sitzungen dauern 45 oder 60 Minuten.

Weitere Tips und Hinweise

Das Ziel der Therapie ist, möglichst viele vorhandene Ressourcen auszuschöpfen und neu erlernte Fähigkeiten zu üben und zu automatisieren. Wie lassen sich diese nun im Alltag anwenden?

Generell läßt sich feststellen, daß wir z. B. neben sprechtechnischen Übungen geistig gefordert werden wollen. Aktuelle Informationen aus Radio, Fernsehen und Tageszeitungen sowie Berichterstattungen aller Art können dabei sehr aktivierend wirken, wenn wir sie aufmerksam verfolgen und uns nicht nur »berieseln« lassen. Deshalb ist zu empfehlen, regelmäßig zu bestimmten Tageszeiten Radio und Fernsehen einzuschalten.

Täglich regelmäßig Nachrichten hören oder schauen!

Das Zugehen auf andere Menschen und gemeinsame Unternehmungen bieten viel Gelegenheit zur (sprachlichen) Kommunikation. Suchen Sie Gesellschaft, laden Sie sich Gäste ein! Das gibt Ihnen neue Anregungen und Kontakte. Kommunikation fördert die geistige Fitneß. Verstecken Sie sich nicht zu Hause!!

Verstecken Sie sich nicht!

Jeden Tag sollten Sie viel sprechen, das gerade Erlernte anwenden und dabei festigen. Dies kann in drei bis vier täglich durchgeführten Übungen von jeweils ca. 10 bis 15 Minuten Dauer zu bestimmten, festgesetzten Zeiten erfolgen. Dabei ist wichtig, daß Ruhe herrscht, alle Ablenkungen vermieden werden und daß Sie Spaß am Thema haben. Hält sich die Lust in Grenzen, dann sprechen Sie mit Ihrem Partner oder mit Ihrer Therapeutin über andere, Ihnen mehr zusagende Übungsaufgaben.

Wenn Sie selbständig üben wollen, denken Sie daran, daß Sie viel mehr können, als Sie glauben. Außerdem helfen Ihnen beim effektiven und motivierenden Üben hervorragende Medien. Das sind im allgemeinen solche, die drei bis vier Sinne gleichzeitig anregen, z. B. die logopädischen Videos Logovid, die Sprechklang (Hören), Schrift (Sehen, Lesen), Sprechbewegungen (Sehen, Sprechmodell), z. T. auch Schreibbewegungen (Schreibmotorik, Kinästhetik) und Verstehen (Bedeutung) gleichzeitig anregen und zum Mitmachen animieren. Das Angebot von guten Computerprogrammen, die heute bequem auf neueren Geräten zu Hause installiert werden können, ist groß. Programme für Hirnleistungstraining, Konzentrationsschulung, Ausdauertraining, zum Lesen, Schreiben und Rechnen gibt es bereits zu erschwinglichen Preisen. Nach Beantragung sind die

Betroffene können oft mehr, als sie selbst glauben

Krankenkassen oft bereit, für diese therapeutischen Hilfsmittel Zuschüsse zu bezahlen.

Ausreichender Schlaf schafft Kraft für die nächste Konzentrationsleistung. Die Nachtruhe sollte ungestört und der Mittagsschlaf erlaubt sein.

Und noch ein Tip von Familie Nerlich (s. a. Kap. »Sie ist voller Lebensmut und arbeitet sich zuversichtlich voran.«) bezüglich eines sterilen *Damen-Dauerkatheters*, der in individuellen Größen, z. B. als »Norta« Ballonkatheter, angeboten wird. Dieser ist in der Blase mit einem kleinen Ballon geblockt, der mit sterilem Wasser aufgefüllt wird, so daß er nicht wieder herausrutscht. An den unteren Ablauf, an den normalerweise nur der Katheterbeutel angeschlossen wird, kommt nun ein steriler Katheterstöpsel mit Ablaufverschluß.

Die genaue Bezeichnung für das Modell lautet: KV 100 EH von der Firma Max Stäubli AG, med. Apparatebau, CH–8810 Hogau (Schweiz), Tel.: 00 41/(0)1/7 25 40 80, Fax: 00 41/(0)1/7 25 69 84.

Literaturhinweise und Adressen

Zeitschriften

Handicapped-Kurier (Das Reise- und Nachrichten-Magazin für Rollstuhlfahrer und andere Behinderte). FMG-Verlag, Postfach 15 47, 53005 Bonn, Tel.: 02 28/9 63 69 90

Wachkoma. Schädel-Hirn-Patienten in Not e.V., Bayreuther Straße 33, 92224 Amberg. Tel.: 0 96 21/6 48 00, Fax: 0 96 21/6 36 63

Aphasie und Schlaganfall. Bundesverband für die Rehabilitation der Aphasiker e.V., Oberthürstraße 11a, 97070 Würzburg, Tel.: 09 31/5 86 46, Fax: 09 31/57 31 41

not der Schädelhirnverletzten und Schlaganfall-Patienten. Fachverlag hw-studio weber, Hans Weber, Abraham-Well-Straße 7, 76774 Leimersheim, Tel.: 0 72 72/9 27 50

Sachbücher

Bauer, Franz: Ratgeber für Behinderte, 4., überarbeitete und erweiterte Auflage, Verlag Gesundheit, Berlin, 1997

Escales, Yvo: Reisen für Behinderte, FMG-Verlag, Bonn, 1997
–: Handicapped-Reisen Ausland, FMG-Verlag, Bonn, 1997
–: Handicapped-Reisen Deutschland, FMG-Verlag, Bonn, 1996

Funke, Wilhelm: Patientenrechte – Ansprüche und Leistungen im Arzt-Patienten-Verhältnis, Rowohlt Verlag, Reinbek bei Hamburg, 1996

Lutz, Luise: Das Schweigen verstehen. Springer Verlag, Berlin, 1992

Reha-Einkaufsführer. Einschlägige Adressen für Behinderte, Vertrauensleute und Betreuer. Rhein-Eifel-Mosel-Verlag, Pulheim
Enthält nützliche Adressen über Hilfsmittel aller Art sowie über bauliche Maßnahmen und Ausbildungsmöglichkeiten.

Schlaganfall. Praktischer Ratgeber. Bundesministerium für Gesundheit, Referat Öffentlichkeitsarbeit, 53108 Bonn

Zippel, Christian: Schlaganfall. Ullstein Buchverlage, Frankfurt/M. – Berlin, 1994
Über Ursachen, Verlauf und Folgen, Behandlungsmethoden und das Leben nach dem Schlaganfall.

Für Lesegestörte, die Bücher lesen wollen: Herder, Hörbücher, Promenadenplatz 2, 80333 München

Autobiographien, Belletristik

Eyraud, Rémy/Caumer, Julien: Ich habe vergessen, wer ich bin. Piper, München, 1998

Tropp Erblad, Ingrid: Katze fängt mit S an. Aphasie oder der Verlust der Wörter. Fischer Taschenbuch Verlag, Frankfurt/M., 1994

Bobrowski, Johannes: Im Strom, Wagenbach, Berlin 1989

Beratungsstellen

Stiftung Deutsche Schlaganfallhilfe, Postfach 104, 33311 Gütersloh, Tel.: 0 52 41/9 77 00

Bundesverband für die Rehabilitation der Aphasiker e.V., Oberthürstraße 11a, 97070 Würzburg. Tel.: 09 31/5 86 46, Fax: 09 31/57 31 41

Bundesverband für Schädel-Hirn-Verletzte, Schädel-Hirn-Patienten in Not e.V., Bayreuther Str. 33, 92224 Amberg, Tel.: 0 96 21/6 48 00, Fax: 0 96 21–6 36 63
Dieser Bundesverband hat eine Adressenliste mit neurologischen Rehabilitationskliniken und Reha-Einrichtungen mit Frührehabilitationen (Phase B) nach der Intensivstation (Akutversorgung, Phase A) herausgebracht. Sie gibt Informationen über Größe und Spezialisierung, Aufnahmebedingungen sowie Ansprechpartner und Telefonnummern der namhaften Kliniken in allen Bundesländern.

Logopädisches Behandlungs- und Rehabilitationszentrum Lindlar, Kamperstraße 17–19, 51789 Lindlar (bei Köln), Tel.: 0 22 66/9 06–0, Fax: 0 22 66/9 06 88,
E-Mail: LogoZentrumLindlar@t-online.de
Spezialisiert auf Intensiv-Sprachtherapie bei Aphasie, Dysarthrie, apallischem Durchgangssyndrom, Stottern, Stimmstörung, kindlichen Sprachentwicklungsstörungen und Kommunikationsproblemen.

Abteilung Neurolinguistik in der Neurologischen Klinik des Universitätsklinikums Aachen, Pauwelsstraße 30, 52074 Aachen, Tel.: 02 41/8 00
Spezialisiert auf Aphasie (Sprachverlust).

Stimmheilzentrum, Salinenstraße 26, 74906 Bad Rappenau,
Tel.: 0 72 64/8 86 00
Spezialisiert auf Stimmtherapien.

Informationsaustausch-Netz

Das Informationsaustausch-Netz ist eine Zentrale zur Adres-
senvermittlung von Menschen, die von einer Sprach-, Sprech-,
Stimm- oder Kommunikationsstörung betroffen sind und Kon-
takte zu anderen Betroffenen in ihrer näheren und weiterer
Umgebung zum persönlichen Erfahrungsaustausch suchen.
Wenn Sie Mitglied im Informationsaustausch-Netz werden,
können Ihnen gegen Zusendung eines frankierten und an Sie
adressierten Rückumschlages Adressen zugesandt werden.
Schreiben Sie dazu an das Logopädische Behandlungs- und
Rehabilitationszentrum Lindlar, Stichwort: Info-Austausch-
Netz; Kamperstraße 17–19, 51789 Lindlar, Tel.: 0 22 66/90 60,
Fax: 0 22 66/9 06 88, E-Mail: LogoZentrumLindlar@t-online.de

Glossar

Aachener Aphasie-Test (AAT)
Sprachwissenschaftliches Verfahren zur systematischen Erfassung
sprachlicher Defizite und Fähigkeiten; wurde von einem Aachener
Kreis von Sprachwissenschaftlern unter der Leitung von Prof. Dr.
phil. Huber entwickelt.

Anamnese
Vorgeschichte des Kranken und seiner Krankheit. Darunter fallen
auch Krankheiten in der Familie und Gewohnheiten des Patienten,
z. B. Rauchen, Ernährung.

Aneurysma
Beulenähnliche Ausweitung einer Arterie infolge erworbener oder
angeborener Gefäßwandveränderungen.

Angina pectoris
Meist in Anfällen auftretender Schmerz in der Herzgegend mit star-
kem Beengungsgefühl, oft mit ausstrahlenden Schmerzen. Ursache
ist eine Durchblutungsstörung in der Herzgegend. Der Anfall kann
durch körperliche Belastung, manchmal auch durch Kälte ausgelöst
werden. Er kann zum Herz(muskel)infarkt oder Herztod führen.

Angiographie
Sichtbarmachen der (Blut-)Gefäße auf einem Bild. Dazu wird zunächst dem Patienten ein Kontrastmittel gespritzt, das die zu un-
tersuchenden Gefäße für eine spezielle Röntgenaufnahme sichtbar macht. Man kann dann etwa feststellen, wo es zum Verschluß
einer Ader gekommen ist oder wo eine Ader geplatzt ist. Dies läßt
wiederum Rückschlüsse auf das Ausmaß der Schädigung zu und
ermöglicht eine gezielte Behandlung.

Anschlußheilbehandlung (AHB)
Medizinische Rehabilitation in speziellen Kliniken nach der Akut-
behandlung im Krankenhaus.

Apallisches Syndrom

Funktionelle Trennung von Hirnstamm und Großhirnrinde infolge einer Sauerstoffunterversorgung des Gehirns, etwa nach Schädel-Hirn-Trauma oder Reanimation. Es besteht kein »Informationsaustausch« mehr zwischen diesen beiden Hirngebieten, so daß es zu einer schwerwiegenden Bewußtseinsstörung kommt (Koma). Nach einer von Patient zu Patient unterschiedlichen Zeit folgt das → Wachkoma, währenddessen der Patient die Augen geöffnet hat, sein Blick aber ins Leere gerichtet scheint. Der Patient ist zwar wach, kann jedoch keine eigenen sinnvollen Handlungen und Reaktionen ausführen. Es sind einige Reflexe auslösbar, z. B. der Abwehrreflex oder Schmerzreaktionen, jedoch keine Ausdrucksbewegungen.

Aphasie

(Teil-)Verlust der bereits erworbenen Sprache durch Hirnschädigung. Betroffen sein können das Sprachverständnis, die eigene sprachliche Mitteilungsfähigkeit, Wortfindung, Grammatik, Syntax (Satzbau), Lese- und Schreibfähigkeit. Zu den Ursachen gehören etwa Gefäßerkrankungen, z. B. Arterienverengung oder -verstopfung (→ Apoplexie, Schlaganfall), Hirnverletzungen durch äußere Einwirkung (→ Schädel-Hirn-Trauma), Hirntumore, → Hirnatrophie oder Entzündungen in den für die Sprachleistung wichtigen Gebieten des Gehirns. Jede Aphasie fällt unterschiedlich aus. Die Aphasie wird im allgemeinen in vier Störungsbilder unterteilt, von denen jede Form eine besondere Auffälligkeit zeigt (s. a. Kap. »Aphasie und ihre Therapie«).

Aphonie

Die Stimme ist tonlos, das heißt, es wird geflüstert. Man unterscheidet organisch und psychisch bedingte Aphonie. Ursachen einer organisch bedingten Aphonie: operativer Verlust eines oder beider Stimmbänder, des Kehlkopfs oder durch Schädigung eines oder beider Recurrens-Nerven, die eine Stimmlippenlähmung zur Folge hat, oder Kehlkopflähmung aufgrund einer Hirnverletzung. Ursachen der psychogenen Aphonie: oft durch Schreckerlebnisse, Streßreaktionen und psychische Belastungen.

Apoplexie

Ursachen sind ein Blutmangel infolge einer Einschränkung der arteriellen Blutzufuhr (Ischämie) im Gehirn oder Hirnblutungen. Zu den Symptomen gehören je nach Ausmaß des Schlaganfalls Bewußtseinsstörungen, Lähmungen, → Apraxie, → Aphasie, → Dysarthrie, → Dyslexie, → Dysgraphie.

Apraxie

Unfähigkeit, Körperteile trotz erhaltener Beweglichkeit zweckmäßig und zielgerichtet zu bewegen. Es fehlt die Erinnerung an die Bewegungsmuster. Die Ursachen sind Störungen in der Hirnfunktion. Bei der *Sprechapraxie* liegt eine Störung der Programmierung und Steuerung von Sprechbewegungen vor, was nicht mit Lähmungen zu verwechseln ist. Symptome sind lautliche Entstellungen, Störungen in der Sprechmelodie, unsystematische Suchbewegungen und Korrekturen.

Arterien

Besonders elastische Blutgefäße, die – mit Ausnahme der Lungenarterien – mit Sauerstoff angereichertes Blut vom Herzen wegführen, um die Organe damit zu versorgen.

Artikulation

In frühester Kindheit erlernen wir die Bewegungen der Sprechwerkzeuge (Lippen, Zunge, Unterkiefer, hinterer Gaumen, Kehlkopfmuskulatur) zu nutzen, um bestimmte Geräusche zu produzieren, die mit Hilfe der Ausatmung zustande kommen. Einjährige babbeln und probieren, den Luftstrom in Form des Pustens, Schnalzens, Quiekens oder Lachens hörbar werden zu lassen. Später nähert sich die experimentelle Geräuschproduktion immer mehr der gezielten sprachlichen Lautbildung an. Innerhalb jeder Sprache gibt es für die Lautbildung bestimmte Regeln. Ist die individuelle Artikulation nicht deutlich genug oder weicht sie zu stark von den allgemeinen Regeln ab, so kommt es zu Verständigungsproblemen bei der Unterhaltung

Atemtherapie

Atemtherapie ist das systematische Verfahren, den Atemprozeß in seinem Verlauf und seinem Rhythmus zu verändern. Personen mit krankhafter oder gestörter Atmung, wie Hochatmung, Schnappatmung usw., lernen, sich auf physiologisch wünschenswerte Atembewegungen einzustellen, diese auszuführen und im Laufe der Zeit in den Alltag zu integrieren.

Balbuties → Stottern.

Begutachtungssystem → Medizinischer Dienst.

Bobath-Methode
Von dem englischen Ehepaar Bobath entwickeltes Konzept zur Behandlung der → Cerebralparese. Ziel ist vor allem eine bessere Bewegung, die zu größerer Handlungsfreiheit befähigen soll. Von »Schlüsselpunkten« (z. B. Schulter, Kopf, Hüfte) ausgehend, werden pathologische Muskelaktivitäten (z. B. Spastik in bestimmten Körperregionen) gehemmt, und damit wird eine Normalisierung der Muskelspannung erreicht. Danach werden physiologische Bewegungen gebahnt. Die Bobath-Methode beruht auf der Erkenntnis, daß das zentrale Nervensystem (Gehirn, Rückenmark) auf äußere Reize reagiert und über sensomotorische Eindrücke durch Lageveränderung (z. B. Hüftgelenk-Beugung) neue und wünschenswerte »Haltungen« zuläßt. Diese Haltungsänderungen sind oft erst die sinnvolle Voraussetzung für das Erarbeiten von Sprechbewegungen.

Carotis
Hauptschlagader oder auch Halsschlagader.

Carotisverschluß
Thrombotisch (Blutpfropf) und/oder arteriosklerotisch (Arterienverkalkung) bedingter Verschluß der Halsschlagader. Dadurch kommt es zur Unterversorgung der von ihr mit Sauerstoff versorgten Gebiete im Gehirn. Symptome sind eine flüchtige Bewußtseinstrübung, Lähmungen, Sprachstörung, Verwirrtheitszustände.

Cerebellum → Kleinhirn

Cerebralparese
Zentrale Lähmung, die durch eine Erkrankung des Gehirns, oft nach Sauerstoffmangel (z. B. bei Schädel-Hirn-Trauma, Herzstillstand und Geburtskomplikationen), hervorgerufen wird. Ihre Folgen sind motorische Störungen, häufigstes Syndrom ist die Spastik. Zur Therapie → Bobath-Methode, → Vojta-Methode.

Cerebrum
Im weiteren Sinne klinische Bezeichnung für das Gehirn (Encephalon).

Computertomographie (CT)
Diagnoseverfahren, bei dem mit Hilfe einer Röntgenröhre und eines besonderen Blendensystems technische Daten von einer Körperstelle zu einem Bild verarbeitet werden, das Aufschluß über eventuelle Erkrankungen gibt. Die CT wird vor allem zur Untersuchung des Gehirns, der Wirbelsäule und der inneren Organe durchgeführt und dient hier insbesondere dem Feststellen von Tumoren oder von Veränderungen. Die Röntgenstrahlung wird auf die zu untersuchende Körperstelle gerichtet. Von speziellen Geräten werden die zurückgesandten Signale empfangen und gespeichert. Anschließend drehen sich die Aufnahmegeräte immer ein kleines Stück weiter, um von der gleichen Körperstelle aus einem anderen Blickwinkel weitere Daten zu sammeln. Auf diese Weise kann man sich ein sehr genaues Bild von der entsprechenden Körperstelle machen. Nach Schlaganfall, Hirnbluten oder Schädel-Hirn-Verletzungen dient diese Untersuchung vor allem dazu, die zerstörten Areale zu lokalisieren. Das Verfahren läßt Rückschlüsse auf Umfang und Art der Störung zu und dient somit auch der Beschreibung neuronaler Ausfälle.

Cortex cerebelli
Kleinhirnrinde; ihre Zerstörung verursacht Geh- und Sprechstörungen (→ Dysarthrie).

Cortex cerebri
Großhirnrinde.

Del-Ferro-Methode
Umstrittenes Verfahren zur Stottertherapie; wird in 10-Tage-Kursen in Amsterdam angeboten.

Depressive Verstimmungen
Psychische Reaktionen in Form bedrückter, trauriger, pessimistischer Stimmungsäußerungen, eventuell auch mit Angstzuständen und Selbsttötungsabsichten. Besonders in den ersten sechs Monaten nach Beginn der Aphasie durchleben die Betroffenen häufig eine Krisenzeit mit depressiven Verstimmungen.

Diagnose
Nach einer genauen Untersuchung abgegebene Beschreibung einer gesundheitlichen Störung, deren Beurteilung und die Zuordnung eines Krankheitsbegriffes.

Diplegie
Vollständige doppelseitige Lähmung, d. h. beider Körperhälften im Gegensatz zur → Hemiplegie.

Doppler-Sonographie
Verfahren zur Ultraschalldiagnostik, z. B. um an Blutgefäßen die Richtung und die Geschwindigkeit des Blutflusses zu bestimmen.

Dysarthrie
Störung des Sprechens und der Stimme als Folge von Erkrankung oder Verletzung der an der Sprechmotorik beteiligten Nervenstrukturen. Typische Merkmale sind Störungen in der deutlichen Aussprache, vermehrte Anstrengung beim Sprechen und auffallende Veränderungen der Stimmlautstärke und der Sprechgeschwindigkeit. Ursachen können Geburtstraumen, → Meningitis, → Schädel-Hirn-Traumen, Tumore, Durchblutungsstörungen oder Hirnbzw. Zellenschwund (→ Hirnatrophie) sein. Das Ausmaß der Störung in Aussprache und Stimmproduktion hängt vom betroffenen Gebiet des Gehirns und von der Ausbreitung der Beeinträchtigung ab (s. a. Kap. »Dysarthrie und ihre Therapie«).

Dysarthrophonie
Stimmstörung als Begleiterscheinung einer vorliegenden Dysarthrie.

Dysgrammatismus
Beeinträchtigung der Fähigkeit, Sprache nach grammatikalischen Regeln und in zusammenhängenden Einheiten richtig zu gebrauchen.

Dysgraphie
Schreibstörung, und zwar nicht aufgrund einer Lähmung der Schreibhand, sondern aufgrund der Störung der Erinnerung und Zuordnung von Schriftzeichen. Sie ist oft, aber nicht immer, mit einer Lesestörung verbunden.

Dyslalie
Normabweichende Bildung von Lauten; tritt meist im Kindesalter auf und ist vor allem als Lispeln bekannt. Werden mehrere Laute bis zur Unkenntlichkeit gebildet, so spricht man von multipler Dyslalie.

Dyslexie
Die nach abgeschlossenem Lesenlernen erworbene Dyslexie bzw. Lesestörung (z. B. bei Aphasie) tritt meist in Verbindung mit einer → Dysgraphie auf. Ursachen dafür sind Störungen beim Wahrnehmen, Verarbeiten, Erinnern und/oder Erkennen von Buchstaben- und Wortbildern.

Dysphonie
Stimmstörung; teilweiser Stimmverlust, Heiserkeit, Stimmschwäche mit organischen (z. B. Stimmbandlähmung) oder funktionellen (z. B. Überbelastung der Stimme) Ursachen.

Einzelfallentscheidung
Bei einer bevorstehenden ambulanten oder stationären Therapiemaßnahme erklärt der Kostenträger nach Prüfung der medizinischen Notwendigkeit in der Regel die Kostenübernahme. In besonderen Fällen, in denen es z. B. um Spezialbehandlungen oder

ergänzende Rehabilitationsmaßnahmen geht, kann sich der Kostenträger eine Einzelfallentscheidung vorbehalten. Einzelfallentscheidungen müssen bei wiederholter Inanspruchnahme einer Behandlung wieder neu beantragt werden.

Elektroenzephalographie (EEG)
Messung der elektrischen Aktivität des Gehirns. Die Grundaktivität des Gehirns produziert elektronische Wellen, die über den Bewußtseinszustand, die Krampfneigung und eventuell auch über hirnorganische Veränderungen wie z. B. eine → Hirnatrophie Auskunft geben. Beim EEG werden die Wellen mit Hilfe einer tabellarischen Zeichnung sichtbar gemacht. Die Daten dieser Zeichnung lassen dann ganz gezielte Rückschlüsse auf eventuelle Krankheitsbilder zu.

Embolie
Verstopfung eines Blutgefäßes mit Funktionsausfall der betroffenen Organe, die nicht mehr ausreichend mit Blut versorgt werden. Beginnt meist mit einem plötzlichen Schmerz.

Epilepsie
Krampfleiden, das in Anfällen auftritt. Die Krämpfe beruhen auf einer Funktionsstörung im Gehirn und werden durch falsch gesteuerte, gleichzeitige Entladungen und Erregungsausbreitung von Neuronen (Nervenzellen) im Gehirn ausgelöst. Ursachen sind organische Störungen, Verletzungen, Narbenbildung oder Funktionsstörungen des Gehirns.

Ergotherapie
Der therapeutische Fachbereich, der sich mit Auffälligkeiten im motorischen Verhalten, in der Wahrnehmung und Konzentration sowie in der Orientierung beschäftigt. In der Ergotherapie werden die meist durch neuronale Schwächen hervorgerufenen Auffälligkeiten untersucht, beschrieben und behandelt.

Erstversorgung
Nach einer Gehirnverletzung ist die schnellstmögliche medizinische Versorgung von größter Bedeutung. Nach der medizinischen

Erstversorgung bedarf es dann unbedingt auch der geistigen, psychischen und körperlichen Anregung. Gerade was die Sprachrehabilitation anbelangt, gilt es als sicher, daß in der Zeit unmittelbar nach dem Vorfall sehr große Reaktivierungspotentiale bestehen, die unbedingt genutzt werden müssen. Daher ist eine sofortige Sprachtherapie erforderlich und besonders effizient.

Gehirnblutung

Blutung aufgrund der Zerstörung von Blutgefäßen im Gehirn infolge einer Gefäßerkrankung oder Verletzung. Sie führt zu Hirngewebszerstörung sowie zu überhöhtem Hirndruck; verläuft vielfach als → Apoplexie. Die Blutung wird operativ behandelt, akute Blutungen werden in Notoperationen zum Stillstand gebracht oder Blutansammlungen entfernt. Die Folgen hängen vom betroffenen Gebiet und dessen Funktion ab (→ Hemiplegie, → Aphasie, → Dysarthrie).

Gehirnschlag → Apoplexie

Glottis

Spalt (Stimmritze) zwischen den beiden Stimmlippen bzw. Stimmbändern im Kehlkopf.

Glottisverschluß

Verschluß der Stimmritze, indem sich die beiden Stimmbänder aneinanderlegen und dadurch den Luftstrom unterbrechen. Diese Unterbrechung ist vor allem für die Stimmbildung von größter Bedeutung, denn die beiden Stimmbänder bewegen sich in harmonischen und synchron ablaufenden Prozessen aufeinander zu und voneinander weg und lassen durch die Unterbrechungen des Luftstroms beim Ausatmen Luftwellen entstehen, die wir als Stimme wahrnehmen können. Aber auch beim Husten spielt der Glottisverschluß eine wichtige Rolle, denn er läßt einen intensiven Druck zum Abhusten mit hoher Luftstromgeschwindigkeit entstehen. Der Glottisverschluß hat insofern auch lebenserhaltende Funktion, als er z. B. das Eindringen von Staubpartikeln in die Lunge verhindert. Der Glottisverschluß dient auch dazu, durch Einsatz der Ausatmungsmuskulatur einen erhöhten Ausatmungsluftdruck im Körper aufzubauen, was z. B. beim Heben schwerer Gewichte oder beim Stuhlgang von Bedeutung ist.

Hemiparese
Leichte halbseitige Lähmung des Körpers. Ursache ist die Schädigung der gegenseitigen Hirnhälfte. Diese »Seitenverkehrtheit« kommt daher, daß die linke Hirnhälfte für die rechte Körperhälfte zuständig ist und umgekehrt.

Hemiplegie
Vollständige Lähmung einer Körperhälfte durch Blutung, Verstopfung eines Blutgefäßes (→ Embolie) oder Verletzung der gegenseitigen Hirnhälfte. Ist etwa die rechte Hirnhälfte betroffen, wirkt sich die Lähmung auf die linke Körperhälfte aus. Die Lähmung hat vor allem Auswirkungen auf die Gliedmaßen, die Zunge und die Gesichtsmuskulatur. Eventuelle Sprachstörungen fallen sehr unterschiedlich aus.

Hippotherapie
Reiten als physiotherapeutische Behandlung von Gleichgewichts-, Koordinations-, Orientierungs- und Körperwahrnehmungsproblemen. Das Sitzen auf dem sich bewegenden Pferd fördert dabei auch das Selbstbewußtsein.

Hirnatrophie
Schwund des Hirnnervengewebes, der das ganze Gehirn oder einzelne Neuronensysteme betrifft. Ursachen können Verletzung, Vererbung, Vergiftung oder Entzündung sein.

Hirnhautentzündung → Meningitis

Hirninfarkt
Störung der über die Hirnarterien erfolgenden, für eine ausreichende Sauerstoffzufuhr notwendigen und damit die Hirnfunktionen sichernden Hirndurchblutung. Die Folgen sind entweder reversible neurologische Defizite ohne nachweisbare Folgeschäden oder aber teilweise Ausfälle durch Absterben von Hirnzellen (→ Apoplexie).

Hirnschlag → Apoplexie

Hypoxie
Herabsetzung des Sauerstoffgehalts im gesamten Organismus oder in bestimmten Körperregionen.

Inkontinenz
Unfähigkeit, den Urin- und Stuhlabgang zu kontrollieren. Inkontinenz ist häufig eine Folge von Lähmungen. Muskeltraining zielt auf die Wiedergewinnung der Zurückhaltungsfähigkeit. Hilfsmittel: Windeln oder → Katheter.

Intensiv-Sprachtherapie
Ein therapeutisches Konzept, welches über das in ambulanter Form angebotene Maß von Sprachtherapie hinausgeht. Dabei wird der Patient unter Anwendung sowohl lernpsychologischer als auch spezieller rehabilitationsmethodischer und didaktischer Ansätze zu besonderen Konzentrationsleistungen beim Erlernen neuer Sprachleistungen geführt. Die in mehreren Einzelsitzungen täglich erarbeiteten Fähigkeiten werden sowohl in speziellem Training als auch in Gesprächsrunden geübt, vertieft und in realistische kommunikative Situationen übertragen. Die Patienten können während der vier- bis sechswöchigen Sprachtherapie von einem Angehörigen oder einer anderen Begleitperson in ihrem rehabilitativen Bemühen unterstützt und betreut werden.

Ischämie
Durchblutungsstörung; Blutleere oder Minderdurchblutung eines Gewebes durch unzureichende oder fehlende arterielle Blutzufuhr. Führt zu Sauerstoffmangel (→ Hypoxie).

Karotis → Carotis

Karotisverschluß → Carotisverschluß

Katheter
Kleines Röhrchen oder Schlauch, das bzw. der in Hohlorgane des Körpers eingeführt werden kann, um diese zu entleeren, zu spülen

oder auch zu untersuchen. Wird vor allem zur Blasen- und Darmentleerung eingesetzt, wenn deren Funktion der Ausscheidungsorgane aussetzt oder nicht mehr kontrolliert werden kann (→ Inkontinenz).

Kautherapie
Übungsformen zur Anregung, zum Erlernen und/oder Korrigieren von Kaubewegungen, meist als Begleitmaßnahme zur → Schlucktherapie.

Kehlkopf
Oberster Teil der Luftröhre. Zu den inneren Kehlkopfmuskeln, die direkt an der Atmung und Stimmbildung beteiligt sind, gehören die beiden Stimmbandmuskeln.

Kehlkopflähmung
Lähmung der Muskulatur des Kehlkopfes. Die häufigste Form ist die → Rekurrensparese.

Kernspintomogramm
Magnetfelddiagnostik; bildgebendes Untersuchungsverfahren zur Darstellung von Schichtbildern des Körpers. Mit Hilfe eines Computers werden aus den Verteilungen der Kernresonanzsignale Schichtbilder erstellt, ähnlich wie bei der → Computertomographie mit Röntgenstrahlen.

Koma
Schwerster Grad der Bewußtlosigkeit, die länger andauert und durch keine äußeren Reize unterbrochen werden kann.

Kommunikation
Mitteilung von einem »Sender« (dem, der mitteilt) an einen »Empfänger« (der diese Mitteilung erhält). Sie kann absichtlich oder unbeabsichtigt sein. Die Mitteilung erfolgt durch Sprache, Mimik und/oder Gestik. Wenn die Mitteilung nicht durch Sprechen oder schriftlich erfolgt, dann spricht man auch von *nonverbaler (nichtgesprochener) Kommunikation.* Wenn beispielsweise jemand, der sich aufgrund einer schweren Lähmung nicht mehr durch sprach-

liche Äußerungen verständlich machen kann, aber auf die Vereinbarung »Einmal das Auge schließen, bedeutet ›ja‹, zweimal bedeutet ›nein‹« entsprechend reagiert, so ist er in der Lage, sich seinem Gegenüber nonverbal mitzuteilen. Auch er kommuniziert.

Kostenträger
Kostenträger für therapeutische logopädische oder rehabilitative Maßnahmen können sein:
1. die Krankenkasse,
2. der gesetzliche Unfallversicherungsträger (bei Arbeitsunfällen die Berufsgenossenschaften),
3. die Landesversicherungsanstalten (LVA), die Bundesversicherungsanstalt für Arbeit (BfA) oder die Bundesknappschaft,
4. die Versorgungsämter oder Haupt- und Fürsorgestellen,
5. die Arbeitsämter,
6. die Schwerbeschädigten- und Kriegsopferfürsorge,
7. das Sozialamt, das in ungeklärten oder besonders dringenden Fällen für Hilfe zahlen muß.

Krampf
Unwillkürliche Kontraktionen (Anspannungen) einzelner Muskeln oder Muskelgruppen, die durch unterschiedliche Reize ausgelöst werden können.

Krampfanfälle → Epilepsie

Läsion
Verletzung des Gewebes und dadurch verursachte Störung der Funktion eines Organs oder Körperteils.

Larynx → Kehlkopf

Laryngoplegie → Kehlkopflähmung

Lautbildung → Artikulation

Lesestörung → Dyslexie

Logopädie
Sprachheilpädagogik; der nichtmedizinische Fachbereich, der sich mit der Sprachpathologie unter logopädischem Gesichtspunkt beschäftigt. In der Sprachtherapie ist eine Gruppe von Therapeuten tätig: Logopäden, Sprachheilpädagogen, klinische Linguisten, Atem-, Sprech- und Stimmheillehrer.

Magensonde
Langer, dünner Schlauch aus weichem Kunststoff oder Gummi, der vor allem zur künstlichen Ernährung (Sondenernährung) eingesetzt wird. Dabei wird bei Unfähigkeit zur selbständigen Nahrungsaufnahme dünnbreiige Sondennahrung direkt in den Magen eingeführt. Das kann durch die Speiseröhre oder über die → PEG-Sonde erfolgen.

Media-Infarkt
Infarkt im Bereich der mittleren Hirnarterie.

Medizinischer Dienst der Krankenkassen (MDK)
Von den Krankenkassen zur Erstellung medizinischer Gutachten beauftragte Institution. Der MDK ist nur den von Ärztegremien bundesweit vorgegebenen Grundsätzen und Leitlinien unterworfen. Die Gutachten, die von den MDK-Medizinern erstellt werden, sind für den Kostenträger Grundlage für die Zu- oder Absage einer Kostenerstattung bei einer Weiterbehandlung. Der Medizinische Dienst soll aufgrund der Unterlagen über den bisherigen Krankheits- oder Therapieverlauf beurteilen, ob die Weiterbehandlung für eine erfolgreiche Behandlung medizinisch notwendig und sinnvoll ist.

Meningitis
Entzündung der Hirnhäute, hervorgerufen durch Infektion. Je nach Ausprägung und Stärke können die Krankheitsverläufe dramatisch sein. Nach der Heilung können unter anderem sprachliche Störungen, aber auch Anfallsleiden oder Verhaltensstörungen zurückbleiben. Nach einer Meningitis im Kindesalter müssen in vielen

Fällen Entwicklungsrückschläge und -verzögerungen aufgearbeitet werden. Dazu bedarf es der Sprachtherapie, der Krankengymnastik und der Ergotherapie.

Mittelhirnsyndrom → apallisches Syndrom

MODAK
Von Luise Lutz entwickeltes Verfahren zur **Mod**alitäten-**Ak**tivierung in der Aphasie-Therapie. Dabei handelt es sich um ein linguistisches Vorgehen zur Effektivitätssteigerung in der sprachlichen Reaktivierung.

Motorik
Gesamtheit der von der Hirnrinde gesteuerten, aktiven Bewegungsvorgänge, die willentlich ausgeführt werden.

Nonverbale Kommunikation → Kommunikation

Parese
Leichte, unvollständige Lähmung oder Schwäche eines Muskels bzw. einer Muskelgruppe.

PEG-Sonde
PEG = **P**erkutane **e**ndoskopische **G**astrostomie; operativ hergestellte Öffnung, die den Magen mit der äußeren Bauchwand verbindet, an die eine → Magensonde angelegt werden kann.

Phonation
Stimm- und Lautbildung bzw. die Art und Weise der Bildung von Stimmlauten.

Phoniatrie
Medizinisches Spezialgebiet, das sich mit Sprach-, Sprech- und Stimmleiden befaßt.

Plegie
Vollständige Lähmung.

Poltern

Sprechstörung mit übereiltem und überstürztem Sprechablauf, wobei es sowohl zu unwillkürlichen Satzumstellungen, Rhythmusunregelmäßigkeiten und zu Auslassungen und Verschmelzungen von Wörtern und Silben kommen kann. Kein Stottern.

Positronen-Emissions-Tomographie (PET)

Sie kann physiologische oder biochemische Aktivitäten im Gehirn sichtbar machen. Dazu wird ein radioaktives Mittel in die Blutbahn eingebracht. Während die radioaktiven Teilchen zerfallen, entsteht eine Strahlung (Gammastrahlen), die von einem Detektor registriert und von einem Computer zu farbigen Schnittbildern verarbeitet wird. Damit lassen sich auch spezielle Gehirnaktivitäten beobachten.

Prognose

Vorhersage über die wahrscheinlich zu erwartende Entwicklung eines Krankheitsverlaufs aufgrund von Erfahrungswerten und der sorgfältigen Untersuchung und Beurteilung des gegenwärtigen Krankheitszustandes. Prognosen machen nur eine Aussage über die Wahrscheinlichkeit und müssen nicht immer zutreffen.

Psychophysische Integration (PPI)

Ein therapeutisches Verfahren zur Weckung psychischer und physischer Aktivitäten, z. B. zur Entwicklung von Initiativen, zum Aufbau einer neuen Körperwahrnehmung oder zur Neuorientierung in der Wahrnehmung.

Radiologie

Die Radiologie befaßt sich sowohl mit dem diagnostischen als auch dem therapeutischen Einsatz bestimmter Strahlungsarten.

Rehabilitation

Maßnahmen, die auf die Beseitigung oder Linderung von Behinderungen körperlicher, geistiger oder psychischer Art zielen oder soziale Isolierung und deren Folgen beseitigen oder mindern und die Betroffenen (wieder) in die Gesellschaft eingliedern. Eine Rehabilitation kann sowohl stationär als auch ambulant erfolgen.

Reintegration
Wiedereingliederung.

Reittherapie → Hippotherapie

Rekurrensparese
Lähmung der Kehlkopfmuskulatur, die eine Beeinträchtigung der Stimmbandbeweglichkeit und damit einen Stimmverlust und oft auch Atemnot verursachen kann. In der Therapie wird an der Aktivierung und Kräftigung der intakten Muskulatur gearbeitet. Dadurch kann auch die weiterhin bestehende Lähmung kompensiert (ausgeglichen) werden.

Rhetorik
Redekunst.

Schädel-Hirn-Trauma (SHT)
Kombinierte Verletzung von Schädel und Gehirn. Man unterscheidet dabei zwischen *gedecktem SHT*, bei dem die Schädeldecke geschlossen bleibt, und *offenem SHT*, bei dem die Schädeldecke und die Hirnhaut verletzt werden. Man unterscheidet heute vier Schweregrade, die sich auf die Dauer der Bewußtlosigkeit nach dem Trauma beziehen. *SHT I. Grades*: ohne Bewußtlosigkeit, *SHT II. Grades*: Bewußtlosigkeit bis zu 30 Minuten; *SHT III. Grades*: Bewußtlosigkeit bis zu zwei Stunden; *SHT IV. Grades*: Bewußtlosigkeit länger als vier Stunden (→ Koma). Bei der Erstversorgung müssen vor allem der Kreislauf stabilisiert und die Atmung gesichert werden.

Schlaganfall → Apoplexie

Schreibstörung → Dysgraphie

Sensomotorik
Gesamtheit der mit dem Zusammenspiel von Sinnesorganen und Muskeln zusammenhängenden Vorgänge, die von einem komplexen System von Kontrollfunktionen gesteuert werden.

Sondennahrung
Nahrhafte Flüssigkeit zur Ernährung über eine → Magensonde.

Spasmus→ Krampf

Spastik
Regelhafte, »automatisierte«, unvermittelt auftretende, bei Bewegungsbeschleunigung und unter Einwirkung sensibler Reize sich steigernde Erhöhung der Muskelspannung.

Sprachentwicklungsstörung
Auffälligkeiten der kindlichen Sprachentwicklung, z. B. Ausbleiben zu erwartender Entwicklungen im Bereich der Wortbedeutung, der Grammatik, der Lautbildung.

Sprachtherapie
Logopädische Therapie; nichtmedizinische Heilbehandlung von Sprach-, Sprech- und Stimmstörungen sowie von Kommunikationsproblemen, Kau-, Schluck- und Atemstörungen und Lese- und Schreibstörungen.

Sprechapraxie→ Apraxie

Stimmlosigkeit→ Aphonie

Stimmstörung→ Dysphonie

Stimmstörungen
Störungen der Muskelbewegungen im Kehlkopf, besonders der Stimmuskeln aufgrund organischer oder funktioneller Ursachen (s. a. Kap. »Stimmstörungen und ihre Therapie«).

Stimmverlust
Teilweiser oder völliger Verlust der Stimmbildungsfähigkeit. Auswirkungen: Heiserkeit unterschiedlicher Stärke, Stimmschwäche bis hin zur Stimmlosigkeit (Flüstern).

Stottern
Siehe Kapitel »Stottern und seine Therapie«.

Strahlenheilkunde → Radiologie

Stroboskopie
Sichtbarmachen sehr schneller, regelmäßiger Bewegungen; wird besonders zur Beobachtung der Stimmbandbewegungen während der Stimmbildung eingesetzt.

Subarachnoidalblutung (SAB)
Blutung im Subarachnoidalraum der Schädelhöhle, meist wegen → Aneurysma, aber auch aufgrund etwa von Blutkrankheiten, Tumoren oder nach Schädelverletzungen.

Tetraspastik
Spastik in allen vier Gliedmaßen, d. h. in beiden Armen und Beinen.

Thalamus
Hauptteil des Zwischenhirns, auch »Sehhügel« genannt. Der Thalamus ist die wichtigste unbewußt arbeitende Sammel-, Umschalt- und Integrationsstelle der allgemeinen körperlichen Sensibilität (Tiefensensibilität, Tastempfindung, Temperatur- und Schmerzempfindung, Seh-, Gehör- und Riechfunktionen). Er ist der Ort, an dem alle zum Bewußtsein gelangenden Impulse geordnet werden und an dem alle die Konzentration störenden Informationen abgeschirmt werden.

Therapie
Behandlung einer Krankheit.

Trachealkanüle
Röhre aus Kunststoff, Gummi oder Metall für die Zuleitung der Atemluft über ein Tracheostoma, d. h. eine operativ angelegte Öffnung der Luftröhre unterhalb des Kehlkopfes.

Trauma
1. Verletzung oder Wunde durch äußere Gewalteinwirkung.
2. Psychisches Trauma: seelischer Schock oder starke seelische Erschütterung, z. B. nach einem Schlaganfall (→ Apoplexie) oder nach einem → Schädel-Hirn-Trauma in der Phase der Bewußtwerdung.

Wachkoma
Viele Patienten, die aus dem Wachkoma wieder aufgewacht sind und sich an die Zeit im Koma erinnern können, berichten, daß sie alles, was um sie herum geschah, mitbekommen haben. Sie waren aber nicht in der Lage, sich mitzuteilen (→ apallisches Syndrom).

Vojta-Methode
Methode, um bei zerebralen Bewegungsstörungen die pathologischen Handlungsschablonen in physiologische Bewegungsmuster umzuleiten. Sie wird auch zur Behandlung von Skoliosen (Wirbelsäulenverkrümmung), angeborenen Hüftdeformationen und → Hemiplegie bei Erwachsenen angewandt.

Zerebellum → Cerebellum

Zerebralparese → Cerebralparese

Zerebrum → Cerebrum

Zwei-Jahres-These
Auch unter Fachleuten weitverbreitete Annahme, daß zwei Jahre nach einem → Schlaganfall, einer → Gehirnblutung oder einem → Schädel-Hirn-Trauma beim Patienten keine (weiteren) Lernleistungen und kein Erfolg mehr zu erwarten sind. Es ist jedoch, vor allem in den letzten Jahren, vielfach belegt worden, daß selbst nach fünf, sieben oder sogar zehn Jahren deutliche Entwicklungsschübe möglich sind. Nach neueren Erkenntnissen aus der Intensiv-Sprachtherapie sind Fortschritte im allgemeinen vom Grad der Motivation abhängig.